国家职业技能等级认定培训教材
国家基本职业培训包教材资源

连锁经营管理师

（基础知识）

人力资源社会保障部教材办公室
中国连锁经营协会　组织编写

中国人力资源和社会保障出版集团

中国劳动社会保障出版社　中国人事出版社

图书在版编目（CIP）数据

连锁经营管理师：基础知识/人力资源社会保障部教材办公室，中国连锁经营协会组织编写．--北京：中国劳动社会保障出版社：中国人事出版社，2022

国家职业技能等级认定培训教材

ISBN 978-7-5167-5289-0

Ⅰ.①连… Ⅱ.①人…②中… Ⅲ.①连锁经营－经营管理－职业技能－鉴定－教材 Ⅳ.①F717.6

中国版本图书馆 CIP 数据核字（2022）第 046320 号

中国劳动社会保障出版社
中国人事出版社 出版发行

（北京市惠新东街1号　邮政编码：100029）

*

三河市华骏印务包装有限公司印刷装订　新华书店经销

787 毫米 × 1092 毫米　16 开本　19.25 印张　310 千字
2022 年 4 月第 1 版　2022 年 4 月第 1 次印刷
定价：57.00 元

读者服务部电话：（010）64929211/84209101/64921644
营销中心电话：（010）64962347
出版社网址：http://www.class.com.cn

版权专有　　侵权必究

如有印装差错，请与本社联系调换：（010）81211666
我社将与版权执法机关配合，大力打击盗印、销售和使用盗版图书活动，敬请广大读者协助举报，经查实将给予举报者奖励。
举报电话：（010）64954652

编审委员会

主　　任：裴　亮　中国连锁经营协会会长
副主任：郭玉金　中国连锁经营协会常务副秘书长
　　　　　魏秋立　国美零售控股公司执行委员会主席
　　　　　谢　坚　红星美凯龙家居集团股份有限公司总裁
　　　　　董晓凯　北京福奈特洗衣服务有限公司副总经理
　　　　　刘　萍　大钲资本高级副总裁
　　　　　柴敏刚　上海恺讯企业管理咨询有限公司管理合伙人、总裁
　　　　　秦国红　绝味食品股份有限公司副总裁
　　　　　徐　楠　天虹数科商业股份有限公司副总经理兼人力资源总经理
　　　　　包小阳　首旅如家酒店集团管理大学校长
委　　员：蒋鸿旻　百丽国际控股有限公司人才发展部总监
　　　　　李洪艳　三胞集团零售科技平台副总裁
　　　　　张凤英　黑龙江职业学院工商管理学院院长
　　　　　吴　崑　中山职业技术学院教授
　　　　　张　云　北京见贤思齐教育科技有限公司总经理
　　　　　杨　顺　中国连锁经营协会行业人才发展部主任

本书编写人员

主　编：吴　崑　杨　顺

参　编：刘亚楠　刘佳雯　罗　俊　容　铎　傅丙生　董晓凯　刘劲松
　　　　贺　明　马成新　丁文龙　刘凌丽

本书参与企业

国美零售控股公司

利群集团股份有限公司

武汉武商量贩连锁有限公司

天虹数科商业股份有限公司

北京华冠商业科技发展有限公司

北京福奈特洗衣服务有限公司

厦门山国饮艺茶业有限公司

陕西嘉品云市电子商务有限公司

每步科技（上海）有限公司

前　言

为加快建立劳动者终身职业技能培训制度，大力实施职业技能提升行动，全面推行职业技能等级制度，推进技能人才评价制度改革，促进国家基本职业培训包制度与职业技能等级认定制度的有效衔接，进一步规范培训管理，提高培训质量，人力资源社会保障部教材办公室组织有关专家在《连锁经营管理师国家职业技能标准（2020年版）》（以下简称《标准》）制定工作基础上，编写了连锁经营管理师国家职业技能等级认定培训教材（以下简称连锁经营管理师等级教材）。

连锁经营管理师等级教材紧贴《标准》要求编写，内容上突出职业能力优先的编写原则，结构上按照职业功能模块分级别编写。该等级教材共包括《连锁经营管理师（基础知识）》《连锁经营管理师（四级）》《连锁经营管理师（三级）》《连锁经营管理师（二级　一级）》4本。《连锁经营管理师（基础知识）》是各级别连锁经营管理师均需掌握的基础知识，其他各级别教材内容分别包括各级别连锁经营管理师应掌握的理论知识和操作技能。

本书是连锁经营管理师等级教材中的一本，是职业技能等级认定推荐教材，也是职业技能等级认定题库开发的重要依据，已纳入国家基本职业培训包教材资源，适用于职业技能等级认定培训和中短期职业技能培训。

由于时间仓促，本书不足之处在所难免，欢迎各使用单位和个人提出宝贵意见和建议，以臻完善。

人力资源社会保障部教材办公室

目 录 CONTENTS

培训模块一　职业道德基本知识 ………………………………………………… 1
　培训项目1　职业道德 ……………………………………………………………… 3
　培训项目2　职业守则 …………………………………………………………… 12

培训模块二　连锁经营管理原理 ………………………………………………… 15
　培训项目1　连锁经营认知 ……………………………………………………… 17
　培训项目2　连锁经营的类型 …………………………………………………… 24
　培训项目3　连锁经营企业的组织管理 ………………………………………… 31
　培训项目4　连锁经营业态 ……………………………………………………… 36

培训模块三　连锁经营产品管理 ………………………………………………… 47
　培训项目1　产品概述 …………………………………………………………… 49
　培训项目2　品类管理概述 ……………………………………………………… 59
　培训项目3　品类定义 …………………………………………………………… 65
　培训项目4　品类角色 …………………………………………………………… 73

培训模块四　连锁经营营销管理 ………………………………………………… 81
　培训项目1　市场营销概述 ……………………………………………………… 83
　培训项目2　消费者购买行为分析 ……………………………………………… 86
　培训项目3　市场调查 …………………………………………………………… 98
　培训项目4　价格管理 …………………………………………………………… 105
　培训项目5　促销管理 …………………………………………………………… 117

培训模块五　连锁经营顾客管理 ………………………………………………… 125
　培训项目1　顾客服务 …………………………………………………………… 127

培训项目 2　顾客开发 ·· 135
　　培训项目 3　顾客维护 ·· 141
　　培训项目 4　顾客资料收集与整理 ······································ 151

培训模块六　连锁经营营运管理 ·· 159
　　培训项目 1　采购管理 ·· 161
　　培训项目 2　库存管理 ·· 170
　　培训项目 3　卖场布局 ·· 181
　　培训项目 4　产品陈列 ·· 192
　　培训项目 5　财务管理 ·· 201
　　培训项目 6　人力资源管理 ··· 213

培训模块七　连锁经营信息管理 ·· 219
　　培训项目 1　连锁企业信息管理 ·· 221
　　培训项目 2　连锁企业信息系统 ·· 226

培训模块八　安全与环保知识 ·· 233
　　培训项目 1　安全知识 ·· 235
　　培训项目 2　环保知识 ·· 243

培训模块九　相关法律法规知识 ·· 251
　　培训项目 1　《中华人民共和国劳动法》 ······························· 253
　　培训项目 2　《中华人民共和国劳动合同法》 ························· 255
　　培训项目 3　《中华人民共和国民法典》合同编 ····················· 258
　　培训项目 4　《中华人民共和国公司法》 ······························· 264
　　培训项目 5　《中华人民共和国产品质量法》 ························· 268
　　培训项目 6　《中华人民共和国价格法》 ······························· 271
　　培训项目 7　《中华人民共和国反不正当竞争法》 ··················· 273
　　培训项目 8　《中华人民共和国广告法》 ······························· 276

培训项目9 《中华人民共和国消费者权益保护法》………………………… 279
培训项目10 《中华人民共和国商标法》………………………………………… 281
培训项目11 《中华人民共和国食品安全法》………………………………… 284
培训项目12 《商业特许经营管理条例》……………………………………… 290

培训模块 一
职业道德基本知识

培训项目 1 职业道德
培训项目 2 职业守则

培训项目 1 职业道德

一、道德概述

道德，指衡量行为的观念标准，是指一定社会调节人们之间、个人和社会之间关系的行为规范的总和。

道德是一种社会意识形态，是以善恶作为评价的方式，主要通过教育和社会舆论的力量，使人们逐渐形成一定的信念、习惯、传统而发生作用。道德是建立在一定社会的经济基础之上，并为其服务的。时代不同、阶级不同，具有的道德观念也不同。

道德是社会关系的基石，是人际和谐的基础。党的十八大以来，以习近平同志为核心的党中央高度重视社会精神文明建设，特别是思想道德建设，推动社会主义思想道德建设在新时代展现新气象、取得新成就。

《新时代公民道德建设实施纲要》中指出，加强公民道德建设、提高全社会道德水平，是全面建成小康社会、全面建设社会主义现代化强国的战略任务，是适应社会主要矛盾变化、满足人民对美好生活向往的迫切需要，是促进社会全面进步、人的全面发展的必然要求。

相关链接

《新时代公民道德建设实施纲要》的总体要求

要以习近平新时代中国特色社会主义思想为指导，紧紧围绕进行伟大斗争、建设伟大工程、推进伟大事业、实现伟大梦想，着眼构筑中国精神、中国价值、中国力量，促进全体人民在理想信念、价值理念、道德观念上紧密团结在一起，在全民族牢固树立中国特色社会主义共同理想，在全社会大力弘扬社会主义核心价值观，积极倡导富强民主文明和谐、自由平等公正法治、爱国敬业诚信友善，全面推进社会公德、职业道德、家庭美德、个人品德建设，持续强化教育引导、实践养成、制度保障，不断提升公民道德素质，促进人的全面发展，培养和造就担当民族复兴大任的时代新人。

——坚持马克思主义道德观、社会主义道德观，倡导共产主义道德，以为人民服务为核心，以集体主义为原则，以爱祖国、爱人民、爱劳动、爱科学、爱社会主义为基本要求，始终保持公民道德建设的社会主义方向。

——坚持以社会主义核心价值观为引领，将国家、社会、个人层面的价值要求贯穿到道德建设各方面，以主流价值建构道德规范、强化道德认同、指引道德实践，引导人们明大德、守公德、严私德。

——坚持在继承传统中创新发展，自觉传承中华传统美德，继承我们党领导人民在长期实践中形成的优良传统和革命道德，适应新时代改革开放和社会主义市场经济发展要求，积极推动创造性转化、创新性发展，不断增强道德建设的时代性实效性。

——坚持提升道德认知与推动道德实践相结合，尊重人民群众的主体地位，激发人们形成善良的道德意愿、道德情感，培育正确的道德判断和道德责任，提高道德实践能力尤其是自觉实践能力，引导人们向往和追求讲道德、尊道德、守道德的生活。

——坚持发挥社会主义法治的促进和保障作用，以法治承载道德理念、鲜明道德导向、弘扬美德义行，把社会主义道德要求体现到立法、执法、司法、守法之中，以法治的力量引导人们向上向善。

——坚持积极倡导与有效治理并举，遵循道德建设规律，把先进性要求与广泛性要求结合起来，坚持重在建设、立破并举，发挥榜样示范引领作用，加大突出问题整治力度，树立新风正气、祛除歪风邪气。

要把社会公德、职业道德、家庭美德、个人品德建设作为着力点。推动践行以文明礼貌、助人为乐、爱护公物、保护环境、遵纪守法为主要内容的社会公德，鼓励人们在社会上做一个好公民；推动践行以爱岗敬业、诚实守信、办事公道、热情服务、奉献社会为主要内容的职业道德,鼓励人们在工作中做一个好建设者;推动践行以尊老爱幼、男女平等、夫妻和睦、勤俭持家、邻里互助为主要内容的家庭美德,鼓励人们在家庭里做一个好成员;推动践行以爱国奉献、明礼遵规、勤劳善良、宽厚正直、自强自律为主要内容的个人品德,鼓励人们在日常生活中养成好品行。

二、职业道德的含义

职业道德是指从事一定职业劳动的人们,在特定的工作和劳动中以其内心信念和特殊社会手段来维系的,以善恶进行评价的心理意识、行为原则和行为规范的总和,它是人们在从事职业的过程中形成的一种内在的、非强制性的约束机制。

职业道德是整个社会道德体系中的重要组成部分。它是社会发展到一定阶段的产物。在社会主义时期,职业道德是社会主义道德原则在职业生活和职业关系中的具体体现。职业道德是受社会普遍认可的一种职业规范,是长期以来自然构成的。职业道德依靠文化、内心信念与习惯,通过行业从业者的自律实现。

因职业不同,人们在特定的职业活动中形成了各自特殊的职业关系、职业利益、职业义务、职业活动范围与方式,形成了具有行业特性的职业行为规范及道德要求。连锁企业涉及行业广泛,职业道德既是对本行业从业者在职业活动中的行为要求,又是连锁企业对社会所负的道德责任与义务。

三、职业道德的主要内容

《新时代公民道德建设实施纲要》倡导以"爱岗敬业、诚实守信、办事公道、热情服务、奉献社会"作为各行各业共同遵守的职业道德的五项基本规范。为人民服务作为社会主义职业道德的核心规范,是贯穿于全社会共同的职业道德之中的基本精神。集体主义是社会主义职业道德的基本原则。因为集体主义贯穿于社会主义职业道德规范的始终,是正确处理国家、集体、个人关系的最根本的准则,也是衡量个人职业行为和职业品质的基本准则,是社会主义社会的客观要求,是社会主义职业活动获得成功的保证。

1. 爱岗敬业

爱岗敬业是社会主义职业道德最基本、最起码、最普通的要求。爱岗敬业作为最基本的职业道德规范，是对人们工作态度的一种普遍要求。爱岗就是热爱自己的工作岗位，热爱本职工作；敬业就是要用一种恭敬严肃的态度对待自己的工作。

爱岗敬业的具体要求是树立职业理想、强化职业责任、提高职业技能。

（1）树立职业理想。职业理想是指人们对未来工作部门和工作种类的向往和对正在从事的职业将达到的水平、程度的憧憬。

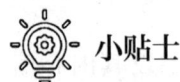 小贴士

职业理想的三个层次

1. 初级层次职业理想——谋求生存。大部分人工作的目的是维持自己家庭的生存，过安定的生活，这是人对职业的最初动机、最低要求，是职业理想的基本层次。初级层次的职业理想具有普遍性。

2. 中级层次职业理想——发展个性。通过特定的职业，施展个人的才智，这是职业理想的中级层次。中级层次职业理想表现出因人而异的多样性。

3. 高级层次职业理想——承担社会义务。人们工作的目的是承担社会义务，通过社会分工把自己的职业同为社会、为他人服务联系起来，同人类的前途和命运联系起来。

（2）强化职业责任。职业责任是指人们在一定的职业活动中所承担的特定的职责，它包括人们应该做的工作和应该承担的义务。任何一种职业都把忠实地对待、圆满地履行职业责任作为从业者最基本的职业道德要求。

（3）提高职业技能。职业技能也称职业能力，是人们进行职业活动、履行职业责任的能力和手段。职业技能是发展自己和服务人民的基本条件。

2. 诚实守信

诚实守信是做人的基本准则，也是社会道德和职业道德的基本规范。诚实就是表里如一，说老实话，办老实事，做老实人。守信就是信守诺言，讲信誉，重

信用，忠实履行自己承担的义务。

诚实守信是为人之本、从业之要。做人是否诚实守信，是一个人品德修养状况和人格高下的表现，是能否赢得别人尊重和友善的重要前提条件。

 小贴士

日常工作中诚实守信的体现

1. 忠诚所属企业。能够把企业的兴衰成败与自身发展联系起来，愿意为企业的兴旺发达贡献自己的一份力量。具体包括：诚实劳动、关心企业发展、遵守合同和契约。

2. 维护企业信誉。在履职过程中，通过确保产品质量、提升服务质量、信守承诺，树立和维护企业信誉和形象。

3. 保守企业秘密。

3. 办事公道

办事公道是指对于人和事的一种态度，也是千百年来人们所称道的职业道德。它要求人们待人处世要公正、公平。

办事公道就是要在办事情、处理问题时，站在公正的立场上，公平合理、不偏不倚，不论对谁都是按照一个标准办事。

 小贴士

办事公道的具体要求

1. 坚持真理。在大是大非面前立场坚定。忠于事实，勇于说"不"。

2. 公私分明。职业实践中讲公私分明是指不能凭借自己的职权谋取个人私利，损害社会利益和他人利益。要增强整体意识，培养集体主义观念，正确处理公与私的关系。从细微处严格要求自己，在劳动创造中满足和发展个人的需要。

> 3. 公平公正。按照原则办事，处理事情合情合理，不徇私情，不计个人得失。
>
> 4. 光明磊落。做人做事没有私心，坦诚相待，行为正派。敢于负责，敢担风险。

4. 热情服务

热情服务是社会主义职业道德的核心，是贯穿于社会共同的职业道德之中的基本精神。

在连锁经营行业，热情周到是从业者对本职业应有的工作态度，这种态度可以反映出从业者对工作的热爱程度，对顾客和服务对象重要性的认识高度和遵守职业纪律、职业道德的自觉程度。只要能做到热情周到的服务，工作上就不会出现漫不经心、漠不关心、纪律松懈的情况。因此，从某种意义上讲，热情周到是服务人员优良的职业道德综合素质的集中反映。

从业者在服务过程中要树立以人为本的观念，要以服务对象为中心。在服务态度方面，要做到亲切友好、举止端庄。在自身修养方面，要注重提高服务素质，即提高服务质量意识、职业道德、文化素养、服务的专业知识和技能。只有提高服务素质，才能提高服务质量。还要十分重视服务质量管理的作用，只有服务质量标准、服务人员素质和服务环境条件综合发挥作用，才能真正提高服务质量。

优质服务和热情周到是相辅相成的，做到了优质服务，必然会热情周到。如果从业者积极主动、工作热情、处处为服务对象着想，必然会努力掌握服务技能，促进服务质量的提高。

5. 奉献社会

奉献社会就是积极自觉地为社会做贡献，这是社会主义职业道德的本质特征。奉献社会自始至终体现在爱岗敬业、诚实守信、办事公道和热情服务的各种要求之中。奉献社会并不意味着不要个人的正当利益，不要个人的幸福。恰恰相反，一个自觉奉献社会的人，他才真正找到了个人幸福的支撑点。奉献和个人利益是辩证统一的。

奉献社会的意义在于实现个人价值。人生的价值在于对他人和社会的贡献，社会为个人价值的实现提供了条件，人不能脱离社会来实现个人价值。

四、职业道德的特点

1. 适用范围的有限性

职业道德反映着特定的职业关系，具有特定职业的业务特征，由于各种职业的职业责任和义务不同，从而形成各自特定的职业道德的具体规范。因此，职业道德的作用范围局限于特定的职业活动中。

2. 发展的稳定性和连续性

职业道德是在长期实践过程中形成的，在特定的职业环境中产生和发展起来的，形成世代相袭的职业传统，被作为经验和传统继承下来。在不同的社会发展阶段，同一种职业因服务对象、服务手段、职业利益、职业责任和义务、职业心理和习惯都相对稳定，具有较强的稳定性和连续性。

3. 表达形式的多样性

由于各种职业道德的要求都较为具体、细致，不同的行业和不同的职业有不同的职业道德标准，因此其表达形式多种多样。职业道德通常以规章制度、工作守则、服务公约、劳动规程、行为须知等形式表现，比如《中华人民共和国医师法》《会计人员管理办法》等。

五、职业道德的社会作用

1. 调节职业交往中从业者内部以及从业者与服务对象间的关系

职业道德的基本职能是调节职能。它一方面可以调节从业者内部的关系，即运用职业道德规范约束职业内部人员的行为，促进职业内部人员的团结与合作。如职业道德规范要求各行各业的从业者都要团结、互助、爱岗、敬业，齐心协力地为发展本行业、本职业服务。另一方面，职业道德又可以调节从业者和服务对象之间的关系。比如，为消费者提供热情的服务，对所有消费者一视同仁等。

2. 有助于维护和提高本行业的信誉

信誉是一个行业、一个企业的形象、信用和声誉，是指行业内的企业及其产品与服务在社会公众中的信任程度。提高企业的信誉主要靠产品质量和服务质量，而从业者的职业道德水平是产品质量和服务质量的有效保证。若从业者职业道德水平不高，很难生产出优质的产品和提供优质的服务。

3. 促进本行业的发展

行业、企业的发展有赖于良好的经济效益，而良好的经济效益源于员工的高素质。员工素质主要包含知识、能力、责任心三个方面,其中责任心是最重要的。而职业道德水平高的从业者其责任心是极强的,因此,职业道德能促进本行业的发展。

4. 有助于提高全社会的道德水平

职业道德是整个社会道德的主要内容。职业道德涉及每个从业者如何对待职业,如何对待工作,也是一个从业者的生活态度、价值观念的表现。一个人的道德意识、道德行为发展的成熟阶段,具有较强的稳定性和连续性。另一方面,职业道德也是一个职业集体,甚至一个行业全体人员的行为表现,如果每个行业、每个职业集体都具备优良的道德,肯定会对整个社会道德水平的提高发挥重要作用。

典型案例

第二届全国道德模范——刘成才

一、情景描述

刘成才,男,1957年出生,海南广安堂药品超市连锁经营有限公司董事长。

从一家小小的平价医药商铺,到拥有40多家药品连锁超市的公司,"广安堂"的发展见证了刘成才诚信为本经营企业的历程。

刘成才在海南省最先提出平价药品超市的概念,并在自己的创业过程中付诸实施,开创了海南省药品零售的先河。在连锁超市的经营上,刘成才从为客户的健康负责出发,始终秉持以"诚信"为精髓的企业文化,通过制定诚信经营制度、诚信经营实施方案等,在公司构建诚信经营体系,建立诚信经营机制。

刘成才严把质量关,保证为顾客提供放心药。他在公司认真执行国家GSP药品质量管理规范,从源头控制入手,严格把握药品的进货来源和进货渠道,坚持"宁缺毋滥",坚持卖"良心药",确保让顾客吃上"放心药"。他不断丰富经营种类,提供"一站式"服务,把"广安堂"打造成了省内品种最多的药品连锁超市,在很大程度上方便了顾客。

刘成才严把价格关,保证出售药品是公平价。他要求公司对药品进行合理定价,力求"广安堂"的药价为省内最低价。他针对不同经济条件的客户群体,根据药品的性能、功效、产地、成本等，采用科学的方法把药品划分成高、中、低档，使客户在购药时能够方便地各取所需，不仅满足高档客户的需求，更满足了大部分普通客户的需求。

刘成才严把服务关，保证为顾客提供满意的服务。他不断完善公司的服务体系，在公司建立了一整套售前、售中、售后服务制度，为顾客提供全方位的贴心服务。凡是顾客对购买药品不满意的，都采取合理的换货、退货和赔偿措施。同时，刘成才还在公司建立了网络化的信息管理系统，运用先进的科技手段为管理好公司、服务好顾客提供支持。

刘成才被评为海南省信用法人、十大杰出质量人。"广安堂"先后获得全国价格信用 AA 单位和海南省诚实信用单位、放心药店以及海口市食品安全先进单位等荣誉称号。

二、案例分析

1. 刘成才将一家小小的商铺做到药品连锁企业，在这一过程中，他将职业理想与职业责任融入日常工作中，是爱岗敬业的直接表现。

2. 恪守诚信为本的经营理念，是企业持续发展的保证。

3. 通过严格控制产品质量，根据不同客户群体需求进行产品分档，真正做到办事公道。

4. 热情服务在日常经营中体现为：为顾客提供全方位的贴心服务，为顾客提供满意的服务。

5. 平价经营，力求药价为省内最低价，不以追求自身经营利润为核心，是刘成才回馈社会、奉献社会的直观体现。

培训项目 2

职业守则

连锁经营从业者工作于连锁经营企业的各个岗位，各行各业的职业活动内容和职业特征不同，连锁经营管理模式对连锁经营从业者提出了更高的职业要求。

一、恪尽职守、敢于担当

恪尽职守必须增强职业使命感，树立责任意识。责任是一种职责、一种义务、一种使命。由责任而产生的完成使命、履行职责的精神力量，是推动发展的动力。树立强烈的事业心，把岗位作为实现自我价值的舞台，把事业作为自我追求的最高境界，勤勤恳恳，任劳任怨，专心致志，精益求精，一心一意想干事，聚精会神干工作，在平凡的岗位上创造不平凡的业绩。以强烈的事业心和高度的责任心，以时不我待、奋勇争先的紧迫感和使命感，以高昂的斗志、理性的思维、饱满的热情、务实的态度，积极投身于干事创业、促进发展的实践中去，尽心竭力，守职尽责。

敢于担当、善于担当是职责所在，也是立身之本。要努力践行敢于担当的精神，积极提升敢于担当的能力，迎难而上，勇于冲锋陷阵，善于攻坚克难，切实做到敢担当、能担当、会担当、持久担当。

二、廉洁自律、公私分明

廉洁自律必须严守职业纪律，强化自律精神，严格按照法律法规和政策规定去办，要敢于坚持原则，抵制不正之风。严守职业纪律是有效执行工作任务、提高办事效率的保证。严于律己、谨言慎行，对待工作要有正确的心态，面对诱惑要调整好心态，要做到知足、知恩、知责，始终保持一颗平常心、感激心、进取心。不准自由散漫、阳奉阴违，不得玩忽职守、敷衍塞责，不准滥用职权、徇私枉法。在自我约束上保持高度的自觉性，真正做到自身正、自身硬、自身净。

公私分明是指严格划分公私界线，公是公，私是私。要准确把握公与私的界线，正确处理公与私的关系。不论面对何种工作，都要出以公心，绝不能优亲厚友、以权谋私，做到不贪、不沾、不收礼、不同流合污。

三、团结协作、顾全大局

团结协作就是团结一致，紧密配合，协同劳动。有远大目光和追求的从业者具备高尚的品格、平和的心态和团结协作精神，应自觉融入集体，培养对企业的向心力和责任感。在工作中多交流、多协调、多沟通，尊重他人、虚心诚恳、积极主动协同他人，营造和谐融洽的氛围。个人与个人之间，集体与集体之间在互相尊重、互相理解、互相支持、互相谦让中强合力，在肝胆相照中增友情，在共同提高中促进步，形成企业凝聚力，促进企业发展，促使企业目标的实现。

顾全大局就是从整体角度考虑问题，要始终围绕大局，紧扣中心，自觉服从大局、服务大局、担当大局、谋划全局。个人利益要服从集体利益，局部利益要服从整体利益，暂时利益要服从长远利益。为人处世，要从大局着眼，从小处着手；立足本职工作，把平凡的事做伟大。

四、求真务实、锐意进取

求真务实，即正确把握规律，真抓实干，务求实效。秉承求真的目标和务实的态度，实事求是、诚实不欺、言行一致、表里如一、恪守信用、信守诺言。从实际需要和现实出发，善于了解客观情况、勇于听取各种意见、敢于反映真实情况，不掩饰工作中的缺点错误。树牢求实的工作导向，端正踏实的工作态度，保持务实的工作劲头。以一丝不苟的工作态度、脚踏实地的工作方式，弘扬实干精神。

锐意进取即在求真务实的工作中，以积极向上的精神状态、饱满的工作热情、创先争优的进取精神、坚定的意志追求，强化自身、有所作为。要求所有从业者努力钻研所从事的专业，孜孜不倦，锲而不舍，不断提高技能。通过学习新知识、新技术，洞察事物的发展方向，研究新方法，走出新路子，开拓新途径，在不断发展与变化的社会中找准自我的位置。

培训模块 二
连锁经营管理原理

培训项目1　连锁经营认知
培训项目2　连锁经营的类型
培训项目3　连锁经营企业的组织管理
培训项目4　连锁经营业态

培训项目 1 连锁经营认知

一、连锁经营的定义与特征

1. 定义

我国行业标准《连锁经营术语》（SB/T 10465—2008）对连锁经营（chain operation）的定义是："经营同类商品或服务，使用统一商号的若干店铺，在同一总部的管理下，采取统一采购或特许经营等方式，实现规模效益的组织形式。"

 **相关链接**

连锁经营的起源

1859年，乔治·吉尔曼（George F. Gilman）和乔治·亨廷顿·哈特福德（George Huntington Hartford）二人在纽约创建了"大美国茶叶公司"。开业初期店铺规模很小，主要以经营进口茶叶为主，由于直接从中国和日本大量进口茶叶，没有经过中间商，售价还不到其他卖家的三分之一，仅仅30美分/磅。优质低价使其迅速赢得市场的认可，次年就开了第二家分店。不断增长的市场需求促使其不断扩张，到1865年已经拥有25家分店，全部集中在纽约百老汇和华尔街一带，成为世界上第一家连锁企业。由于美国对茶叶和咖啡开始征收关税，公司开始增加经营品种，如调料、日用品等杂货。1869年，公司以第一条横贯北美大陆的洲际铁路为名，更名为"大西洋和太平洋大茶叶公司"（Great Atlantic & Pacific Tea Company，简称A&P），反映了公司打算将连锁企业从美国东海岸开到西海岸的雄心。1880年达到100家分店；

1900年实现了目标,经营地域即已横跨太平洋和大西洋之间的整个北美大陆,销售额达到560万美元。在约翰·哈特福德领导下,A&P大规模发展一个人经营的经济概念店,以每年近100家的速度扩张。至1930年,A&P成为美国最大的连锁杂货店,旗下连锁门店达到了15 709家,销售额也超过10亿美元,占当时全美食品销售量的10%左右。1936年,公司采用自助式超市概念,到20世纪50年代拥有4 693家大型超级市场。A&P实现自有产业链,部分食品从生产到销售全部自己完成。规模最大时,公司拥有11家咖啡烘烤厂、25家面包厂、5家鱿鱼加工厂、3家干酪厂、2家乳品厂、3家薯条加工厂,满足了日常食品自主供应。在管理上,超过4 000家超市全部直接由公司总部领导,实行统一经营、统一价格、统一管理制度。

2. 特征

(1) 规模化。连锁经营最直观的特征就是规模化。连锁经营由若干家门店形成的联合体组成,众多的门店可以扩大市场占有率,在消费者面前展示强大的企业实力。连锁经营通过统一经营、集中管理,整合各方面资源进行整体运作,取得规模效应,赢得市场竞争优势。

 小贴士

规模化的优势

1. 集中采购的规模优势。连锁经营通过采取中央采购制度,将各门店经营的产品和所需要的设备等集中采购,采购数量较大,有较强的议价能力,能与供应商讨价还价,获得低价进货的优势。同时,通过集中采购,连锁企业可以最大限度地减少采购人员、采购次数,从而降低了直接采购成本。连锁企业正是通过集中进货、规模采购降低产品的进货成本,进而降低产品的销售价格来吸引顾客,不断扩大市场份额的。

2. 物流配送的规模优势。连锁企业各门店的进货是有组织的,产品信

息是共享的，这就克服了送货的盲目性，节省了产品的储存空间。同时，在集中采购的基础上设置仓库或配送中心，通过连锁企业总部集中配送可以选择最有利的运输路线，充分利用运输工具，及时运送，可以实现门店"零库存"，避免出现缺货现象。

3. 整体促销的规模优势。由于连锁企业各门店遍布一个区域、全国甚至多个国家，因此连锁企业总部可以利用地方性、区域性或全国性的媒体进行广告宣传，其效果远远大于单店所进行的小规模促销。同时，连锁促销的广告费用可以分摊到多家门店，单一门店促销成本并不高，这对传统单店而言是难以做到的。

4. 研发培训的规模优势。连锁企业总部有专职人员进行专业研究，有多家门店的经验可以总结，其研究开发和培训费用可以由许多门店共同承担，其开发的成果可在整个连锁体系内推广，因而享有连锁经营所带来的研究开发和培训方面的规模优势。

（2）关联性。被纳入连锁经营体系的门店通过品牌、企业形象、产品影响力、共同的采购渠道等因素关联在一起，在连锁企业总部带领下，如同火车头带动若干连接在一起的车厢，向共同的方向前进。连锁企业具有统一的企业形象、良好的企业商誉、广泛的销售网点以及巨大的销售数量，这些共同的因素能广泛地吸引供应商、加盟商和投资者，并积聚大量资本，迅速扩张。

（3）统一性。连锁企业的统一性体现在连锁企业的对外形象、经营内容、管理方式和文化理念四个由表及里的层次上。仅仅外在表现的一致不是本质上的连锁，只有实现内在经营管理理念和方式的一致才是真正意义上的连锁经营。

1）连锁企业对外形象的统一性，主要是指连锁企业的企业形象识别系统的一致性。企业形象识别系统（corporate identity system，CIS）指企业有意识、有计划地将自己企业的各种特征向社会公众主动地展示与传播，使公众在市场环境中对某一个特定的企业有一个标准化、差别化的印象和认识，以便更好地识别并留下良好的印象。企业形象识别系统由理念识别系统（mind identity，MI）、行为识别系统（behavior identity，BI）和视觉识别系统（visual identity，VI）三方面构成。视觉识别系统由于最具有传播力和感染力，最容易被社会大众所接受，而成为消费者辨识处于分散经营状态的连锁企业的最直接的方式。

2）连锁企业经营内容的统一性，是指连锁企业经营同样的产品和服务。连锁企业根据市场需求和经营战略制定相应的产品组合，并采取有效的营销措施，一方面降低了连锁企业管理成本，另一方面强化了消费者对连锁企业的认知，培养了消费者的品牌依赖性和忠诚度。

3）连锁企业管理方式的统一性，体现在连锁企业管理的规范性和标准化上。制度管理是确保连锁企业各门店经营管理统一的手段，营运手册是各门店规范化、标准化管理的工具。连锁企业总部通过制定统一的制度规范，对各门店的日常运营进行约束，形成有效的连锁经营管理体系。

4）连锁企业文化理念的统一性，是确保各门店行为一致、连锁经营目标得以实现的根本。企业的文化理念决定着企业的经营宗旨、经营战略等。在连锁经营模式下，各门店的所有权、经营权并不是全部隶属于连锁企业，只有认同并遵循同样的文化理念，才能确保所有门店的经营方向是一致的，所有门店都是维护连锁企业整体形象的。

二、连锁经营的原则

连锁经营通过企业形象和作业的标准化、经营活动的专业化、管理活动的规范化以及管理手段的现代化，突破了传统经营模式"小而全"的低水平分工、低效营运的局面，将组织职能在不同组织结构间进行重新组合，实现了经营、管理、组织上的高水平分工和高效营运。为了确保连锁经营目标的实现，连锁经营应遵循3S原则（3S principles），即专业化原则（specialization）、标准化原则（standardization）和简单化原则（simplification）。

1. 专业化

连锁经营的专业化是指连锁企业或个人在某方面努力追求卓越，将工作特定化，进一步形成强有力的经营能力并开发创造出独具特色的技巧及系统。

连锁经营的专业化原则以职能分工专业化为基础，以从业者水平专业化为保障。首先，通过连锁企业总部与门店的职能分工，实现了决策管理与作业执行的专业化。产品规划、采购、营销等工作复杂程度高，在一人多岗的情况下无法很好地履行所有职能。总部根据业务流程设置职能部门，可以更好地拓展每项职能的深度和广度，使科学高效的管理成为可能。比如，经过专业计算的安全库存可以确保门店最低的产品存储，最大限度降低存储成本和减少产品积压。而在侧重具体执行的门店，也可以有效提升操作的专业性。其次，根据营运程序与作业特点进行岗位细分，对具体业务实施精细化管理，提高工作效率。专业化不只限于职能的分工，而是每个业务流程和作业环节的专业化。减少业务交叉、提高操作的便捷程度是专业化的目标。

连锁经营的专业化需要具有一定能力的专业人员实现，通过培训或招聘匹配岗位的具有一定专业知识水平、经验丰富的工作人员，开展各项职能的专业化实施。专业人员只有在专业岗位上才能发挥其应有的价值，促进连锁企业专业化水平的提升。

小贴士

专业化的表现

专业化原则既表现在连锁企业总部与各连锁门店及配送中心的专业分工方面，也表现在各个环节、岗位、人员的专业分工方面，使得采购、销售、送货、仓储、产品陈列、橱窗装潢、财务、促销、公共关系、经营决策等各个领域都有专人负责。

1. 采购的专业化。聘用或培训专业采购人员来采购产品，对连锁企业有下列好处：对供应商的情况较熟悉，能够选择质优价廉、服务好的供应商作为供货伙伴，了解所采购产品的特点，有很强的采购议价能力。

2. 库存的专业化。专业库存人员善于合理分配仓库面积，有效控制仓储条件，如温度、湿度，善于操作有关仓储的软硬件设备，按照"先进先出"等原则收货发货，防止产品因库存过久而变质，减少产品占库时间。

3. 收银的专业化。专业的收银员可以迅速地操作收银机，根据产品价格和购买数量完成结算，减少顾客的等待时间。

4. 产品陈列的专业化。专业的理货员，善于利用产品的特点与货架位置进行布置，能及时调整产品位置，防止缺货或产品在店内积压过久。

5. 门店管理的专业化。门店管理者负责每天门店的正常营业，把握销售情况，向配送中心订货、进货，监督管理各类作业人员，处理店内突发事件。

6. 公关法律事务的专业化。连锁企业通过聘用公关专家，以公众认可的方式与媒体和大众建立良好关系，树立优秀的企业形象；而通过专职律师来处理涉及企业的合同、诉讼等法律事务，能确保企业减少法律问题，始终合法经营。

7. 店铺建筑与装饰的专业化。通过专业的房地产专家、建筑师、店铺装饰专家的工作，把店铺地址选在合适的地点，采取与消费者购物行为相一致的装饰方式，使购物环境在色彩、亮度、宽敞度、高度方面达到较高的水平。

8. 经营决策的专业化。通过任用资深管理者，连锁企业在店铺形态选择、发展区域、扩张速度等方面均可实现决策专业化，保证决策的高水平。

9. 信息管理的专业化。通过建立或采用配送中心物流管理系统、产品和人力资源管理系统、条形码系统、财务系统、门店开发系统、连锁企业数据库系统等信息系统，及时评价营业状况，准确预测销售动态。

10. 财务管理的专业化。任用财务专家实现连锁企业在融资、资金流通、成本控制方面的高水平营运。

11. 教育培训的专门化。设立培训基地，任用专职培训人员，持续地为连锁企业培养高素质的员工。

专业化可以提高连锁企业的经营效率，但如果不实施集中化管理，专业化的有效性则难以充分体现。集中化管理，一方面实现了有效分工基础上的统一与协调，另一方面实现了连锁企业的一致性与统一性。集中化与专业化相辅相成，使连锁企业在竞争中享有速度方面的优势。

2. 标准化

连锁经营的标准化是指为持续性地生产、销售预期品质的产品而设定的既合理又较理想的状态、条件，以实现反复动作的经营系统。

由于各门店业务的相似性，使总部职能部门具备统一管理各门店专业工作的条件。通过提升总部职能部门的专业化水平，增强了连锁企业各项业务的规范性。通过进行工作分析和作业流程研究，系统性地进行流程再造，精减非必要的操作环节，通过专业方式将复杂工作简单化，并固定下来形成标准。一方面，各项业务操作流程形成标准化；另一方面，连锁企业各门店执行总部统一的操作规范，实现了连锁企业整体的标准化。

（1）企业整体形象标准化。连锁企业总部统一对连锁门店进行装潢设计、卖场布局、产品陈列以及营销规划，确保各门店对外呈现出标准的连锁企业形象。

（2）产品标准化。各门店经营的产品、提供的服务，从品种到品质都由总部统一规划，实施同一标准，对内降低了企业的管理难度，对外将同样品质的产品提供给消费者，可以满足消费者对标准化产品和服务的质量要求，维护良好的企业形象，增强消费者对企业的信任度。

（3）作业流程和规范标准化。要确保持续提供最佳品质的产品和服务，必须依托标准化的作业流程和操作规范。如选址作业，在店铺的规模、结构、服务标识、职能等所有系统都有科学、合理标准的情况下，企业开店时间缩短了，店铺损益计划及投资回收计划也更加准确。

（4）管理标准化。众多的连锁门店增加了企业的管理难度，在这种情况下，连锁企业各门店应按照总部统一制定的管理制度开展工作，遵循同样的管理标准，确保各项要求符合连锁企业整体要求；同时，企业对每项工作和每一个岗位都有科学的考核标准，这使同一岗位的员工工作水平趋于一致。

3. 简单化

连锁经营的简单化即连锁经营现场作业简单化，是指为维持限定的作业，创造任何人都能轻松且快速熟悉作业的条件，包括管理流程、岗位作业和业务流程的简单化，这不仅有利于总部推广和复制，更有利于各连锁企业经营和操作。

专业性强的工作集中在总部由专业人员负责，门店仅处理日常营业必需的工作。通过运用简明扼要的操作手册，将整个作业流程分解到每一个工作程序，降低了工作的复杂程度，操作简单、便捷，使员工能迅速掌握要领、熟练掌握作业标准和流程基本操作。简单的工作内容对工作人员要求不高，不但可以降低人员招聘的难度、减少培训与人员成本，而且工作简单化可以保证不出错、不走样，减少个人经验因素对经营的影响，为工作标准化创造条件，达到连锁经营统一的要求。

专业化、标准化、简单化是相辅相成、相互关联的，专业化分工使门店工作简单化，总部工作专业化使工作操作规范形成标准化，流程与操作标准化使管理工作简单化，增强了作业现场的每个环节的专业化。连锁企业的专业化、标准化、简单化是连锁企业复制成功的经验模式、实现快速扩张的基础。

培训项目 2 连锁经营的类型

连锁经营最初是以单一所有权形式，即直营连锁的形式出现的。随着长期的发展与实践，连锁经营逐渐形成了直营连锁、特许连锁和自由连锁三种形式并存的局面。

一、直营连锁

1. 定义

直营连锁（corporate chain），又称正规连锁，是连锁企业全部门店均由连锁企业全资开设，在总部的直接控制下开展统一经营的连锁经营形式。

直营店（company-owned store）是由连锁企业总部投资开设并在总部统一管理下经营的店铺。

2. 特征

（1）同一资本开分店。同一资本开分店是直营连锁与特许连锁、自由连锁最大的区别。直营连锁各个成员店之间是以资本为主要联结纽带，资本必须属于同一个所有者，归一个公司、一个联合组织或一个人，是由同一个投资主体投资开办分店，各门店不具备独立的法人资格。

（2）经营权高度统一。经营权高度统一是直营连锁的核心。直营连锁的所有权、经营权、监督权完全集中在总部，由总部根据统一的经营方针，经营同类产品和服务。连锁经营要达到规模效益，必须实行统一化和标准化，只有经营同类产品和同类服务才可以做到。

（3）管理权统一。直营连锁的管理权完全集中在总部，由总部根据统一的事业规划方针，负责连锁企业的人事、财务、投资、分配、采购、促销、物流、商流、信息等方面的高度集中统一管理与经营，门店只负责销售业务。

（4）财务核算统一。在组织结构上，直营连锁的总部负责决策，门店负责销售；在人事关系上，直营连锁门店的店长是连锁企业的雇员而不是所有者，门店店长由总部委派，店长无权决定门店的利润分配。因此，同一资本开设的直营连锁企业实行统一核算制度。

3. 优势

直营连锁由于采用集权管理，实现总部与门店的职能明确划分，在连锁企业的统一经营管理和销售分权管理方面具有明显优势。

（1）统一经营管理优势。直营连锁模式主要通过统一调动资金，统一经营战略，统一管理人事、采购、计划、广告等业务，以及统一开发和运用整体性事业，以大规模的资本力同金融界、生产部门打交道。直营连锁利用总部统一、集中的大批量进货，大幅度降低了经营成本和产品价格，而且容易开发稳定的供货渠道，并获得折扣，以达到减少管理费用、降低经营成本、以较低价格出售产品的目的。这是独立门店不具备的优势。

（2）销售分权管理优势。直营连锁实行销售分权管理，使得各连锁门店可以将主要精力用在产品销售管理和改善服务上，提高了门店销售终端的服务质量。同时，由于各门店不是独立主体，其关闭、调整和新店的开设属于连锁企业内部事务，受外界制约相对较少，有利于连锁企业总部集中力量进行门店的布局设计和新店的开发，提高了连锁企业总部的决策功能。

4. 劣势

直营连锁由同一资本开设门店，需要连锁企业具有较强的经济实力；同时，由于采用集权管理方式，权力高度集中于总部，对门店人员的积极性、创造性、主动性等方面的培养受到制约。因此，直营连锁企业要处理好总部的集中管理和门店分散经营的关系。

 相关链接

直营连锁经营原理的运用

直营连锁经营形式是伴随社会生产力的发展，为适应消费市场成长过程而产生的经营方式，其经营原理为：

> 1. 利用连锁总部与众多分散的门店网络，掌握消费者的各种需求，克服连锁门店规模小、分散的缺点，使大量的销售力转化为大量的集中、计划进货力，并介入生产，实现经营的大规模化。
> 2. 直营连锁将作为连锁企业基本职能的进货与销售相分离，由连锁企业总部进行大量集中进货，克服连锁门店小规模经营的分散性，确立综合进货的集权管理与销售的分权管理。
> 3. 大量的集中进货、计划进货，对生产厂家形成影响力。连锁企业决定产品的设计、品质、价格以及数量，并按其计划组织中小生产厂家进行生产，给生产厂家带来积极能动、灵活发展的可能性。

二、特许连锁

1. 定义

特许连锁（franchise chain）是拥有注册商标、企业标志、专利、专有技术等经营资源的企业（特许人），以合同形式将其拥有的经营资源许可其他经营者（被特许人）使用，被特许人按合同约定在统一的经营模式下开展经营，并向特许人支付特许经营费用的连锁经营形式。

加盟店（franchised store）是特许连锁中，被特许人获得特许人授权后，使用其商标、商号、经营模式、专利和专有技术等经营资源的门店。

2. 特征

（1）所有权分散，经营权集中。特许经营的所有权是分散的。特许连锁模式中，加盟店与连锁企业总部不是同一资本，加盟店对自己的门店拥有所有权，经营权则高度集中于连锁企业总部。尽管特许经营的所有权是分散的，但要对外形成同一资本经营的形象，使公众把加盟店看作连锁企业业务的有机组成部分。

（2）特许经营的核心是特许权的转让。特许权的转让方是特许人（连锁企业），接受方是受许人（加盟店）。连锁企业转让的特许权一般包括商标、专利、商业秘密、技术秘密、经营诀窍等无形资产，这些无形资产都属于知识产权范畴，因此，特许经营的核心实际上是知识产权的转让。

（3）经济关系的纽带是特许合同。特许经营加盟双方的关系是通过签订合同形成的，加盟店与连锁企业总部之间是以签订特许合同为纽带的。特许合同是连锁企业与加盟者之间签订的协议书，根据协议，连锁企业称为特许权所有方（franchiser）或特许人，加盟店称为特许权使用方（franchisee）或受许人，这个协议具有法律效力，将连锁企业与加盟店紧紧地连在一起。

3. 优势

（1）特许经营给特许人带来利益。特许人不受资金的限制，可以迅速扩大规模；特许人可以降低经营成本，提高经营水平；加盟商积极性高，有利于特许人事业的发展。

（2）特许经营给加盟商带来利益。加盟商可以得到系统的指导，提高成功的概率；可以享用特许人著名的商标或服务，节省产品的开发成本；可以获得连锁企业的经销区保护和广泛的信息资源。

（3）特许经营给社会带来利益。推动经济快速增长，吸纳大量劳动力就业，使散、小、差的资本支撑起第三产业新的经济增长点。

4. 劣势

（1）连锁企业与加盟店之间易造成责任相互推诿。出现产品或服务质量事故时，连锁企业与加盟店在承担营业责任方面可能互相推诿，导致消费者投诉对象模糊化，影响连锁品牌的信誉。

（2）过度发展加盟店，导致管理不善。当总部片面追求品牌授权金或大量发展加盟店而缺乏有效的管理和强有力的服务能力时，会导致规模过大而能力不足，使连锁企业形象受到损害，使加盟商权益受到侵害。

 **相关链接**

特许经营："胜家"演绎了商界神话

1865年现代特许经营诞生。美国胜家缝纫机公司的产品在当时属该领域的新产品，由于市场上消费者对新产品的性能及产品本身认识不足，美国胜家缝纫机公司决心进行大胆的尝试，采用特许经营的方式进行产品销售，收到的效果颇佳，从此雄霸美国市场，被公认为连锁加盟界的鼻祖。美国胜家缝纫机公司这一历史性的举措创造了商界的神话，后来这种营销方式造就了麦当劳、肯德基、柯达、富士等企业巨人。后来风靡全球的"分期还款"销售模式最早也是由胜家提出的。

　　胜家特许经营的成功证明特许经营存在着强大的生命力和挑战性。特许经营受到了全美企业的高度关注。1959年，为了进一步推动特许经营事业的发展，国际特许经营协会（international franchise associations，IFA）成立。

三、自由连锁

1. 定义

　　自由连锁（voluntary chain），又称自愿连锁，是若干店铺或企业自愿组合起来，在不改变各自资产所有关系的情况下，以同一品牌形象面对消费者，以共同进货为纽带开展的连锁经营形式。

2. 特征

　　（1）成员店有独立的所有权、经营权和财务权。自由连锁由众多分散的销售商加入连锁体系，由一个或几个核心企业作为主导企业，主导企业与各加入的成员企业以民主协商制定的合同为纽带。加入的成员企业，在所有权、经营权和财务权方面都保持着自主性和独立性。在此前提下，成员企业根据合同约定，在统一进货、统一管理、联合行动等方面执行连锁企业总部的要求。

　　（2）联购分销体系。自由连锁各门店在所有权和财务权上是独立的，与连锁企业没有隶属关系。共同进货可以使中小企业获得低廉的进货价格，是中小企业成为自由连锁企业的主要原因。对于连锁企业而言，中小企业的加入构成了连锁企业强有力的分销渠道，形成了自由连锁重要的"联购分销"体系。这一经营体系的形成使得加入企业既保持了各自原有的经营风格和品牌特色，又能享受大规模采购带来的成本优势。

3. 优势

　　（1）成员店独立性强，利益直接。成员店自主权大，有利于调动积极性和创造性。

　　（2）连锁企业系统性的集中管理指导，有利于门店提升经营水平。总部负责战略决策和管理，连锁门店可以将经营侧重点集中在产品销售方面。总部的专业化指导，提升了门店经营者准确把握顾客需求的能力，以便采取灵活的经营对策。由于各地的连锁门店通过信息网络将各种信息及时、准确地反馈给总部，从而提高了连锁总部的决策能力和对市场的应变能力，有利于门店经营水平的提高和竞争力的增强。

（3）统一进货降低成本。连锁企业总部通过众多深入消费者群体的连锁门店网络，可掌握准确的市场信息，进行集中大量进货，不仅降低了进货成本，节省了费用，而且有利于连锁门店经营的产品适销对路，减少积压和损失。

4. 劣势

（1）联结纽带不紧，凝聚力差。合同和契约对连锁门店缺乏约束力，有的成员店积累了经验和能力后便退出连锁组织，导致连锁组织稳定性不强。

（2）门店独立性强，总部统一运作受限制。由于成员企业独立性强，总部集中统一运作的作用不能有效发挥，且由于成员店经营管理水平不一，加大了总部对分店的指导难度，使得连锁门店的经营难以进一步统一和规范化。

（3）过于民主，竞争实力受影响。自由连锁门店所有权、经营权、核算制度等不统一，各门店过于民主，决策迟缓，影响各门店竞争力。

 **相关链接**

自由连锁

众多中小企业在与一些规模庞大、实力雄厚的大型连锁企业的竞争中，由于势单力薄，竞争力不断下降，占有的市场份额日益萎缩。为了摆脱困境，若干企业共同投资建立专门机构，负责共同进货，开展共同促销和广告宣传活动，以降低成本，提高利润。自由连锁是中小企业为对抗大型连锁企业垄断而自行发起的联合组织。

SPAR 公司成立于 1932 年，总部位于荷兰，目前在全球 35 个国家经营 1.5 万家超市，年营业额超过 340 亿美元，是世界最大的自由连锁组织和最大的食品分销企业。SPAR 公司于 2004 年正式进入中国。

如何整合沙县小吃?

一、情景描述

20世纪90年代,沙县为解决农民和城镇下岗职工的就业增收难题,引导群众把小吃制作的传统工艺优势转化为产业优势。1998年,沙县向国家工商总局商标局注册了"沙县小吃"服务商标,2005年该商标被认定为福建省著名商标。

随着沙县小吃在外影响力的不断扩大,也出现了经营不规范、标准不统一、品牌杂乱、竞争无序等问题。沙县小吃有三种经营模式:一种是沙县本地人以特许经营方式开设的小吃;另一种是沙县人在外地开设的个体门店,一般前面冠以自己的名称,如张三沙县小吃、李四沙县小吃,为的是与其他同类型门店加以区分;最后一种是外地人投入资金,获取了沙县小吃协会的授权和技术支持后开设的连锁小吃店。

只有树立强势的、具有实力的整合主体,才能完成品牌和资源的统一,从而实现规模效应。尽管对于餐饮业来说,保证"复制不走样"是一个难题,但麦当劳和肯德基的案例告诉我们,餐饮标准化还是可行的,关键是如何去实现它。

二、案例分析

1. 沙县小吃虽包括三种经营模式,但仅在使用"沙县小吃"店名方面体现出共同性。即使沙县小吃协会进行了授权和技术支持,但在经营权、所有权分散的情况下,缺少统一的总部管理,未能实现资源整合及标准化管理,并未形成规范的特许连锁和自由连锁模式。

2. 连锁经营标准化是解决沙县小吃存在的经营不规范、标准不统一、品牌杂乱、竞争无序等问题的方法。

培训项目 3 连锁经营企业的组织管理

一、连锁企业组织结构的基本类型

组织结构（organizational structure）是企业为了实现组织目标，组织内部正式规定的、管理工作中比较稳定的分工协作的基本形式。连锁经营企业根据自身经营规模大小、经营业态的单一性或多样性等因素在经营的不同阶段选择匹配的组织结构。

1. 直线制组织结构

直线制组织结构如图 2-1 所示。直线制是最简单的组织形式，组织从上到下实行垂直领导，下属部门只接受一个上级直接指挥和管理，不设专门的职能机构，各级主管负责人对本部门的一切事务负责。直线制组织结构具有结构简单、责任分明、命令统一的优点，但对管理人员的能力水平要求较高。直线制组织结构只适用于规模较小、业务简单的组织。连锁企业经营初期在门店较少、经营内容单一的情况下，在负责人管理能力范围内，可采用直线制组织结构。以小型门店为主的连锁企业，在各门店可以采用直线制组织结构，满足日常门店管理需要。

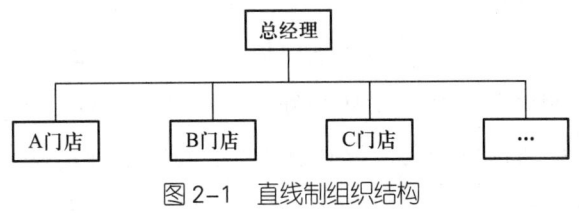

图 2-1 直线制组织结构

2. 直线职能制组织结构

直线职能制组织结构是在大中型企业中普遍采用的一种组织结构形式，指在组织内部既设置纵向的直线指挥系统，又设置横向的职能管理系统，以直线指挥系统为主体，职能管理系统发挥参谋作用的一种管理组织，如图2-2所示。

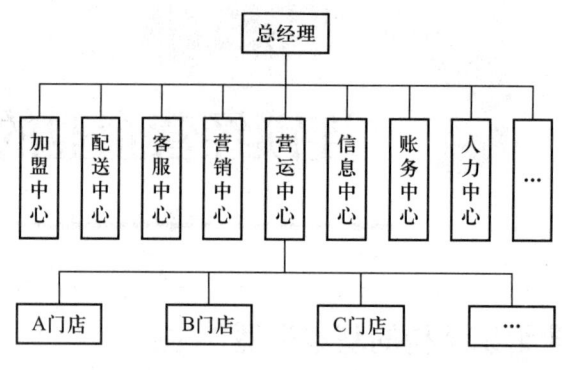

图 2-2　直线职能制组织结构

直线职能制组织结构中，直线指挥系统是按命令统一原则设置的，直线领导机构和人员按命令统一原则对各级组织行使指挥权，并对自己部门的工作负全部责任。职能管理系统则是按专业化原则来设置的，从事组织的各项职能管理工作，是直线指挥人员的参谋，不能对部门直接发号施令，只能进行业务指导。

直线职能制组织结构既能保证统一指挥，又能充分发挥参谋人员的作用。一个统一指挥链，又在各级领导者下面设置了各职能部门，这就充分地发挥了专业人士的作用，具有分工很明确、权责很清楚的优点，但由于各职能部门之间横向联系较差、权力集中于最高领导层，易滋生本位主义。

在连锁企业具有一定规模后，直线制组织结构在管理幅度与专业性方面无法满足企业管理需求，在总部设置职能部门采取总部对门店的直线领导，各职能部门进行专业化管理更有利于连锁企业的平稳发展。单一业态经营时更适合选择集权度较高的直线职能制组织结构。

3. 事业部制组织结构

事业部制组织结构是为满足企业规模扩大和多样化经营对组织机构的要求而产生的一种组织结构形式。在总公司领导下，按地域、业态等划分经营单位，把分权管理与独立核算结合在一起，设立事业部。每个事业部都有自己特定的市场，可以完成全部职能。

事业部不是独立的法人企业，是在企业宏观领导下，拥有完全的经营自主权，实行独立经营、独立核算、自负盈亏的部门，是受公司控制的利润中心。

事业部制组织结构主要适用于业态多元化、区域差异化，且市场环境变化较快的大型企业。因为多元化业态意味着企业的经营内容涉及多方面，需要采用集权度较低的组织结构，才能从总体上推进多样化战略的实施。

 **相关链接**

区域事业部

对于在地理上分散的企业来说，按地区划分部门是一种比较普遍的方法。其原则是把某个地区或区域内的业务工作集中起来，委派一位经理来主管。按地区划分部门，特别适用于规模大的公司，尤其是跨国公司。这种组织结构形态一般设有中央服务部门，如采购、人事、财务、广告等，向各区域提供专业性的服务。

1. 优点

（1）责任到区域。每一个区域都是一个利润中心，每一区域部门的主管都要负责该地区的业务盈亏。

（2）放权到区域。每一个区域有其特殊的市场需求与问题，总部放手让区域人员处理，会比较妥善、实际。

（3）有利于地区内部协调。

（4）对区域内消费者比较了解，有利于服务与沟通。

（5）每一个区域主管都要担负一切管理职能，这对培养通才管理人员大有好处。

2. 缺点

（1）随着地区的增加，需要更多具有全面管理能力的人员，而这类人员往往不易得到。

（2）每一个区域都是一个相对独立的单位，加上时间和空间上的限制，总部难以控制。

（3）由于总部与各区域天各一方，难以维持集中的经济服务工作。

总体来说，事业部必须具有三个基本要素，即相对独立的市场、相对独立的利益和相对独立的自主权。

二、连锁企业的构成及职能

1. 连锁企业总部职能

连锁企业总部是连锁企业经营管理的核心,它除了自身具有决策职能和监督职能外,主要承担整体经营的设计功能。其基本职能包括制度建立、连锁门店开发、产品采购管理、产品配送管理、财务管理、营销管理、门店营运督导、信息化建设等。

(1)制度建立。连锁企业内部的基本制度是本企业连锁经营管理应遵循的方向,主要包括规划发展战略、明确组织形态、制定产品采购政策、确立配送模式、明确产品销售政策、建立人力资源管理制度等。

(2)连锁门店开发。连锁门店开发是连锁企业经营的基础,总部应制定一整套门店开发的标准化作业规范,主要包括开店操作规范和开店作业流程。

(3)产品采购管理。产品采购管理是连锁经营活动的起点,连锁企业总部产品采购管理包括制定采购政策、明确采购方式、编制采购计划、控制采购成本、选择与评估供应商、协调各门店采购执行等。

(4)产品配送管理。产品配送是连锁经营的重要环节,通常由连锁企业总部设置的配送中心承担配送职能。

(5)财务管理。财务管理应围绕实现连锁企业的经营目标展开。财务管理内容主要包括财务核算、货币资金管理、存货管理、销售收入管理、成本费用控制、财务预算管理、财务分析等。

(6)营销管理。营销管理是连锁经营目标实现的重要手段,连锁经营营销管理主要职能包括产品配置与陈列设计、促销策略的制定与执行、市场与竞争状况调查分析、企业形象策划及推广、公共关系的建立与维护等。

(7)门店营运督导。连锁企业总部负责对连锁企业各门店进行指导和监督工作。督导的主要内容包括总部与门店的信息沟通、对门店的常规指导、门店的产品管理、门店的经营状况分析等。

(8)信息化建设。连锁企业总部是信息化建设与管理的主导机构,连锁企业总部应尽快建立和完善电子信息系统,大力促进商业活动的信息化、智能化、网络化。

2. 连锁企业门店职能

门店是连锁企业直接向顾客提供产品及服务的单位,基本职能是按照总部的指示和规范要求，承担日常的销售任务。门店是连锁企业总部各项政策的执行单位，是连锁经营的基础。

门店的主要职能根据门店的性质、业态、规模大小及产品结构等因素的不同而有所差异。主要包括以下业务活动：

（1）产品销售。产品销售是向顾客展示、供应产品并提供服务的活动，是门店的核心职能。

（2）进货。进货是向总部订货或自行向由总部统一规定的供货商要货的活动。

（3）产品管理。产品管理主要包括产品质量管理、缺货管理、产品陈列管理、产品盘点管理、产品损耗管理及产品销售实施管理等。

（4）现金管理。现金管理主要包括收银管理和进货票据管理。

（5）环境管理。环境管理主要包括门店内外部环境管理。

（6）人员管理。人员管理主要包括员工的管理、供应商的管理和顾客的管理。

（7）信息资料管理。信息资料管理主要包括门店经营信息管理、顾客信息管理、竞争者信息管理等。

（8）经营绩效评估。经营绩效评估包括对影响经营业绩的各项因素的观察、调查与分析，也包括对各项经营指标完成情况的评估。

3. 连锁企业配送中心职能

连锁企业发展到一定规模时，集中采购与仓储需求逐步扩大，连锁企业通常设置专门的配送中心，主要包括统一配送、集中仓储、加工等功能。

（1）统一配送。未设置配送中心时，由各供应商分别将产品送至需求门店。建立配送中心后，配送中心接收各供应商的产品后，将产品送至需求门店。统一配送可以合理规划送货线路和配货数量，提升单次送货的效率。同时，由配送中心统一送货可以自行控制配货周期，将门店需求的各品类货物一次送达，减少了门店的收货次数，提高了收货效率，也可以避免供应商送货的不确定性。

（2）集中仓储。由于总部集中大批量进行货物采购，配送中心需满足不同产品的大量存储要求，并根据门店的订货品类和数量进行准确配货，还需根据当前库存水平以及产品的季节性等因素提出库存建议。

（3）加工。大批量采购在销售过程中也相应增加了分装和加工的需求。配送中心通过对产品的加工，能够扩大经营范围，提高配送水平，满足广大消费者的需要；通过加工，还可以提高产品的价值，从而提高连锁企业的经济效益。

培训项目 4

连锁经营业态

一、业态概述

1. 定义

业态一词来源于日本,意思是业务经营的形式、状态。业态(formats)是指企业为满足不同的消费需求进行相应的要素组合而形成的不同经营形态。

2. 业态的组合要素

众多因素影响着企业的经营方向,多种复杂因素的不同组合,形成了不同的业态。企业根据自身实际情况,结合业态组合要素选择适合企业发展的业态。业态的组合要素包括企业经营方式、产品结构、服务功能、选址、商圈、规模、店堂设施、目标顾客、有无固定营业场所等。

二、常见的连锁经营业态

随着连锁经营的普及,人们日常生活中接触的大多数行业或多或少地引入了连锁经营模式,特别是在零售、餐饮、住宿、居民和家庭服务等生活性服务业[①]中被广泛应用。

1. 零售业态

零售业态(retail formats)是指为了满足不同的消费需求,产品零售经营者对相应要素进行组合而形成的不同经营形态。

《零售业态分类》(GB/T 18106—2021)中,零售业态根据有无固定营业场所,

---

① 根据《生活性服务业统计分类(2019)》,生活性服务业是指满足居民最终消费需求的服务活动。分类范围包括十二大领域,即居民和家庭服务、健康服务、养老服务、旅游游览和娱乐服务、体育服务、文化服务、居民零售和互联网销售服务、居民出行服务、住宿餐饮服务、教育培训服务、居民住房服务、其他生活性服务。

可分为有店铺零售和无店铺零售两大类。

（1）有店铺零售（store-based retailing）是指有相对固定的进行产品陈列、展示和销售的场所和设施，并且消费者的购买行为主要在这一场所内完成的零售活动。有店铺零售分为便利店、超市、折扣店、仓储会员店、百货店、购物中心、专业店、品牌专卖店、集合店、无人值守商店10种零售业态。有店铺零售业态分类和基本特点详见表2-1。

表2-1 有店铺零售业态分类和基本特点

业态		基本特点				
		选址	商圈与目标顾客	规模	产品（经营）结构	服务功能
便利店	社区型便利店	社区周边	主要顾客为社区内常住人员，客流稳定	门店面积一般为50~199 m²，货架组数为15~25组	以日常生活用品、饮料、烟酒、应急性产品以及部分生鲜产品为主。根据社区档次的不同，产品结构有所不同	营业时间通常16 h以上，可提供线上订货及多种便民服务。有些便利店提供送货上门或顾客自提服务
	客流配套型便利店	火车站、公交站、码头、地铁站等公共交通枢纽及景点、商业中心等人流量较密集的区域周边	以上班族和出游人群为主	门店面积一般为50~120 m²，货架组数为15~25组	以饮料、香烟、即食食品、休闲食品、报纸杂志为主，位于旅游景点的店铺销售旅游纪念品	以提供即食品服务（早餐、盒饭）、手机充电、ATM取款、上网等服务为主
	商务型便利店	写字楼集中区域及周边	以收入较高的商务人士为主	门店面积一般为20~80 m²，货架组数为10~20组，设置就餐简易设施	以鲜食盒饭、即食产品、现冲饮料、新鲜水果、功能性饮料、蜜饯糖果、时尚小产品为主	提供早、中、晚即食产品，以及信用卡还款、上网等服务，有些提供线上订货服务
	加油站型便利店	加油站内	以司乘人员为主	门店面积一般为10~120 m²，货架组数不等	以食品、饮料、香烟、应急产品、汽车养护用品为主	提供ATM取款等金融服务，以及洗车等汽车相关服务

续表

业态		基本特点				
		选址	商圈与目标顾客	规模	产品（经营）结构	服务功能
超市	按营业面积大小分类					
	大型超市	市、区商业中心或城乡接合部、交通要道及大型居住区	辐射半径2 km以上，目标顾客以居民、流动顾客为主	6 000 m² 及以上	各类生活用品、包装食品及生鲜食品，一次性购齐，注重自有品牌开发	通常设不低于营业面积40%的停车场，营业时间12 h或以上。可提供线上订货服务
	中型超市	市、区商业中心、居住区	辐射半径2 km左右，以商业区目标顾客、社区便民消费为主	2 000~5 999 m²	日常生活用品、包装食品及生鲜食品，单品数少于大型超市	营业时间12 h或以上，可提供线上订货服务
	小型超市	市、区商业中心、居住区	辐射半径1 km左右，以社区便民消费为主	200~1 999 m²	以包装食品及生鲜食品为主，提供日常生活必需品	营业时间12 h或以上，通常提供便民服务，可提供线上订货服务
	按生鲜食品营业面积占比分类					
	生鲜超市	社区周边，大型购物中心的配套业态	辐射半径2 km左右，以商业区目标顾客、周边居民为主	一般为200~6 000 m²	以生鲜食品、包装食品为主，配置必需的非食产品，总经营品种为0.7万~1.5万种	营业时间12 h或以上，提供生鲜食品简单处理、加工服务，可提供线上订货服务
	综合超市	市、区商业中心、居住区	辐射半径5 km左右，以商业区目标顾客、周边居民为主	一般为2 000~10 000 m²	非食品类产品单品数较多，经营品种齐全，为1.5万~3万种。满足顾客日常生活用品一次性购齐	营业时间12 h或以上，可提供线上订货服务
折扣店		居民区、交通要道等租金相对便宜的地区	辐射半径2 km左右，目标顾客主要为商圈内的居民	营业面积一般为300~500 m²	产品平均价格低于市场平均水平，自有品牌占有较大的比例	用工精简，提供有限服务，有些可提供线上订货服务

续表

业态		基本特点				
		选址	商圈与目标顾客	规模	产品（经营）结构	服务功能
仓储会员店		城乡接合部	辐射半径5 km以上，目标顾客以中小零售店、餐饮店、集团购买和流动顾客为主	营业面积一般在5 000 m²以上	以大众化衣、食、日用品为主，自有品牌占相当部分，产品种类通常为0.4万~1.2万种，实行低价、批量销售	具有相当于经营面积的停车场，有些可提供线上订货服务
百货店		市、区级商业中心，历史形成的商业聚集地	以追求时尚和品质的顾客为主	营业面积一般为1 000~5 000 m²	产品种类齐全，以服饰、鞋类、箱包、化妆品、家庭用品、家用电器为主	注重服务，逐步增设餐饮、娱乐、休闲等服务项目和设施
购物中心	都市型购物中心	城市的核心商圈或中心商务区，街区型或封闭型建筑结构	商圈可覆盖甚至超出所在城市，满足顾客购物、餐饮、商务、社交、休闲娱乐多种需求	不包含停车场的建筑面积通常在50 000 m²以上	购物、餐饮、休闲和服务功能齐备，时尚、休闲、商务、社交等特色较为突出	提供停车位、导购咨询、个性化休息区、手机充电、免费无线上网、ATM取款等多种便利服务
	区域型购物中心	城市新区或城乡接合部的商业中心或社区聚集区，紧邻交通主干道或城市交通节点，以封闭的独立建筑为主	辐射半径约在5 km以上，满足不同收入水平顾客的一站式消费需求	不包含停车场的建筑面积通常在50 000 m²以上	购物、餐饮、休闲和服务功能齐备，所提供的产品和服务种类丰富	提供停车位，通常还提供导购咨询、个性化休息区、手机充电、免费无线上网、免费针线包、ATM取款等服务
	社区型购物中心	居民聚居区的中心或周边，交通便利，以封闭的独立建筑为主	辐射半径约在3 km以内，满足周边居民日常生活所需	不包含停车场的建筑面积通常为10 000~50 000 m²	以家庭生活、休闲、娱乐为主，配备必要的餐饮和休闲娱乐设施，服务功能齐全	提供停车位，通常还提供休息区、手机充电、免费无线上网、免费针线包、ATM取款等服务
	奥特莱斯型购物中心	在交通便利或远离市中心的交通主干道旁，或在旅游景区附近。建筑形态为街区型或封闭型	辐射所在城市或周边城市群，目标顾客为品牌拥护者	不包含停车场的建筑面积通常在50 000 m²以上	以品牌生产商或经销商开设的零售店为主体，以销售打折产品为特色	提供停车位

续表

业态	基本特点				
	选址	商圈与目标顾客	规模	产品（经营）结构	服务功能
专业店	在交通便利或远离市中心的交通主干道旁，或者市、区级商业中心以及百货店、购物中心内	目标顾客以有目的选购某类产品的流动顾客为主	根据产品特点而定	以销售某类产品为主，体现专业性、深度性，品种丰富，选择余地大	现场售卖人员可提供专业建议。无人值守专业店由消费者自助完成购物
品牌专卖店	市、区级商业中心以及百货店、购物中心内	目标顾客以高档消费者和追求时尚的年轻人为主	根据产品特点而定	以销售某一品牌系列产品为主，销售量少、质优、毛利高	注重品牌声誉，从业人员专业知识丰富，提供专业服务。无人值守品牌专卖店由消费者自助完成购物
集合店	市、区级商业中心以及百货店、购物中心内	目标顾客为品牌特定消费者	面积通常为 300~1 500 m²	汇集多个品牌及多个品类的产品，产品间有较强的关联性	注重品牌声誉，从业人员专业知识丰富，提供专业服务
无人值守商店	大卖场周边、社区、办公楼周边、购物中心内等可以补充其他业态销售的区域	主要顾客群体为周边客群，追求快捷、方便	经营面积一般为 10~25 m²	以饮料、休闲食品、应急性产品为主。根据区域不同，产品结构有所不同	可24 h营业

1）便利店（convenience store）：以销售即食产品为主，以满足顾客即食性、服务性等便利需求为目的的小型综合零售形式的业态。

2）超市（supermarket）：以销售食品、日用品为主，满足消费者日常生活需要的零售业态。通常采取开架销售，也可同时采取在线销售。门店内可提供食品现场加工服务或现场就餐服务。

3）折扣店（discount store）：店铺装修简单、提供有限服务、产品价格低廉的一种小型超市业态，通常拥有不到2 000个单品，自有品牌产品数量高于普通超市的自有品牌产品数量。

4）仓储会员店（warehouse club）：以会员为目标顾客，实行储销一体、批零兼营，以提供基本服务、优惠价格和大包装产品为主要特征的零售业态。

5）百货店（department store）：以经营品牌服装服饰、化妆品、家居用品、箱包、鞋品、珠宝、钟表等为主，统一经营，满足顾客对品质产品多样化需求的零售业态。

6）购物中心（shopping center，shopping mall）：由不同类型的零售、餐饮、休闲娱乐及提供其他服务的商铺按照统一规划，在一个相对固定的建筑空间或区域内，统一运营的商业集合体。

7）专业店（specialized store）：经营某一类或相关品类产品及服务的零售业态。如办公用品专业店（office supply）、家电专业店（home appliance）、药品专业店（drug store）、服饰店（apparel shop）、体育用品专业店（sporting goods store）和家居建材商店（home center）等。

8）品牌专卖店（brand exclusive shop）：经营或被授权经营某一品牌产品的零售业态。

9）集合店（selection shop）：汇集多个品牌及多个系列的产品，可涵盖服饰、鞋、包、文具、电子产品、食品等多种品类的零售店。

10）无人值守商店（unmanned store）：在营业现场无人工服务的情况下，自助完成产品销售或服务的零售店。

（2）无店铺零售（non-store selling）是指通过互联网、电视/广播、邮寄、无人售货设备、流动售货车或直销等，将自营或合作经营的产品，通过物流配送或消费者自提或面对面销售等方式送达消费者的零售活动。无店铺零售分为网络零售、电视/广播零售、邮寄零售、无人售货设备零售、直销、电话零售、流动货摊零售7种零售业态。无店铺零售业态分类和基本特点详见表2-2。

表2-2 无店铺零售业态分类和基本特点

业态	基本特点			
	目标顾客	产品（经营）结构	产品售卖方式	服务功能
网络零售	追求便捷、省时、省力的顾客	根据目标顾客设定产品结构	在线交易	送货到指定地点或指定自提点
电视/广播零售	以电视观众、收音机听众为主	产品具有某种特点，与市场上同类产品相比，有一定差异性	以电视、广播向消费者推介产品，通过电话订购	送货到指定地点

续表

业态	基本特点			
	目标顾客	产品（经营）结构	产品售卖方式	服务功能
邮寄零售	产品目录或报纸、杂志的阅读者	产品适宜存储和运输	以产品目录、报纸、杂志向消费者进行产品宣传，消费者事先打款，通过邮寄或快递收到货物	邮寄或快递到指定地点
无人售货设备零售	以交通节点、商业区等流动顾客和固定区域（如办公区、生活区）顾客为主	以饮料、预包装食品和简单生活洗化用品为主，产品单品数通常在30种以内	通过自动售货机、无人货架、智能货柜等设备，消费者自助购买	自助服务
直销	根据不同的产品特点，目标顾客不同	产品以某一类或多品类为主，系列化	销售人员直接与消费者接触，销售其产品	送货到指定地点或自提
电话零售	根据不同的产品特点，目标顾客不同	产品单一，以某类品种为主	通过电话完成销售	送货到指定地点
流动货摊零售	随机顾客	产品单价较低，满足冲动性购物需求	面对面销售	立刻获得产品

1）网络零售（online retail）：通过电子商务平台、物联网设备等开展产品零售的活动，根据经营模式的不同，可分为网络自营零售和网络平台零售。

2）电视/广播零售（television/broadcast shopping）：以电视、广播作为产品展示、推介渠道，提供使用效果、方法等推介内容并取得订单的零售业态。

3）邮寄零售（mail order）：以邮寄产品目录为主，向消费者进行产品展示、推介，并通过邮寄等方式将产品送达消费者的零售业态。

4）无人售货设备零售（unmanned equipment retail）：通过售货设备、智能货柜或贴有支付码的货架等进行产品售卖的零售业态。

5）直销（direct selling）：在规定营业场所以外，直销企业招募的直销员向最终消费者推销产品的零售业态。

6）电话零售（tele-shopping）：通过电话完成销售的零售业态。

7）流动货摊销售（retail sale via mobile stalls）：通过移动售货车或其他展示、陈列工具销售食品、饮料、服饰、鞋帽等日常消费品的零售形式。

2. 餐饮服务业态

《生活性服务业统计分类（2019）》中将餐饮服务业态划分为正餐服务、快餐服务、饮料及冷饮服务、小吃服务、餐饮配送服务、外卖送餐服务、其他餐饮服务七类。

（1）正餐服务。正餐服务是指在一定场所内提供以中餐、晚餐为主的各种中西式炒菜和主食，并由服务员送餐上桌的餐饮活动。

（2）快餐服务。快餐服务是指在一定场所内或通过特定设备提供快捷、便利的餐饮服务。

（3）饮料及冷饮服务。饮料及冷饮服务是指在一定场所内以提供饮料和冷饮为主的服务。

（4）小吃服务。小吃服务是指提供全天就餐的简便餐饮服务，包括路边小饭馆、农家饭馆、流动餐饮和单一小吃等餐饮服务。

（5）餐饮配送服务。餐饮配送服务是指民航餐饮配送服务、铁路餐饮配送服务、学校餐饮配送服务、机构餐饮配送服务以及其他餐饮配送服务。

（6）外卖送餐服务。外卖送餐服务是指根据消费者的订单和食品安全的要求，选择适当的交通工具、设备，按时、按质、按量送达消费者，并提供相应单据的服务。

（7）其他餐饮服务。其他餐饮服务是指餐饮私人定制、餐饮上门定做、机构餐饮及其他未列明餐饮服务。

3. 住宿服务业态

在《生活性服务业统计分类（2019）》中，住宿服务包括旅游饭店、一般旅馆、民宿服务、其他住宿服务。

旅游饭店是以间（套）夜为单位出租客房，以住宿服务为主，并提供商务、会议、休闲、度假等相应服务的住宿设施，按不同习惯可能也被称为宾馆、酒店、旅馆、旅社、宾舍、度假村、俱乐部、大厦、中心等。

根据国家标准《旅游饭店星级的划分与评定》（GB/T 14308—2010）从必备条件、设施设备、饭店运营质量三个方面进行评定，将旅游饭店星级分为五个级别，即一星级、二星级、三星级、四星级、五星级（含白金五星级）。最低为一星级，最高为五星级。星级越高，表示饭店的等级越高。

 相关链接

以目标客户和服务功能进行酒店分类

1. 商务型酒店

商务型酒店主要以接待从事商务活动的客人为主,是为商务活动服务的。这类客人对酒店的地理位置要求较高,要求酒店靠近城区或商业中心区,其客流量一般不因季节的影响而产生大的变化。商务型酒店的设施设备齐全,服务功能较为完善。

2. 度假型酒店

度假型酒店以接待休假的客人为主,多建在海滨、温泉、风景区附近,其经营的季节性较强。度假型酒店要求有较完善的娱乐设施。

3. 长住型酒店

长住型酒店为客人提供较长时间的食宿服务。此类酒店客房多采取家庭式结构,以套房为主,既提供一般酒店的服务,又提供一般家庭的服务。

4. 会议型酒店

会议型酒店是以接待开会的客人为主的酒店,除食宿娱乐外还为客人提供接送站、会议资料打印、录像、摄像、旅游等服务,要求有较为完善的会议服务设施(大小会议室、同声传译设备、投影仪等)和功能齐全的娱乐设施。

5. 观光型酒店

观光型酒店主要为观光旅游者服务,多建在旅游点,不仅要满足旅游者食宿的需要,还要求有公共服务设施,以满足旅游者休息、娱乐、购物的综合需要。

6. 经济型酒店

经济型酒店主要以出差者为服务对象,其价格低廉,服务方便快捷。

7. 公寓式酒店

公寓式酒店具有酒店式的服务和公寓式的管理,既有酒店的性质,又相当于个人的"临时住宅"。在公寓式酒店既能享受酒店提供的殷勤服务,又能享受家的温馨,集住宅、酒店、会所、居家的多功能于一体,住户不仅有独立的卧室、客厅、卫浴间、衣帽间等,还可以在厨房里自己烹饪美味佳肴。由于公寓式酒店主要集中在市中心的高档住宅区,出租价格一般都不低。

4. 其他服务业态

日常生活中常见的连锁服务业态还有洗染店、美容美发店、网吧、培训机构等，这些业态相对单一，对商圈、产品结构、规模等业态要素差异的敏感度相对较低。

培训模块 三
连锁经营产品管理

培训项目 1　产品概述
培训项目 2　品类管理概述
培训项目 3　品类定义
培训项目 4　品类角色

培训项目 1

产品概述

连锁经营模式已经在众多不同的行业中运用，由于业态不同，连锁企业的产品也是多种多样的。比如，沃尔玛超市的各种生活用品、小肥羊的火锅、万达影城放映的电影、汉庭酒店的住宿服务、途牛的旅游服务、五指生的足部保健、尚德的职业培训等。连锁经营企业的大部分管理活动都是围绕产品开展的，只有更好地认识产品，才能采取正确的管理方法，使管理活动有的放矢，确保连锁企业高效运作。

一、产品的定义和层次

1. 产品的定义

产品是连锁经营企业向市场提供的，被人们使用和消费，并能满足人们某种需求的任何东西，包括有形的物品、无形的服务、组织、观念或它们的组合。

由于不同的连锁企业经营内容不同，在称谓上也有所不同。为了更准确地理解产品的定义，本书从更广泛的角度将连锁经营企业的经营内容统一为"产品"。对于易混淆的称谓进行明确。

（1）商品。根据商品的定义，商品是用来交换的能满足人们某种需要的劳动产品，包括以下三层含义：第一，商品是劳动的产物，通过劳动创造出来的产品才具备成为商品的条件；第二，商品能满足人们的某种需要，商品必须是有使用价值的劳动产品；第三，商品必须用于交换，只有进入流通环节的产品才能称为商品。

 小贴士

产品与商品

为了"双11"促销备货而提前在6月份生产出来的暖宝宝存放在仓库中，只能称为"产品"。当这批货投入销售的时候则可称为"商品"。而消费者将暖宝宝购买回来后，完成了商品的交换，所有权发生了转移，此时则不能再称为"商品"，只是消费者使用的暖宝宝"产品"。该消费者感觉购买数量过多，选择将其中10包放在自己的二手物品平台中进行转卖，此时，这10包暖宝宝再次进入流通环节，又可称为"商品"。

（2）服务。服务是为了满足顾客的需要，供方（连锁企业）与顾客之间接触的活动和供方内部活动所产生的结果。对于服务的定义有四种解释。第一，服务是在连锁企业和顾客之间通过人员或装备进行的。比如培训教师进行的授课、电影院放映的电影等。第二，连锁企业向顾客提供的服务，顾客的活动可能是实质所在。比如，电影观众是电影服务的感受者、消费者。第三，有形产品的提供或使用可能成为服务的一个部分。比如，美容师在进行皮肤护理时，需要用到精油等护肤品完成护理操作。第四，服务可能与有形产品的制造和供应结合在一起。比如餐饮服务，既有有形的食品制作，也有服务人员的用餐服务。

服务根据存在的形式分为四类：

1）以产品形式存在的服务，如电影、书籍等。

2）对实物产品具有补充功能的服务，如运输、仓储、会计、广告服务等。

3）对实物产品具有替代功能的服务，如特许经营、租赁和维修服务等。

4）与其他产品不发生联系的服务，如数据处理、旅游、旅馆和饭店服务等。

 **相关链接**

服务的特征

1. 无形性

无形性是服务的最主要特征。首先,服务不像有形产品那样看得见、摸得着,服务及组成服务的要素很多具有无形的性质。其次,消费服务获得的利益也可能很难觉察到或仅能抽象地表达。因此,在服务被购买以前,消费者很难去品尝、感觉、触摸到服务,购买服务必须参考许多方面的信息。例如,家用电器发生故障,使用者将其交到维修公司修理,但在修理完成以后,使用者仅从外观上往往难以准确地判断维修服务的质量。

2. 生产和消费不可分离性

有形产品从设计、生产到流通、消费的过程,需要经过一系列的中间环节,生产和消费具有非常明显的时间间隔。服务的生产和消费具有不可分离的特征,服务人员在向消费者提供服务的同时,消费者也在消费服务。例如,教育服务业的教师和学生,医疗服务业的医生和病人,只有两者相遇(相遇的方式可以是多种多样的),服务才有可能成立。

3. 服务是一系列的活动或过程

服务不是有形产品,即不是实物。服务是服务企业通过一系列的活动或过程将服务提供给服务的买方,也是服务企业生产和服务买方消费的一系列活动或过程。服务企业不能按传统的方式来控制服务的质量。一般而言,服务的生产过程大部分是不可见的,消费者可见的生产过程只是整个服务过程的小部分。因此,消费者必须十分注意自己看得见的那部分服务的生产过程,对所看见的活动和过程进行仔细的体验和评估。

4. 差异性

服务业是以人为中心的产业,由于人类个性的存在,使得对于服务质量的评价难以采用统一的标准。一方面,由于服务提供人员自身因素的影响,即使由同一服务人员在不同时间提供的服务也很可能有差别,而在同样的环境下,不同服务人员提供的同一种服务的质量也有一定差别。另一方面,由于消费者直接参与服务的生产和消费过程,不同消费者在学识、素养、经验、兴趣、爱好等方面的差异客观存在,直接影响服务的质量和效果,而且同一消费者在不同时间消费相同的服务也会有不同的消费感受。

5. 不可储存性

由于服务的无形性,以及服务的生产和消费同时性,使得服务不可能像有形产品那样可以被储存,以备未来销售;消费者也不能够一次购买较多数量的服务,以备未来需要时消费。当飞机离开跑道时,从该航班获得的收入就已经确定,即使该飞机上还有部分空座,也不可能再从该航班获得任何收入。同样的道理,宾馆里的空床位,只要过夜,就不可能再利用,获利的机会就完全消失。

6. 服务是不包括服务所有权转移的特殊形式的交易活动

与有形产品交易不同,服务是一种经济契约或社会契约的承诺与实施的活动,而不是有形产品所有权的交易。服务缺乏所有权是指在较多服务的生产和消费过程中,不涉及任何东西的所有权转移。服务是无形的,又是不可储存的,服务在交易完成以后就消失了,消费者并没有"实质性"地拥有服务。例如,乘客乘汽车从一个地方到达另一个地方,乘客除了拥有车票以外,不再拥有任何其他东西,同时客运公司也没有把任何东西的所有权转让给乘客。当然,消费者在享受商业服务时,也同时附带购买产品的所有权的转移。

2. 产品的层次

为了更好地把握消费者对产品的感受,以及探寻进一步刺激消费者消费的改进方向,连锁经营企业需要从营销角度考虑五个产品层次,以完整地解释消费者选购和消费产品的全部心理过程。五个产品层次包括核心产品、形式产品、期望产品、附加产品和潜在产品,如图3-1所示。

(1)核心产品,是指消费者真正购买的某种产品的使用价值、基本服务或利益,是产品层次中最基本、最主要的部分。每一种

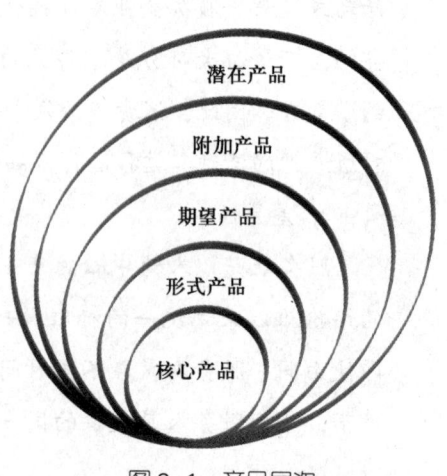

图3-1 产品层次

产品实质上都是为了满足最根本的需求。比如，消费者为了清洁牙齿而购买牙膏，因此清洁牙齿就是牙膏的核心产品。

（2）形式产品，是指核心产品借以实现的载体或目标市场对需求的特定满足形式，即产品的基本形式，包括产品的质量、外观、样式、品牌和包装。比如，牙膏清洁牙齿需要通过膏状物产生作用，为了方便使用包装以可挤压的管状呈现，形成了形式产品。

（3）期望产品，是指消费者在购买产品时期望得到的与产品密切相关的一整套属性和条件。比如，消费者在购买牙膏时，不只考虑清洁作用，还会注重牙膏是否是自己喜欢的味道，是否具有美白功能等。

（4）附加产品，又称延伸产品，是指消费者购买产品时附带获得的全部利益，包括使用说明书或指导、送货安装及调试、质量保证等。附加产品是区分连锁企业的产品与其他企业的产品的重要标志。比如，连锁超市提供的免费购物班车。在其他竞争超市没有此项服务时，交通不便的消费者会因为购物班车而选择到该店消费。

（5）潜在产品，是指包括所有附加产品在内的现有产品，在将来最终可能实现的所有增加和改变。潜在产品指出了现有产品可能的演变趋势和前景。

二、零售商品代码和连锁企业产品编码

1. 零售商品代码

（1）定义。根据《商品条码 零售商品编码与条码表示》（GB 12904—2008）中的定义，零售商品代码（identification code for retail commodity）是零售业中标识商品身份的唯一代码，具有全球唯一性。商品条码（bar code for commodity）是由一组规则排列的条、空及其对应代码组成，表示商品代码的条码符号，包括零售商品、储运包装商品、物流单元、参与方位置等的代码与条码标识。

（2）码制。零售商品代码的条码表示采用 ISO/IEC 15420 中定义的 EAN/UPC 条码码制。EAN/UPC 条码共有 EAN-13、EAN-8、UPC-A、UPC-E 四种结构。

（3）13 位代码结构。由厂商识别代码、商品项目代码、校验码三部分组成的 13 位数字代码（见图 3-2），分为四种结构，其结构见表 3-1。

1）厂商识别代码。厂商识别代码由 7~10 位数字组成，由中国物品编码中心负责和管理。厂商识别代码的前 3 位代码为缀码，国际物品编码协会已分配给中国物品编码中心的前缀码为 690~695。

图3-2 13位产品条码的符号结构

2）商品项目代码。商品项目代码由2~5位数字组成，一般由厂商编制，也可由中国物品编码中心负责编制。

3）校验码。校验码为1位数字，用于检验整个编码的正误。

表3-1 13位代码结构

结构类型	厂商识别代码	商品项目代码	校验码
结构一	X_{13} X_{12} X_{11} X_{10} X_9 X_8 X_7	X_6 X_5 X_4 X_3 X_2	X_1
结构二	X_{13} X_{12} X_{11} X_{10} X_9 X_8 X_7 X_6	X_5 X_4 X_3 X_2	X_1
结构三	X_{13} X_{12} X_{11} X_{10} X_9 X_8 X_7 X_6 X_5	X_4 X_3 X_2	X_1
结构四	X_{13} X_{12} X_{11} X_{10} X_9 X_8 X_7 X_6 X_5 X_4	X_3 X_2	X_1

 小贴士

商品标识代码编码原则

1. 唯一性原则是商品编码的基本原则。相同的商品应分配相同的商品代码，基本特征相同的商品视为相同的商品；不同的商品必须分配不同的商品代码，基本特征不同的商品视为不同的商品。

2. 稳定性原则是指商品标识代码一旦分配，只要商品的基本特征没有发生变化，就应保持不变。同一商品无论是长期连续生产还是间断式生产，都必须采用相同的商品代码。即使该商品停止生产，其代码也应至少在4年之内不能用于其他商品。

3. 无含义性原则是指商品代码中的每一位数字不表示任何与商品有关的特定信息。有含义的代码通常会导致编码容量的损失。厂商在编制商品代码时，最好使用无含义的流水号。

对于一些商品，在流通过程中可能需要了解它的附加信息，如生产日期、有效期、批号及数量等，此时可采用应用标识符（AI）来满足附加信息的标注要求。应用标识符由2~4位数字组成，用于标识其后数据的含义和格式。

2. 连锁企业产品编码

（1）连锁企业产品编码的目的。连锁企业进行产品编码是提高工作效率、提升经营管理能力的手段。

1）对于易混淆产品的名称起到区分作用，避免因产品名称混淆造成的工作失误。

2）降低工作人员的工作难度。通过产品编码很容易识别产品信息，有助于强化对产品的认知，提高日常工作效率。

3）降低连锁企业的产品管理难度。连锁企业产品的采购等工作集中由总部统一负责，统一的产品编码提高了连锁企业整体管理效率，简化业务手续，是连锁企业现代化管理的基础。

（2）连锁企业产品编码的主要原则。连锁企业内部的产品编码没有一个绝对固定的格式或规定。由于连锁企业各自的业态、产品特点、经营管理方式、经营规模存在差异，对产品编码及编码方法不可强求一致。连锁企业可以结合本企业的经营特色、管理模式和信息管理系统，视具体情况进行系统、科学、合理、有效的产品编码。连锁企业产品编码应遵从以下原则：

1）唯一性。产品编码必须保证每一种产品都有编码，且每一种产品只有一个编码。不同规格、不同包装、不同品种、不同价格、不同颜色的产品应使用不同的产品编码。产品编码的唯一性是自始至终的，即使不再经营此种产品，原有的产品编码也不可以用于其他产品。在同一使用范围内的相同产品，也必须使用同样的产品编码，才能有效发挥产品编码的作用。

2）可扩展性。在设计编码体系时需要考虑产品扩充的可能性，避免后续增加产品或调整产品分类后无法赋予代码的可能。

3）简明性。产品编码规则应尽量简单，以便于识别。过于复杂的编码规则反而会增加日常工作难度。

4）稳定性。产品编码应在连锁企业整体产品规划的基础上进行，在较长一段时间内可以持续使用，避免因产品结构调整而调整产品编码，即使需要调整也可有条不紊地改进。

5）层次性。产品编码是服务于连锁企业产品管理的，而产品分类是产品编码的前提，产品编码需遵循产品品类管理的层次性，在编码过程中清晰地体现出产品品类管理的层次。

6）统一性。由于连锁企业不同门店经营的产品是基本一致的，其使用的是相同的信息管理系统。在连锁企业内部进行产品编码时，除了确保不同品类的编码规则是统一的，还需要确保同种产品在不同门店的编码是统一的。

三、产品质量标准

连锁企业向消费者提供符合质量标准的产品是企业持续发展的前提。连锁企业之所以能够赢得消费者的信赖，不断提升市场占有率，产品质量是根本的保障。通过制定和贯彻产品质量标准，可以更好地满足消费者的广泛需求、提供高品质服务。

1. 产品质量标准的定义

产品质量标准是对产品质量以及与质量有关的各个方面（如产品的品名、规格、性能、用途、使用方法、检验方法、包装、运输、储存等）所做的统一技术规定，是评定、监督和维护产品质量的准则和依据。

2. 产品质量标准的分类

（1）按发生作用的范围不同分类

1）国际标准。国际标准是指由国际上权威的专业组织制定，并为世界上多数国家承认和通用的产品质量标准。如国际标准化组织（ISO）、联合国粮食及农业组织（FAO）等国际组织颁布的标准。国际标准属于推荐性标准。

2）国家标准。国家标准是指对全国经济、技术发展有重大意义，必须在全国范围内统一的标准。国家标准由国务院标准化行政主管部门编制计划，组织草拟，统一审批、编号、发布。

国家标准的代号由大写汉语拼音字母构成，强制性国家标准的代号为"GB"，推荐性国家标准的代号为"GB/T"。国家标准的编号由国家标准的代号、标准发布顺序号和标准发布年代号（四位数）组成。如《特许经营术语》的国家标准编号为"GB/T 28830—2012",表示该标准是 2012 年发布的第 28830 号推荐性国家标准。

3）行业标准。行业标准是指对没有国家标准而又需要在全国某个行业范围内统一的技术要求制定的标准。制定行业标准的项目由国务院有关行政主管部门确定,并编制计划,组织草拟,统一审批、编号、发布,并报国务院标准化行政主管部门备案。

行业标准的编号由行业标准代号、标准顺序号和发布年号组成。行业标准代号由国务院标准化行政主管部门审查确定并正式公布。如旅游部门颁布的强制性旅游行业标准代号为"LB",推荐性旅游行业标准代号为"LB/T"。

4）地方标准。对没有国家标准和行业标准,而又需要在省、自治区、直辖市范围内统一的工业产品技术要求,由地方人民政府标准化行政主管部门确定,并编制计划,组织草拟,统一审批、编号、发布,只在本行政区域内统一使用。

地方标准编号由地方标准代号、标准顺序号和发布年号组成。地方标准代号由"DB"加上省、自治区、直辖市行政区划代码的前两位数字组成。如"DB11"为北京市颁布的强制性地方标准,"DB36/T"为江西省颁布的推荐性地方标准。

如法律对地方标准的制定另有规定的,依照法律的规定执行。当相应的国家标准或行业标准实施后,地方标准则自行废止。

5）企业标准。企业生产的产品没有国家标准、行业标准和地方标准的,企业可以制定相应的企业标准,作为组织生产的依据。企业标准由企业组织制定,并按省、自治区、直辖市人民政府的规定备案。企业也可在已有国家标准、行业标准或地方标准的基础上,制定高于相关标准的企业产品标准,并在企业内部执行。企业标准代号由"Q"加斜线再加上企业代号组成。

（2）其他分类

1）按标准的表达形式,标准分为文件标准和实物标准。

2）按标准的约束程度,标准分为强制性标准和推荐性标准。

3）按标准的成熟程度,标准分为正式标准和试行标准。

4）按标准的保密程度,标准分为公开标准和内部标准。

5）标准按性质分为方法标准、基础标准、安全标准、卫生标准、管理标准、环保标准、其他标准等。

3. 产品标准化

产品标准化是在产品生产和产品流通的各个环节中制定、发布以及实施产品标准的活动。推行产品标准化的最终目的是统一，从而获得最佳市场秩序和社会效益。

（1）产品质量的标准化。按照统一的技术标准进行产品生产和检验，并对所有同类产品进行质量评定。

（2）产品品种规格的系列化。将同类产品依据一定的规律、一定的技术要求，按照不同的规格、尺寸等进行合理分档，使之形成系列。

（3）技术语言的标准化。产品使用的名词、术语、符号、代号等必须统一、简化、明确，以利于提高工作效率，便于相互交流和正确理解。

培训项目 2 品类管理概述

一、品类管理的基本概念

1. 品类管理的定义

品类管理是以消费者为中心，以品类为战略业务单元，以数据为依托，通过连锁企业与供应商的有效合作，发现并满足消费者需求从而提高业绩的管理流程。

 **相关链接**

品类管理的提出

品类管理最初的探索来自1986年沃尔玛和宝洁公司进行的提升效率的尝试。双方从供应链的源头到终端进行分析，发展简单而高效的从工厂至消费者的物流储运体系，建立合作伙伴关系。为了实现这些目标，双方做了大量的工作，包括采集沃尔玛大量的销售信息，建立持续的补货体系以保证合理的订单、运输、安全库存和高效的库存周转。通过基于数据的科学的量化分析，双方致力于拓展供应链，从而降低运输和仓储成本，减少库存及脱销情况的发生。最终，宝洁和沃尔玛的多部门合作取得了巨大的成果：双方的供应链成本降低了，销售额上升了，库存下降了；沃尔玛采购的宝洁产品的库存保持在很低的水平，库存周转速度提高了；供应商到货率保持在较高的水平。宝洁在沃尔玛的份额提高了20%。在合作项目开始后的10年中，库存单位下降了25%，销售人员减少了30%，库存金额下降了15%。1998年，宝洁在沃尔玛的销售额为3.5亿美元。宝洁的经理总结说："由于双方把注意力都集中在消费者身上，因此我们的合作进展得非常顺利，销售额明显增长。"

1993年，美国食品营销协会（food marketing institute，FMI）与宝洁、可口可乐以及Safeway等16家生产企业、零售企业和咨询公司一起组成了研究组，对食品业的供应链进行调查分析，提出了改进供应链的详细报告。在该报告中首次系统提出高效消费者回应（efficient consumer response，ECR）和品类管理（category management）的概念。而后TPG咨询公司提出了品类管理整套流程。很快一些大型的零售商和生产商相继开展品类管理的测试和实施，品类管理成为很多零售商和生产商之间合作的必然流程。

（1）品类的定义。品类（category）是易于区分、能够管理的一组产品，消费者在满足自身需求时认为该组产品是相关的，或可以相互替代的。

（2）单品的定义。单品（stock keeping unit，SKU）是产品分类中不能进一步细分的、完整独立的产品，是连锁企业产品经营与管理的最基本单位。

（3）跨品类管理。根据连锁企业的战略和门店的定位，确定不同品类的角色，模拟销售额、利润率、资源投入（货架等），计算出总体和各品类的销售额、毛利率、净利润率、各指标比重等。通过计算模拟后，加以调整并执行和不断回顾、修正。

小贴士

品类管理的重点

1. 品类管理需要供销多方合作，不是单独一方可以完成的。

2. 品类管理需要连锁企业和供应商共同推进，既可以提高彼此的利润和效率，又可以促进交易伙伴之间的关系。

3. 品类管理是一系列流程支持的工作。

4. 品类管理需要一套完整的计划，需要了解市场信息、消费者习惯，需要具备成本效益分析的能力。

5. 合作双方必须彼此互信，而且有提供给消费者更好产品的共同意愿。

2. 品类管理对连锁企业的意义

以消费者为中心的品类管理，在连锁企业与供应商合作的基础上实现了消费者、连锁企业、供应商的多方共赢，对连锁企业的企业形象、内部管理等起到了明显的促进作用。

（1）促进顾客满意度与连锁企业经营状况双提升。品类管理促使连锁企业从关注产品转向关注消费者。以消费者为中心的产品配置、空间布局、高效服务等，释放了更加广阔的市场需求空间，带动了连锁企业服务意识的转变，创造了众多新的利润来源。良好的购物体验提升了顾客满意度，增强了消费者与连锁企业的黏性，有效促进产品的销售以及利润目标的实现。

（2）有效提升连锁企业经营效率。品类管理是建立在连锁企业与供应商有效合作的基础上的，通过市场需求、销售数据等信息共享与双方的协调配合，实现连锁企业的资源整合，提高连锁企业的运营效率。连锁企业与供应商在共同利益的基础上，对不同品类的产品配置、陈列规划、促销政策等可以做到有的放矢，充分发挥资源利用效率，以实现连锁企业预期的销售目标与利润，提升单位产出。

（3）全面提升连锁企业供应链效率。通过连锁企业与供应商的合作，在互利的基础上，供应商为连锁企业提供最大限度的便利条件，使连锁企业在产品采购、物流与仓储等供应链环节实现无缝对接，使连锁企业实现零库存，在确保安全库存、提升产品周转率、优化产品配送频率等方面获益，大幅降低了连锁企业的供应链成本，创造了利润空间的同时，为消费者提供更优质的产品。

（4）促进连锁企业全面变革。品类管理促进了连锁企业经营理念和管理理念的变革。品类管理改变了产品的组织结构，连锁企业的经营策略针对性更强、有效性更高；通过与供应商的合作，连锁企业的产品采购、物流与库存管理方式转变为以销售需求为中心；连锁企业的组织管理根据相应品类管理进行调整，消费者需求与品类分析促进了人力资源能力的提升；财务核算体系与考核评价体系更加侧重于品类指标的相关管理；连锁企业信息系统的功能需求精细化程度更高。以消费者为中心的品类管理促进了连锁企业内部管理能力的提升。

3. 品类管理的要素

品类管理的要素包括经营战略、业务流程、品类指标、供应商合作、信息技术、组织效能，如图 3-3 所示。

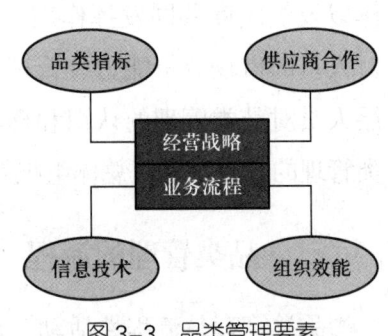

图 3-3 品类管理要素

（1）经营战略。连锁企业的经营战略决定着企业的经营方向，采取以品类管理为经营策略是连锁企业管理层综合市场环境、自身状况做出的战略判断。只有连锁企业从根本上认可品类管理的价值，各部门、各门店才可具备统一实施、协同推动的前提，为品类管理的资源提供保障，在与供应商的合作中建立优势。

（2）业务流程。品类管理不再是连锁企业内部的流程建设，在产品定位、布局与陈列、采购与仓储、核算与评价等方面都将成为连锁企业与供应商的共同流程。

（3）品类指标。品类指标的选择与设计需围绕连锁企业的战略定位、目标和策略设置，均衡考虑品类指标对连锁企业、供应商和消费者三方的影响。品类指标的执行结果反映了品类管理的实施效果。

（4）供应商合作。品类管理使连锁企业和供应商成为唇齿相依的伙伴关系。与供应商的合作不只是门店或某个职能部门的工作，而是需要连锁企业和供应商的管理层共同形成的战略性合作。只有不断增加合作的默契程度、增强双方相互的信任与了解，才能有效形成协同发展、互利共赢。与供应商的合作不只是与某一个供应商的合作，而是需要该品类所有供应商的配合和认同才能形成整体品类效益、实现品类目标。

（5）信息技术。信息技术为品类管理提供数据分析支撑。信息技术在品类管理中的应用包括市场研究系统、品类管理系统、供应链管理系统等，为连锁企业提供品类分析、库存管理、消费者需求数据管理等实用性工具。信息化、智能化的发展使连锁企业信息系统可以实时掌握销售数据，实现连锁企业与供应商信息系统的对接，使连锁企业及时掌握自身销售情况、判断产品市场销售趋势、掌握竞争对手状况等信息，高效地、有针对性地做出策略调整，把握市场机会。随着移动终端技术的不断发展，信息技术可以为消费者提供更加便捷与人性化的服务。

（6）组织效能。品类管理不能单纯体现在产品上，品类管理需要连锁企业整体以及供应商共同发挥作用。连锁企业的各个职能部门和门店的协同配合能力，对人员的市场分析能力、管理能力提出了更高的要求。很多职能部门和门店的基层人员对品类管理的认识和理解，不足以将品类管理的实施执行到位，影响了品类管理的效果。提升总体组织效能才能更好地实现连锁企业目标。

二、品类管理的流程

品类管理是流程性活动。该流程包括八个步骤，即品类定义、品类角色、品类评估、品类评分表、品类策略、品类战术、品类计划实施和品类回顾,如图3-4所示。

1. 品类定义

品类定义明确了品类的范畴、功能和结构,按照消费者需求将杂乱无章的产品进行有规律、有逻辑的归类。品类定义在提升消费者购物体验的同时,提升了连锁企业的管理效率。品类定义是品类管理的基础。

2. 品类角色

对品类进行定义后需要考虑品类的重要性,以确定每个品类所扮演的角色、发挥的作用、需要的资源,进而为后续实施品类策略奠定基础。

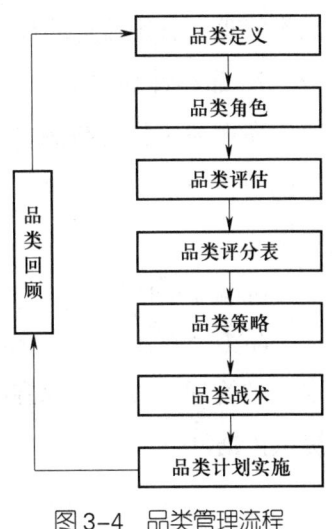

图3-4 品类管理流程

3. 品类评估

品类评估的目的是全面深入分析目前产品经营的状况,以及与市场、竞争对手的差距,找到自己的强项和弱项,为品类目标和品类策略提供数据支持。品类评估是对品类机会挖掘的过程。

4. 品类评分表

品类评分表是衡量品类管理的有效性和跟踪品类管理执行情况的重要工具。为了确保连锁企业和门店按照既定的方向发展,需要制定一个统一的评估指标体系和发展目标。品类指标应根据品类角色相应制定,通过明确业务目标和衡量标准,反映实际情况与目标的差异,使品类的整体状况一直被衡量和监控。品类评分表是对品类角色和品类评估的提炼与总结。

5. 品类策略

品类策略是企业为实现品类经营角色和评估目标而制定的策略。品类策略要根据连锁企业的定位和目标,基于消费者分析、市场分析、竞争对手分析来制定。常用的品类策略有提高客单价、增加客流量、提升利润、保持市场份额等。

6. 品类战术

品类战术是为实现品类策略以达到目标所采用的具体操作方法,主要包括产品组合、空间布局与产品陈列、产品定价与促销等。品类战术需匹配品类策略,品类战术的使用将改变消费者的购物体验,进而影响品类的业绩和门店的形象。品类战术具有灵活性和针对性。在具体操作中需结合消费者、区域等因素差异制定有针对性的品类战术,并根据市场变化对品类战术进行灵活调整。品类战术是品类管理中真正落地的环节。

7. 品类计划实施

在上述工作完成后,需要将所规划的内容付诸行动,在各职能部门与门店的共同协作下,执行品类管理的各项计划。品类计划的实施直接决定着品类管理的效果。

8. 品类回顾

品类回顾是一个检视的过程。通过品类回顾,评估品类目标的实现情况,发现品类管理全过程中存在的问题与偏差,分析原因、提出解决方案,为工作改进提供依据。

培训项目 3 品类定义

连锁企业经营业态广泛，经营产品多种多样，几乎涵盖了人们的衣、食、住、行，连锁企业提供丰富的产品以满足消费者广泛的需求。因此，将产品进行分门别类的管理，在为消费者增加便利性的同时，更有利于连锁企业进行科学、系统、高效的产品管理。

一、品类定义的概念和特点

1. 品类定义的概念

品类定义是指对产品的结构进行分类并描述，包括大分类、中分类和小分类等，如图 3-5 所示。品类定义包括品类结构和品类描述两方面内容。品类结构是将该品类的产品进行分类管理，以确保产品的选择能满足消费者的需求。品类描述是用文字高度概括品类的产品属性和消费特性。

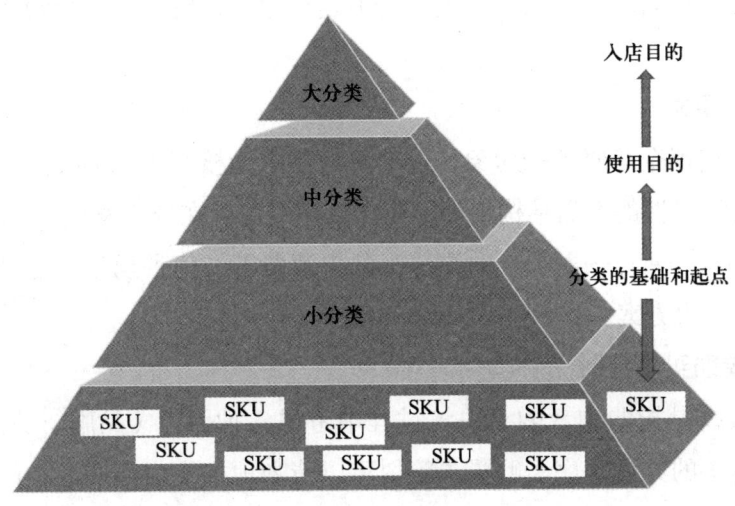

图 3-5　品类定义

品类定义是品类管理的基础，是对构成品类的单品选择过程，体现的是连锁企业主动地对现有经营产品的结构性分类，对构筑连锁企业产品结构起到重要的作用。科学的逻辑分类和清晰的文字界定为品类管理的细化提供了方便。以消费者需求为核心进行品类定义时，还需适当考虑连锁企业管理的需要。

2. 品类定义的特点

在遵循物以类聚的原则对产品进行品类定义时，同一品类内部的产品通常具有以下两个主要的特点：

（1）替代性。替代性属于相同产品的范畴。按产品功能属性分类时，该品类内的产品基本可满足消费者在相同使用功能上的需求，更换品类内的其他产品对消费者在功能使用上不会产生变化。

（2）互补性。互补性属于不同产品的范畴。在按消费特性分类时，该品类内具有不同用途、不同功能的产品，可以满足消费者在使用功能上的互补性。互补性产品在品类内呈现相互促进的特征。

二、品类定义的影响因素

1. 连锁企业的定位

进行品类定义首先要考虑的是连锁企业和门店的定位，包括业态的定位和战略定位。定位不同，连锁企业经营的产品不同，不同产品对连锁企业的作用也不同。品类定义可以直接反映连锁企业定位的差异。在实际管理过程中，由于连锁企业多门店、经营同类产品的特点，就需要连锁企业根据定位对品类进行清晰的定义，以确保各门店均能有效体现连锁企业定位差异，统一、均衡地实现连锁企业战略目标。

2. 消费者需求

消费者是连锁企业服务的对象，以消费者需求为核心进行品类定义，连锁企业才能进行有针对性的产品结构规划，充分运用资源。在分析发现消费者需求时，可以运用"场景—痛点—需求"的方法，分析消费者在何种场景下遇到何种痛点需要什么样的解决方案。

3. 购物者购买决策树

购买决策树是指购物者购买决策过程中考虑各种因素（品牌、功能、价格、包装、产地等）的先后次序。购买决策树可以清晰地描绘出不同品类的购物者做出购买决策的步骤、过程、考虑的层面以及优先顺序。

 小贴士

消费者与购物者的区别

消费者，是指为达到个人消费使用目的而购买各种产品与服务的个人或最终产品的个人使用者。消费者的主要特征是"最终使用产品、服务并受益"。

购物者是与连锁企业进行直接商业交往的个人或组织。

根据是否直接实施购买行为，消费者与购物者的身份可能是重叠的，也可能是分开的。

连锁企业在进行品类定义时，可以参照购物者购买决策树对产品进行分类，确保在购物者的每个需求点上都有适合的产品，以满足目标购物群的消费需求。不同购物者对同一品类产品的决策顺序是不同的，连锁企业需要通过市场调查明确主要的购买群体及购买决策的关注点。如图3-6所示为消费者对厨房用纸的购买决策。

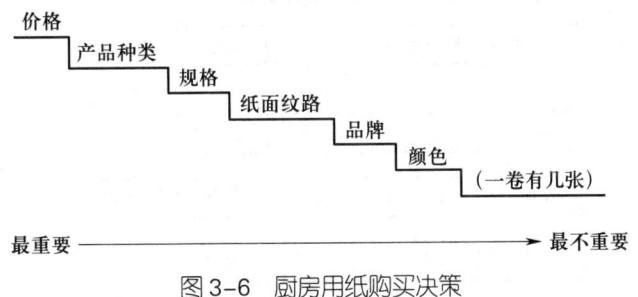

图3-6 厨房用纸购买决策

4. 品类发展趋势

品类定义要考虑品类发展的前瞻性，在确定现有品类定义的同时还要关注该品类的长远发展。消费者求新、求变的需求不断提高，消费理念也产生了巨大的变化。连锁企业在进行品类定义时，不但要看产品当前的需求，更要关注未来的发展趋势，尤其是技术迭代速度快、受时尚潮流影响的产品应予以重点关注。

5. 连锁企业的管理需求

连锁企业管理的单品数量众多，尤其是大型、多业态连锁企业品类管理复杂程

度高。品类的定义也会随着消费者需求变化进行必要调整,连锁企业在进行品类定义时还需关注到连锁企业的管理效率,避免过于繁杂的品类定义增加管理难度。

三、产品组织结构

1. 产品组织结构的定义

产品组织结构指特定产品的经营范围、产品的分类组织、产品的具体组合。从整体来说,产品组织结构有高、中、低三个层次。第一,从高的层次来看,是企业的定位,也就是企业在营业执照中已明确规定的经营范围。第二,从中的层次来看,是根据企业的经营范围而确定的产品分类构成。一般而言,分类细至产品的基础类别——小分类,也就是企业使用的产品组织结构账。第三,从低的层次来看,是基础类别——小分类之间的比例和基础类别内部的具体组合。前者与门店的策略相关,后者与消费者的购物行为密切相关,也就是基础类别——小分类如何配置、其组成因素和水平分析,以及因素和水平如何合理化的问题。饮料产品组织结构的层次如图 3-7 所示。

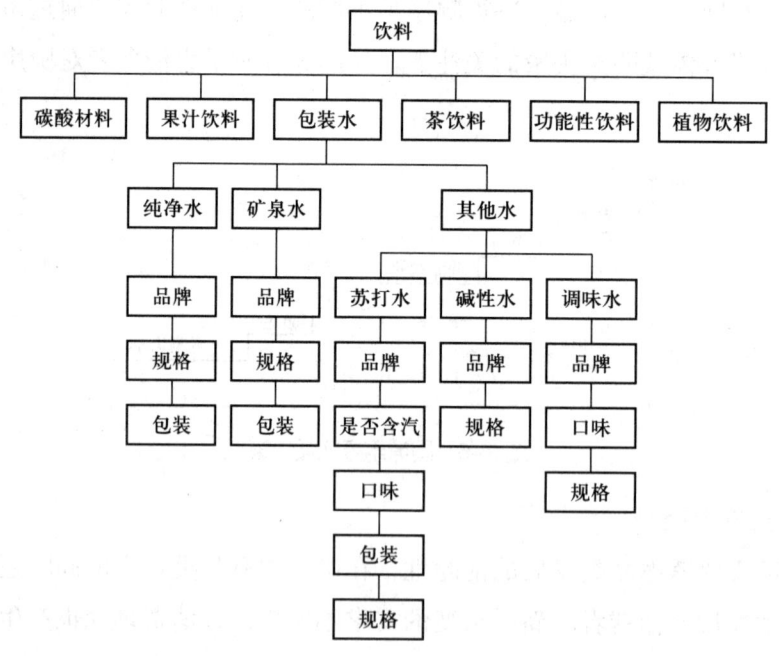

图 3-7 饮料产品组织结构的层次

2. 产品组织结构的作用

产品组织结构将所有的产品依照一定的逻辑关系组织起来,就如一个企业的组织结构,各个产品类别之间存在类似的上下级关系。产品组织结构构成了连锁企业的基本经营管理框架。连锁企业会在产品组织结构的框架下，将利润指标一层层分配到每个品类上。卖场布局设计、货架陈列设计和库存空间设计等都是建立在产品组织结构的基础上的。连锁企业的采购部门和门店的组织结构也会按照产品组织结构进行划分。

3. 产品组织结构表

（1）产品组织结构表的定义。产品组织结构表是按照产品的不同属性进行分类汇总并给予对应编号而形成的一个结构表。它的特点是依产品属性和消费者购买决策逻辑为产品划定不同分类，从大分类到中分类、小分类，最终为单个产品定位。

（2）产品组织结构表的构成要素

1）多级分类编号。在分类编号中建议采用多级分类原则，从部门分解到小分类，这样的编号是清晰、易记且唯一的。

2）多级分类名称。分类名称应与前面的编号结合使用。分类名称应该是对应并且唯一的。

3）单品数量与结构。单品数量是单品的总数量，结构主要指价格结构。

4）供应商数量。供应商过多，稀释了销售量，每个供应商业绩都不大，积极性都不高，而且增加管理难度和成本；供应商太少，销售过于集中，削弱了采购对大供应商的控制力。因此要根据分类大小和特性设置合理的供应商数量。

小贴士

产品组织结构表的作用

1. 体现连锁企业的定位。一家连锁企业门店的产品组织结构表可体现所属企业的定位。

2. 确定连锁企业的经营范围。一方面，产品组织结构表明确地规范了连锁企业的经营范围；另一方面，可以根据对产品组织结构表的检查、对照来发现缺失的类别，找出缺失的品类、子品类、产品，并予以补充。

3. 适时地反映各方需求的变化。产品组织结构表不是一成不变的，而应适时地进行调整。根据顾客需求、产品生产、市场环境、行业竞争状态、企业经营策略等的变化，对产品组织结构表进行调整，以适应这些变化。

四、产品组合

产品组合是连锁企业提供给顾客的一组产品，包括所有产品线和产品项目，即产品广度和产品深度。产品广度是指连锁企业提供的产品线的种类，即具有相似的物理性质、相同用途的产品种类的数量。产品深度是指产品品种的数量，即同一类产品中，不同质量、不同尺寸、不同花色品种的数量。

产品广度和深度的不同组合，形成了目前连锁企业产品组合的不同配置，而不同的产品组合各有利弊。

1. 广而深的产品组合

广而深的产品组合是指连锁企业提供种类较多的产品，每类产品可供消费者选择的品种也很多，一般具有一定规模的连锁企业采用这种产品组合。由于目标市场是多元化的，消费者需求多样，该类连锁企业通常向消费者提供"一站式"服务，配置广泛的产品类别和品种，如大型购物超市。广而深的产品组合的优缺点见表3-2。

表3-2 广而深的产品组合的优缺点

优点	缺点
能满足消费者全面购物需求，选择性强	投资大，占用资金多
吸引客流能力强	产品周转率低，资金利用率较低
目标市场广阔	空间大，设备多，技术高
有一定的价格主导权	经营特色不突出
顾客忠诚度高	综合管理难度高

2. 广而浅的产品组合

广而浅的产品组合是指连锁企业经营的产品种类多但每一种产品中花色品种的选择少。采取这类组合的连锁企业，供消费者购买的产品种类广泛，但对每类产品的品牌、规格、式样等给予限制。如普通中小型超市，其产品种类可覆盖消费者日常需求，但每个种类可供挑选的余地较小。广而浅的产品组合的优缺点见表3-3。

3. 窄而深的产品组合

窄而深的产品组合是指连锁企业经营较少的产品种类，但每一种产品的花色品种很丰富，体现了连锁企业专业化经营的宗旨。采取这种组合的连锁企业通常为专业店，常通过提供精心选择的特色产品来吸引有偏好的消费者群体，如宠物用品店。窄而深的产品组合的优缺点见表3-4。

表3-3　广而浅的产品组合的优缺点

优点	缺点
覆盖市场大	产品品种少，深度不够，选择余地小
有选择地满足消费者的一般需要	无法满足消费者特殊需求
便于消费者"一站式"购物	客源稳定性不强，顾客忠诚度低
促进大量购买	企业形象树立难度大
资金占用可控	企业长期发展竞争力弱

表3-4　窄而深的产品组合的优缺点

优点	缺点
经营特色突出	目标市场相对有限
有相对稳定的消费者来源，重复购买行为明显	选址要求高
易于开展专业化管理	不能同时满足多种消费需求
品种齐全，选择余地大	市场风险大

4. 窄而浅的产品组合

窄而浅的产品组合是指连锁企业选择较少的产品种类，并在每一种类中选择较少的产品品种。便利店采用此种组合相对较多。窄而浅的产品组合的优缺点见表3-5。

表3-5　窄而浅的产品组合的优缺点

优点	缺点
目标消费者明确	品种有限，选择性低
方便消费者就近购买	特色不突出
投资少，成本低，效益高	商圈范围小，选址要求高
存货周转速度快	顾客数量和销售额有限

连锁企业在规划产品组合的广度时，需要考虑每一个产品种类的销量和利润情况，管理者需要了解产品组合的广度中每一个产品种类对总销售量和总利润所

做出贡献的比例。

连锁企业在规划产品组合的深度时，需要考虑企业追求的目标和每一个品种对企业的贡献。那些希望有较高市场份额与市场增长率的连锁企业倾向于更深的产品组合，而追求高额利润的连锁企业则会慎重挑选产品品种来规划产品组合的深度。

培训项目 4 品类角色

品类角色决定了连锁企业整体业务中不同品类的优先顺序和重要性,并决定了品类之间的资源分配。对品类角色进行定位,为消费者带来更大价值的同时,连锁企业可以有效地分配货架空间、人力、财力等资源,将投资回报最大化。

一、品类角色的定义

品类角色是连锁企业从自身战略及市场定位出发,确定品类在其经营结构中的角色,以追求不同的销售目标,推动连锁企业持续地、良性地运作。品类角色决定了连锁企业整体业务中不同品类的优先顺序和重要性,并决定了品类之间的资源分配。品类角色是从品类对连锁企业的意义出发,探讨某种品类产品给连锁企业带来何种利益。

品类角色是品类管理的灵魂。品类角色的确定及其对连锁企业的经营贡献,体现了连锁企业在核心业务上的核心竞争能力。

二、品类角色定位

品类角色定位最常用的方法有连锁企业导向的品类角色定位、消费者导向的品类角色定位和跨品类分析的品类角色定位。

1. 连锁企业导向的品类角色定位

连锁企业导向的品类角色定位是根据品类对连锁企业销售额和利润率的贡献来确认品类角色的方法。连锁企业导向的品类角色矩阵运用销售/利润矩阵法,横轴表示连锁企业销售额,将品类排名中前50%、中间30%和后20%,定为高、中、低三个层次;纵轴以连锁企业的平均毛利率表示利润率水平,并将毛利率划分为高和低两个维度。这就形成了六种品类角色类型,如图3-8所示。

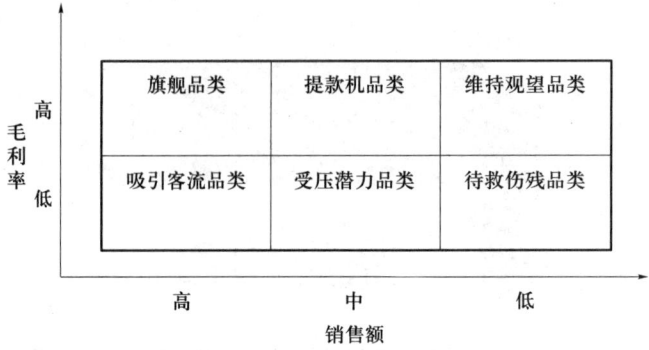

图 3-8　连锁企业导向的品类角色矩阵

各类型品类角色的特点见表 3-6。

表 3-6　连锁企业导向的品类角色特点

品类角色	特点
旗舰品类	销售量大，利润可观，对连锁企业销售业绩贡献大
吸引客流品类	对销售额贡献大，但毛利率偏低，起到吸引客流的作用
提款机品类	毛利高，销售量一般，是吸引客流品类的毛利补偿产品
受压潜力品类	毛利率和销售额水平均一般，受到来自其他商业形式或本类商业内的竞争
维持观望品类	毛利高，销售额较低，可能具有一定的成长潜力
待救伤残品类	利润和销售额都偏低，是可能被替换的品类或主要品类的补充，数量的减少对连锁企业来说不重要，能提供增加利润的机会

连锁企业导向的品类角色定位，基于连锁企业各门店的销售数据，可以充分、全面地呈现各品类的全部组合，操作简便，但对品类内部不同单品的差异考虑得不够。不是所有旗舰品类的产品都能创造较高的销售额和毛利率，在待救伤残品类中也会存在高销售额和高毛利率的产品。这种以连锁企业自身为导向的品类角色定位与品类管理以消费者为中心的初衷存在一定的矛盾，未能在品类角色定位中考虑消费者的需求和市场的需求，仍然有一定的被动性。

2. 消费者导向的品类角色定位

关注消费者的需求是品类管理的本质。消费者导向的品类角色定位，是根据连锁企业经营产品的普及程度和购买频率对品类进行角色定位。在消费者导向的品类角色矩阵中，横轴表示产品的普及程度，是指在一年内购买某品类产品的消费者占比，是该产品的覆盖度；纵轴表示购买频率，是指该品类产品每年被购买的平均次数。根据两个指标不同的高低组合，共形成四种消费者导向的品类角色，如图 3-9 所示。

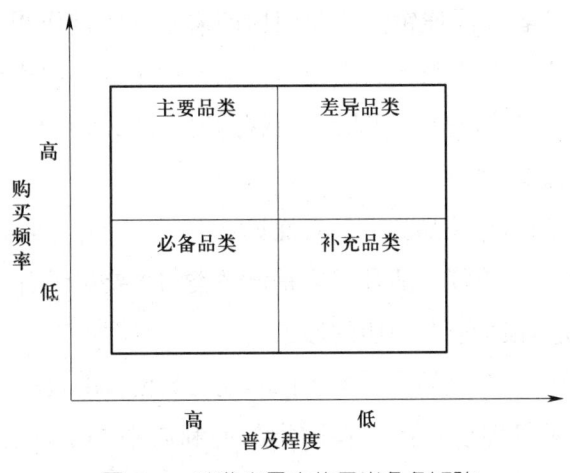

图 3-9　消费者导向的品类角色矩阵

各类型品类角色的特点见表 3-7。

表 3-7　消费者导向的品类角色特点

品类角色	特点
主要品类	关键的品类，普及程度和购买频率都较高，具有高度的价格敏感性
差异品类	购买频率高，但不具备一定普及程度，是目标消费者的重要品类，价格仍具有敏感性
必备品类	具有高普及程度的品类，尽管购买频率较低，但必须保证随时有货
补充品类	满足部分消费者的需求，是品类的补充，价格敏感性低

消费者导向的品类角色定位从消费者角度出发，分析品类的功能，消费者购买取向的变化促使连锁企业对各门店品类角色重新定位。连锁企业要关注消费者购物习惯的变化，采用科学的分析方法，获得消费者购买频率及产品在目标消费群体普及程度的数据以决定其品类角色定位。

3. 跨品类分析的品类角色定位

跨品类分析的品类角色定位是一种被普遍应用的、较为全面的划分品类角色的方法，其本质也是以消费者为导向的品类角色定位。跨品类分析的品类角色定位既兼顾了消费者和连锁企业的需求，又考虑市场发展的需要，是一种比较科学、合理的品类角色定位方法。根据跨品类分析法，连锁企业的品类通常被分成四种类型，即目标性品类、常规性品类、季节性/偶然性品类和便利性品类。

（1）目标性品类。目标性品类是指能代表连锁企业及门店特色和形象、最能满足消费者需要、销售业绩最好的品类。目标性品类包括向消费者提供首选商家的产品品类，对消费者加深连锁企业及门店印象起到促进作用的品类，持续提升消费者满意度以及提供超值服务的品类，带动连锁企业及门店销售提升、市场地位提高的品类，完成连锁企业及门店经营任务和目标的品类等。

目标性品类具有以下特点：

1）连锁企业及门店在该品类上具有优势。

2）对消费者而言，连锁企业及门店是该品类的主要提供者。

3）该品类代表连锁企业及门店的形象。

4）连锁企业及门店在该品类上拥有比其他品类更多的资源。

比如711的午餐等即食产品，在同类的便利店中711的主食推向市场更早，由于品种多样和价格合理已经奠定了消费基础，是一种简便、快捷的午餐选择。大规模的连锁门店由配送中心统一配货，在成本上相较于其他便利店优势明显。

目标性品类是连锁门店的标志性产品，易与其他同类企业进行区别。在进行目标性品类选择时，应根据消费者的需求特点和连锁企业资源优势选择丰富或独特的产品。连锁企业在目标性品类上投入的资源更多，比如更多的货架空间、更加细节周到的服务、更加低廉的产品价格等，因此目标性品类通常占到门店品类的5%~10%，避免因目标性品类过多而无法起到标志性作用，以及因过多的成本投入降低毛利率。

（2）常规性品类。常规性品类是指能吸引客流、抵御竞争，可以满足消费者大部分需要的品类。常规性品类包括成为消费者购买时优先选择的品类、帮助确立连锁企业及门店在目标消费者心目中印象的品类、保证经营目标总体平衡的品类、在创造利润和现金流向以及投资回报方面扮演重要角色的品类等。

常规性品类具有以下特点：

1）连锁企业及门店是该品类的普通提供者。

2）该品类是消费者日常需要的重要品类，该品类的提供提高了连锁企业及门店的整体形象。

3）该品类能平衡销售量与毛利率等经营指标。

4）该品类的销售及利润占比与其所获得的相关资源比较接近。

常规性品类基本可以看作相同业态连锁企业共有的，向消费者提供与其他竞争对手相同的产品，满足消费者多方面需求的品类。如果常规性品类不全，可能会降低门店的整体形象。比如一般的大卖场能买到消费者日常所需的大部分产品，如米面粮油、洗护用品等，缺少某一种产品，消费者都有可能会认为这个卖场的产品不全。因此，常规性品类在连锁门店内占有的比例较高，通常占所有品类的60%~70%。常规性品类的经营状况直接影响门店持续、稳定的发展以及长期保持对目标性品类投入的可能性。

（3）季节性/偶然性品类。季节性品类是指不经常销售，只是由于季节性的需求而出现在店内的品类，但却是某个时期门店的重点经营产品，也是该时期门店的利润增长点。偶然性品类是指连锁企业不定期销售的产品，只是在某个时期因为有利可图而短期销售。

季节性/偶然性品类具有以下特点：

1）该品类在某个时期处于领导地位。
2）该品类能提升门店在目标消费者心目中的形象。
3）该品类给目标消费者提供频繁的、有竞争力的价值。
4）该品类在创造利润和现金流向以及投资回报方面处于次要地位。

比如稻香村只有在年底到阴历正月十五才生产和销售元宵。虽然在各大超市平时也可以买到速食的汤圆，但每年稻香村的元宵都会吸引消费者长时间排队购买。由于季节性/偶然性品类的临时性，只有在此类产品销售期间门店才会提供货架空间和各种促销支持。因此，门店的季节性/偶然性品类不会过多，通常占到品类的10%左右。

（4）便利性品类。便利性品类是指满足消费者随时购买、具有增进消费者从事某项活动的便利性的品类。它是为了满足消费者一次性购足产品的需求而增加的品类，在满足消费者需求方面起到锦上添花的作用。

便利性品类具有以下特点：

1）满足一站式购物的需求。
2）满足补充性购物的需求。
3）提高利润。

比如无印良品以家居产品为主，但也销售一部分休闲食品，而且无印良品收银台前不少的消费者或多或少都会选择休闲食品。虽然便利性品类的数量不多，占所有品类的10%~15%，销售额也不高，但其主要作用是通过随手可带走的产品创造额外的利润。

跨品类分析的品类角色定位，因其考虑因素全面被连锁企业普遍采用。对品类角色的划分直接影响该品类在连锁门店所能得到的资源。不同连锁企业因定位不同、资源投入的不同，对同一品类的品类角色定位也会不同。

三、品类角色定位的考虑因素

品类角色定位通常着重考虑四方面因素，即品类对消费者的重要性、品类对连锁企业的重要性、品类对市场的重要性和品类对竞争者的重要性。

1. 品类对消费者的重要性

品类管理是以消费者需求为主导的，在进行品类角色定位时首先要考虑品类对消费者的需求程度、便捷性等方面的影响。品类对消费者的重要性主要通过消费者的购买频率分析来确定。消费者购买频率越高，消费者日常对该品类的使用需求和依赖程度越高，在消费者的日常生活中占据的位置越重要。购买频率较高的品类是连锁企业吸引消费者的保障，该品类产品如出现经营异常的情况将直接影响消费者对连锁企业的印象，消费者会选择其他商家，削弱连锁企业竞争力。

2. 品类对连锁企业的重要性

产品是连锁企业的经营内容，不同连锁企业经营战略与定位不同，对产品品类的角色定位也会不同，因此同一品类对不同连锁企业的重要性也是不同的，形成了同一品类在不同连锁企业的角色定位差异。品类对连锁企业的重要性体现在该品类对连锁企业的销售贡献，衡量指标包括销售额和利润等。根据品类的销售额和利润对连锁企业的重要程度，判断品类对连锁企业的重要性。

3. 品类对市场的重要性

品类对消费者的重要性和对连锁企业的重要性是基于已经发生的经营状况，而品类对市场的重要性则是关注品类未来的发展潜力。品类对市场重要性的衡量指标是品类增长率。增长率高的品类往往会受到连锁企业更多的关注，增长率高说明该时期内的购买需求增加，消费者的购买需求增加说明该品类对消费者的重要性在逐渐增强。连锁企业需关注品类增长率的变化，及时调整品类的定位，以获得该品类的发展机会或降低损失。

4. 品类对竞争者的重要性

连锁企业与竞争对手通常避免正面竞争，通过品类角色的差异与竞争对手形成区别。了解竞争对手的品类角色定位，有利于连锁企业采取正确的经营策略，提高市场竞争力。通过品类角色定位的差异与竞争对手进行良性竞争，更有利于促进连锁企业的健康发展。

两家超市的纸尿裤促销

一、情景描述

某地有两家超市相距不足 50 m。A 是拥有 2 层楼近 20 000 m² 的大卖场，B 是以经营食品、日用品为主的仅 500 m² 的小超市。在大卖场 A 中，有一个专门售卖婴儿用品的区域，其中包括多种婴儿食品、婴儿服饰、婴儿玩具及婴儿纸尿裤。该区域有专门的装饰，活泼可爱。小超市 B 也售卖婴儿纸尿裤，但品牌和单品数都较少。在某次促销活动中，大卖场 A 选择帮宝适婴儿纸尿裤进行低价促销，小超市 B 知情后马上进行变价。最终，大卖场 A 因促销获得了帮宝适婴儿纸尿裤销量的大幅增长，小超市 B 不仅销售量下跌，而且损失了利润。

二、案例分析

通过 A、B 对婴儿产品的产品配置和布局可以看出，大卖场 A 将婴儿用品作为其目标性品类之一，小超市 B 的婴儿纸尿裤仅能作为便利性品类。小超市 B 在此事件中存在以下问题：

1. 自身品类角色的定位不清晰。
2. 忽略了品类角色定位对不同连锁企业重要性的差异。
3. 采取了错误的跟价竞争策略。

培训模块 四
连锁经营营销管理

培训项目 1　市场营销概述
培训项目 2　消费者购买行为分析
培训项目 3　市场调查
培训项目 4　价格管理
培训项目 5　促销管理

培训项目 1 市场营销概述

一、市场

1. 市场定义

市场可以分为狭义的市场和广义的市场。

（1）狭义的市场。狭义的市场是指买卖双方进行商品交换的场所，如集市、商场、批发站、交易所等。

（2）广义的市场

1）市场指某种或某类产品需求的总和。

2）市场是产品买卖双方的力量相互作用的总和，体现在买方市场和卖方市场上，反映了供求双方力量的强度。例如，当产品供不应求时就形成卖方市场，当产品供过于求时则形成买方市场。

3）市场指商品流通领域，反映的是商品流通全局，是交换关系的总和。市场是指一个社会整体的市场，在企业和消费者两个主体之外又加了政府这个主体，政府职能干预市场关系。

2. 市场构成要素

连锁企业作为某种或某类产品的生产者或经营者，总是具体地面对该产品有购买需求的买方市场。深入了解企业所面临的现实的市场状况，从中选择目标市场并确定进入目标市场的市场营销策略，以及进一步寻求潜在市场，是连锁企业开展市场营销活动的前提。因此，就连锁企业而言，更具有直接意义的是对微观市场的研究。

微观市场的构成要素包括人口、购买力、购买欲望三个方面，用公式表示为：

$$市场 = 人口 \times 购买力 \times 购买欲望$$

（1）人口。需求是人的本能，对物质生活资料及精神产品的需求是人类维持生命的基本条件。因此，哪里有人，哪里就有需求，就会形成市场。人口的多少决定着市场容量的大小；人口的状况，影响着市场需求的内容和结构。构成市场的人口因素包括总人口、性别和年龄结构、家庭户数和家庭人口数、民族与宗教信仰、职业和文化程度、地理分布等多种具体因素。

（2）购买力。购买力是指消费者购买产品和服务的支付能力。消费者的购买力是由消费者收入决定的，购买力水平的高低是决定市场容量大小的重要指标。

（3）购买欲望。购买欲望是指消费者购买产品和服务的强烈程度。购买欲望归根结底产生于人类的生理和心理需要，即满足人们物质和文化生活的需要。

二、市场营销

1. 市场营销的定义

市场营销，是在变化的市场环境中，旨在满足消费需要、实现企业目标的商务活动过程，包括市场调研、选择目标市场、产品开发、产品定价、渠道选择、产品促销、产品储存和运输、产品销售、提供服务等一系列与市场有关的企业业务经营活动。

2. 市场营销的核心概念

（1）需求、欲求和需要

1）需求。需求是指消费者生理及心理的需求，如人们为了生存，需要食物、衣服、房屋等生理需求及安全、归属感、尊重和自我实现等心理需求。市场营销不能创造这种需求，而只能适应它。

2）欲求。欲求是指消费者深层次的需求。不同背景下的消费者欲求不同，欲求也受社会环境及文化习俗的影响，会随着社会条件的变化而变化。市场营销能够影响消费者的欲求，如建议消费者购买某种产品。

3）需要。需要是指有支付能力和愿意购买某种物品的欲求。消费者的欲求在有购买力作后盾时就变成需要。许多人想购买法拉利牌轿车，但只有具有支付能力的人才能购买。因此，市场营销不仅要了解有多少消费者欲求其产品，还要了解他们是否有能力购买。

（2）产品

产品是指企业生产出来用来满足消费者需求和欲求的物体。产品包括有形产品与无形产品、可触摸产品与不可触摸产品。有形产品是为消费者提供服务的载体，无形产品或服务是通过其他载体，如人、地、活动、组织和观念等来提供的。

（3）交换、交易和关系

1）交换。人们通过自给自足或自我生产方式获得产品不是市场营销，只有通过等价交换的市场行为，买卖双方彼此获得所需的产品，才产生市场营销。可见，交换是市场营销的核心概念。

2）交易。交换是一个过程，而不是一种事件。双方正在洽谈并逐渐达成协议，称为在交换中。双方通过谈判并达成协议，即发生交易。交易是交换的基本组成部分。交易是指买卖双方价值的交换，它是以货币为媒介的，而交换不一定以货币为媒介，它可以是物物交换。

交易形成的条件包括：至少有两方；每一方都有被对方认为有价值的东西；每一方都能沟通信息和传送物品；每一方都可以自由接受或拒绝对方的产品；每一方都认为与另一方进行交换是适当的或称心如意的。

3）关系。交易营销是关系营销大观念中的一部分。精明能干的市场营销者都会重视同消费者、供应商等建立长期、信任和互利的关系。而这些关系要靠不断地履行承诺及为对方提供高质量产品、良好服务及公平价格来实现，靠双方加强经济、技术及社会联系来实现。关系营销可以减少交易费用和时间，最好的交易是使协商成为惯例。

培训项目 2

消费者购买行为分析

一、消费者市场

1. 消费者市场定义

消费者市场,是为满足生活需要而购买产品和服务的一切个人和家庭所构成的市场。消费者市场是市场体系的基础,也是最终市场,是起决定作用的市场。在市场营销观念的指导下,企业的活动必须以消费者为中心,以市场为导向。因此,连锁企业无论是何种行业、何种业态,都应当研究消费者市场及其购买者行为,深入研究消费者需求的特点和消费者行为模式,以消费者的需要为依据制定营销方案,满足消费者需求,以期在竞争中取胜。

2. 消费品的分类

消费品涉及人们的物质生活和文化生活,包括吃、穿、用、住和行等方面。对这些消费品通常有两种分类方法:

(1) 按消费者的购买习惯分类

1) 便利品,又称日用品,是指消费者日常生活需重复购买的产品,例如粮食、饮料、纸巾、洗衣液等。消费者由于经常使用和经常购买,一般都比较熟悉,并具有一定的产品知识。消费者在购买这类产品时,一般不愿花很多的时间比较产品的价格和质量,也愿意接受其他代用品。因此,便利品的经营者应注意广设合理的经销网点,以便消费者能及时就近购买。

2) 选购品,是指价格比便利品要贵,消费者购买时愿花较多时间进行比较之后才决定购买的产品,如家具、服装、皮鞋等。消费者在购买前对这类产品了解不多,在购买时要对同一类型的产品从适用性、价格、款式、质量等方面进行比较。选购品的经营者应将销售网点设在商业网点较多、相对集中的商业区,多做专业化经营,以便消费者进行比较和选择,并应重视产品质量,讲究信誉,以提高竞争力。

3）特殊品，是指消费者对其有特殊偏好并愿意花较多时间和精力去选购的产品。这类产品一般价格贵，档次高，使用寿命长，购买频率低，如电脑、汽车、住宅等。消费者在购买前对这些产品有了一定的认识，偏爱特定的品牌，不愿接受代用品。为此，企业应注意争创名牌产品，以赢得消费者的青睐，要加强广告宣传，扩大本企业产品的知名度，同时要切实做好售后服务工作。

（2）按产品的使用频率分类

1）耐用品，是指能多次使用、寿命较长的产品，如电视机、汽车、电脑等。这类产品价格高，消费者购买时考虑时间比较长，决策比较慎重。经营这类产品的企业，要注重技术创新，提高产品质量，努力降低产品成本，同时要做好促销宣传和售后服务，满足消费者购买后的需求。

2）易耗品，是指使用次数较少、消费者需经常购买的产品，如食品、文化娱乐用品等。经营这类产品的企业，除应保证产品质量外，要特别注意销售点的设置，以方便消费者的购买。

3. 消费者市场的特点

消费者市场需求受多种主客观因素的制约和影响，但从总体上看，各种需求又有着某些共性，构成了自己的特点。

（1）广泛性。凡是有人生存的地方，就需要消费品，因而消费者市场具有广泛性。连锁企业应从消费者购买方便的角度出发，在居民生活区或其他贴近生活区的地方广泛设置销售网点。

（2）分散性。消费者人数众多，购买次数多，购买时间又较分散。因此，市场营销应讲究灵活性，以扩大市场销售。

（3）流动性。消费者市场具有一定的流动性。随着旅游业的发展，异地购买现象将更加突出，这就要求连锁企业要充分抓住商机，占领更广阔的市场。

（4）非专业性。消费品的购买者大都缺乏专门的产品知识，多数情况下受个人的感情和印象所支配，广告宣传等促销手段对其购买行为往往起决定性的作用。因此，在消费者市场的营销活动中，要把促销策略作为一种首要的营销策略来运用，尽量在购物现场介绍产品知识、进行演示，以唤起消费者的购买欲望。

（5）扩展性。人们的需求是无止境的，不会永远停留在一个水平上。随着社会经济的发展和消费者收入的提高，对产品和服务的需求也将不断地向前发展。例如，过去在我国未曾有过的高档消费品，现在已经开始进入消费领域；过去由家庭承担的劳务，现在已转向由社会服务行业来承担。消费者的一种需求满足了，又会产生出新的需求。因此，连锁企业要不断推出新产品，开拓新市场。

（6）复杂多变性。消费者人数众多，差异性很大，对产品的规格、性能、式样、服务、价格等方面会有多种多样的需求。例如，对服装鞋帽，消费者在款式、质量、价格、颜色等方面的需求千差万别。而且，随着生产的发展、消费水平的提高和社会习俗的变化，消费者需求在总量、结构和层次上也将不断发展、日益多样化。消费者需求的这种多样化特征，要求企业在对消费者市场进行细分的基础上，根据自身条件准确地选择目标市场。

二、消费者购买行为的定义和内容模式

1. 定义

消费者购买行为，是指消费者为满足自身需要，表现出来的一系列与购买产品和服务相关的行为。连锁企业在市场营销活动中，要同各种各样的消费者打交道，因此必须认真研究消费者购买行为的模式和特点，以促进企业提高经济效益。

2. 消费者购买行为的内容模式

（1）消费者何时购买。企业在市场营销活动中应注意了解消费者购买物品时间方面的特点，以便适时满足消费需求。例如，具有季节性和节假日性的产品，在淡季和旺季、节日期间和平常时期，消费者的购买活动大不一样。

（2）消费者何处购买。研究消费者在何处购买，要从两个方面分析，即消费者在何处决定购买，以及在何处实际购买。对于家具、家用电器等，消费者在购买前往往是先在家中作出决定；而对于一般日用消费品、一般食品等，消费者则在购买现场作决定。所以，企业在进行产品设计和拟订销售计划前，应充分了解消费者在何处决定购买，在此基础上进行针对性的包装设计、广告宣传和现场布置等。分析消费者在何处实际购买，应使连锁门店的选址与布局尽可能适应消费者的需要，便于消费者购买。

（3）消费者如何购买。消费者如何购买，不仅会影响市场营销活动的状态，而且会影响产品设计、价格政策，以及营销计划的制订和其他经营决策。例如，有的消费者特别重视价格，愿意购买最便宜的货物而不关心产品的品牌和连锁企业的知名度；有的消费者则宁可支付较高的价格，到距离较远的门店去购买称心如意的产品。

（4）家庭消费中的决定、购买和使用。家庭是社会的细胞，是一个共同收入

和消费的单位,所以研究购买形态,还必须分析在家庭消费中由谁作出购买决定,由谁实际购买,买来后归谁使用。

三、消费者购买行为的特点

1. 消费需求的多样性

由于消费者的收入水平、文化程度、职业、性别、年龄、民族和生活习惯的不同,自然会有不同的爱好和兴趣,对消费品的需求也千差万别。

2. 消费需求的发展性

随着生产力的发展和消费者个人收入的提高,人们对产品和服务的需要也在不断变化。过去未曾消费过的高档产品进入了消费,过去消费少的高档耐用品现在大量消费;过去消费讲求价廉、实惠,现在追求美观、舒适等。

3. 消费需求的伸缩性

消费者购买产品,在数量、品级等方面均会随购买水平的变化而变化,随产品价格的高低而转移。基本的日常消费品消费需求的伸缩性比较小,而中高档产品、耐用消费品、穿着用品和装饰品等选择性强,消费需求的伸缩性就比较大。

4. 消费需求的层次性

人们的需求是有层次的,各个层次之间虽然难以截然区分,但是大体上还是有次序的。一般来说,总是先满足最基本的生活需要,然后再满足社会交往需要和精神生活需要。也就是说,消费需求是逐层上升的,首先是满足低层次的需要,然后再满足较高层次的需要。随着生产的发展和消费水平的提高,以及社会活动范围的扩大,人们消费需求的层次必然逐渐向上移动,由低层向高层倾斜,购买的产品越来越多地用于满足社会性、精神性需求。

5. 消费需求的时代性

消费需求常常受到时代精神、风尚、环境等的影响。时代不同,消费需求和爱好也会不同。例如,随着我国人民文化水平的提高,对文化用品的需要日益增长。这就是消费需求的时代性。

6. 消费需求的可诱导性

消费需求是可以引导和调节的。通过连锁企业营销活动的努力,人们的消费需求可以发生变化和转移。潜在的欲望可以变为明显的行动,未来的需求可以变成现实的消费。

7. 消费需求的联系性和替代性

消费需求在有些产品上具有关联性，消费者往往顺便购买。经营有关联的产品，不仅会给消费者带来方便，而且能扩大产品销售额。有些产品有替代性，即某种产品销售量增加，另一种产品销售量减少，如洗衣凝珠销量上升，洗衣液销量下降。

四、影响消费者购买行为的因素

1. 社会文化因素

社会文化因素主要包括文化和亚文化、社会阶层、相关群体和家庭。文化、亚文化和社会阶层等因素对消费者的购买行为具有广泛而深远的影响。

（1）文化和亚文化

1）文化。文化是人们在社会实践中逐渐形成的，它包括人们的价值观念、伦理道德、风俗习惯、宗教信仰、语言文字等。各个国家由于受历史、地理、民族以及生活方式等方面的影响，都有各自独特的文化。每个人都生活在一定的文化氛围中，消费者之间通过认同、模仿、感染、追随、从众等方式，形成了共有的生活方式、消费习俗、消费观念、态度倾向、偏好、禁忌等，这些都会影响他们的购买行为。

2）亚文化。亚文化是指存在于一个较大的社会群体中的一些较小的社会群体所具有的特色文化，这种特色表现为语言、信念、价值观、风俗习惯的不同。同属一个群体或团体的社会成员往往具有共同的价值观念、生活习俗和态度倾向，从而构成该社会群体特有的亚文化。

（2）社会阶层。社会阶层是指在一个社会中具有相对同质性和持久性的群体，可依据职业、收入、受教育程度、社会地位以及居住区域等因素来综合划分。同一社会阶层的成员具有相似的价值观、兴趣、爱好和行为方式。因此，他们的消费行为也大致相似。

（3）相关群体。相关群体又称参照群体、榜样群体，是指一种实际存在或想象存在的，可作为个体判断事物的依据或楷模的群体。它通常在个体形成观念、态度和信仰时施加重要影响。人们在生活中随时受到各种群体的影响，关系比较密切的群体有家庭、亲戚、朋友、邻居和同事等，关系比较一般的群体有各种社会团体、协会、学会、商会和宗教组织等。此外，人们也会受到崇拜性群体的影响，如影视明星、体育明星、社会名流等。

（4）家庭。家庭由彼此有血缘、婚姻或抚养关系的人群组成，它对消费者的购买行为影响最大。家庭不仅对其成员的消费观念、生活方式、消费习惯有重要影响，而且直接制约消费支出的投向、购买决策的做出与实施。

2. 个人因素

通常在文化、社会各方面因素大致相同的情况下，仍然会存在消费者购买行为具有极大差异的现象，这主要是由消费者的年龄、性别、职业、收入、生活方式等个人情况的差别而引起的。个人因素主要包括生理因素、经济因素、生活方式、个性等。

（1）生理因素。生理因素包括年龄、性别、体征（高矮胖瘦）、健康状况和嗜好等。它决定了人们对产品款式、构造和细微功能有不同的需求。

（2）经济因素。经济因素指消费者的可支配收入、储蓄、资产和借贷能力，是决定购买行为的首要因素。它决定能否发生购买行为以及发生何种规模的购买行为，同时决定购买产品的种类和档次。收入水平高的消费者，其购买欲望的实现能力较强；而收入水平低的消费者，其购买欲望的实现能力较弱。对未来收入水平的预期也会影响消费者的购买行为。

（3）生活方式。生活方式是一个人在生活中表现出来的活动、兴趣和看法的模式。具有不同生活方式的群体对产品和品牌有不同的需求。

（4）个性。个性是指个人带有倾向性的、本质的、比较稳定的心理特征的总和，它反映了个体行为在一定时间内及在不同的情境下所表现出来的一致性。人们通过社会实践活动获得广泛的经验，有些发展为兴趣和爱好，有些转化为活动能力，有些促进了气质的形成和发展，有些沉淀为人格意志，这些方面反过来会支配人们的行为。

 **相关链接**

个性不同的购买者类型划分

1. 习惯型。这是指消费者根据过去的使用习惯而采取的定向购买行为。这种行为实际上是一种"认牌型"购买。这类消费者重视以往的购买和使用经验，较少受广告宣传和时尚的影响。因此，对这类购买者不必介绍产品，要求服务热情周到，动作迅速。

2. 理智型。这是指消费者在购买产品时比较慎重有主见，不易受外来因素的影响。购买前通常要做广泛的信息收集和比较，充分了解所需产品的相关知识。接待这类购买者要有耐心，要实事求是地介绍产品。

3. 冲动型。这是指容易受到外界因素的影响而迅速做出购买决策的消费者购买行为。这类消费者在购买时容易感情冲动，较多注意产品的美观、外形，容易受广告宣传的影响。这是促销过程中可大力争取的对象，对这类购买者应加强促销工作，营销策略的重心应放在包装、广告等方面，以引起购买者的购买欲望。

4. 经济型。这是指消费者在购买时特别注意产品的价格，有两种表现形式：一种是选低价行为，这类消费者对价格改变反应特别灵敏，对待这类购买者，应主动说明价廉的原因，以取得购买者的信任；另一种是选高价行为，这些购买者认为产品一般是质价相符，高价必有高质量，对待这类购买者，一定要提供货真价实的产品。

5. 情感型。这是指容易受感情支配做出购买决策的行为。这类购买者情感体验深刻，想象力丰富，在购买时对购物环境、产品的外形、命名和知名度都极为敏感。对这类购买者既要搞好宣传，又要注意经常更换产品的陈列方式，以优雅的购物空间来吸引顾客。

6. 年轻型。年轻的、新近才开始独立购物的消费者，消费习惯和心理正在形成之中，尚不稳定，易于接受新的事物，因而也是努力争取的对象。

3. 心理因素

随着社会经济的发展、消费者收入水平的提高、产品的日益丰富和消费需求的多样化，心理因素对消费者购买行为的影响越来越大。心理因素主要包括动机、感觉和知觉、学习以及信念和态度等。

（1）动机。心理学认为人的行为由动机引起，购买行为也不例外。动机是推动一个人实行某种行为的愿望或念头，是由人的某种需求没有得到满足而产生的紧张状态所引起的。马斯洛的需求层次理论认为，人的需要从低级到高级分为生理需要、安全需要、社会需要、尊重需要和自我实现需要几个层次，只有未满足的需要才形成动机。

（2）感觉和知觉。消费者有了购买动机后，就要采取行动。至于采取什么行动,则受到认识过程的影响。

感觉是指人脑通过自己的五官感觉(视觉、听觉、嗅觉、味觉、触觉)对外界刺激形成的反应。通过触摸、品尝等活动,消费者初步获得了对产品的感性认识,产生了诸如美观、新奇、新鲜、香甜等感觉从而激发其购买行为。

知觉是人脑对直接作用于感觉器官的客观事物和主观状况的一种整体反应,通过知觉活动,消费者对产品信息进行加工处理,从而对产品属性的认识又加深了一步,由对个别属性的认识上升到对整体的认识。这种认识往往受过去知识、印象和经验的影响,并具有稳定的特点。

(3)学习。学习是指由于经验积累而引发的个人行为的改变,它是消费过程中不可缺少的一个环节。事实上,消费者的购买行为很大程度上是在后天学习的过程中发生改变的。内在需要引起购买某种产品的动机,这种动机可能在多次购买之后仍然重复产生,也可能在一次购买之后立即消失。而消费者购买行为的重复或消失,主要来自后天经验。

(4)信念和态度。通过行为和学习,人们获得了自己的信念和态度,而信念和态度又反过来影响人们的购买行为。信念,是指人们对事物的认识及情感的倾向性,消费者对产品的信念实际上就是产品在消费者心目中的形象。消费者对产品的信念一旦建立,往往很难改变。态度,是指人们对事物所持有的一种具有持久性和一致性的行为倾向。态度对人们的行为有决定性影响,消费者对产品的态度会直接影响其购买行为。因此,连锁企业应当通过调查研究,了解不同消费者对产品的态度,经营与消费者既有态度相一致的产品,更好地满足消费者的需求。

五、消费者购买决策

消费者的购买行为往往跨越多个渠道,搜索、比较、决策和购买在多个渠道完成,网络口碑和朋友推荐对消费者的影响至关重要,消费者熟练使用新技术和主动获取信息的能力比任何时候都强。连锁企业管理者在分析了影响消费者购买行为的各种因素之后,还需进一步研究消费者是如何做出购买决策的,即分析是谁做出购买决策、购买行为的类型、购买决策的具体过程等。

1. 消费者购买决策的参与者

消费者在购买活动中可能扮演不同的角色,包括:

(1)倡议者或发起者,是首先提议或先有意向购买某种产品和服务的人。

(2)影响者,是其意见或建议对最终购买决策有一定影响的人。

（3）决策者，是对部分或整个购买决策（如是否买、买什么、何处买、何时买、如何买）做出最后决定的人。

（4）购买者，是实际执行购买决策的人。

（5）使用者，是实际使用或消费产品的人。

每一个购买角色都在购买过程中发挥各自的作用，对企业的产品设计、广告宣传、营销活动都有一定的影响。连锁企业应分析、研究每一个购买角色的特点，了解和掌握每一个购买角色所起的作用，有助于企业制定正确的经营方案。

2. 消费者购买行为类型

消费者购买不同种类的产品，其购买行为的复杂程度是不同的。一般来说，产品越昂贵，同类产品不同品牌之间的差异越大，消费者越是缺乏产品知识和购买经验，感受到的购买风险就越大，购买过程就越复杂，消费者考虑得就越慎重，所涉及的参与者也就越多。根据产品品牌之间的差异程度和消费者的参与程度，可将消费者购买行为划分为四种类型。

（1）考究型购买行为。这种购买行为发生在购买比较昂贵、不经常性购买且品牌差异较大的产品时。例如，消费者在购买汽车、住房时会高度参与，全身心地投入。在购买这类产品时，由于消费者缺乏相关的产品知识，需要一个学习过程，消费者会广泛搜集产品的信息资料，详细了解各品牌产品之间的差异，分析比较不同品牌产品的优缺点，然后形成对某品牌产品的信念和态度，最后做出慎重的购买决策。

（2）调适型购买行为。这种购买行为发生在购买价格比较高、品牌差异不大的产品时。例如，消费者在购买彩电、空调等产品时也会高度参与，但因各品牌之间差异不明显，消费者往往只在价格、售后服务等方面进行比较，很快就会做出购买决策。消费者购买产品以后，在使用过程中可能会发现产品的某些缺陷，或者了解到某个品牌产品的品质更好，心理会产生不平衡。出现这种情况后，消费者一般会主动搜集与自己购买的产品有关的信息，试图证明自己当初的购买决策是正确的，以减轻、化解自己内心的不平衡。

（3）变换型购买行为。这种购买行为发生在购买价格低、品牌差异大的产品时。例如，消费者在购买方便面、饮料等产品时，可能经常变换品牌，以尝试各种不同品牌的产品。消费者变换品牌只是为了寻求口味上的变化，尝尝新鲜，而并非对原产品不满意。

（4）常规型购买行为。这种购买行为发生在购买价格低、经常购买、品牌差异不大的产品时。例如，消费者在购买食盐、味精等调味品时，因产品价格低，购买时参与程度也低；又因产品品牌之间差异不大，品牌间无须多做比较，购买只是出于一种习惯，除非其他品牌的产品价格优惠，否则会重复以前的购买行为。

3. 消费者购买决策过程

在复杂的消费者购买行为中，消费者购买决策过程主要由引起需要、搜集信息、分析选择、决定购买和购后评价五个步骤构成。

消费者的购买决策过程不是只在购买行为发生时，而是早在有购买需求时就已开始了，并延伸到实际购买以后。连锁企业需要关注消费者购买过程的各个阶段，而不是仅仅注重销售这一个环节。

（1）引起需要。消费者受到某种刺激而对客观事物产生欲望和需求的阶段。这种刺激来自内部刺激和外部刺激两个方面。内部刺激是消费者自身的生理或心理缺乏状态，如消费者生理上感到饥饿和口渴等，就会购买食物和饮料。外部刺激是消费者接触到的外界环境刺激。如消费者看到亲戚、朋友购买了某一产品，或者看到一则产品推销广告，唤起了购买的欲望等。内部刺激和外部刺激共同作用的结果，可以引发消费者的某种需要，这就是引起需要阶段。

（2）搜集信息。消费者的需求被唤起以后，有的不一定能立刻得到满足。这种尚未满足的需求会造成一种心理紧张感，促使消费者乐于接受想得到的产品的信息，甚至会促使消费者主动地搜集相关信息。消费者的信息来源主要有以下四种：

1）个人来源，来自家庭、朋友、邻居、同事等。

2）商业来源，来自广告、推销员、经销商、产品包装、展销会等。

3）公共来源，来自大众传播媒介、消费者团体组织等。

4）经验来源，来自购买、使用、维护产品的经验等。

由于产品种类和消费者个人特征不同，各类信息来源的影响力也不同。一般来说，商业来源通常起告知作用，个人来源和公共来源则具有评价的作用，经验来源往往能起评判产品是否有价值的作用。

（3）分析选择。消费者从各种渠道获得信息资料后，将根据个人的经济实力、兴趣爱好及产品的效用，对各种可供选择的产品和品牌进行认真的比较、评价，对比它们的优缺点，淘汰不满意或不信任的产品和品牌，选择具有最高性价比和最大满意度的产品和品牌。

 小贴士

消费者进行分析选择的一般步骤

1. 分析产品的性能和特点,特别是与其消费需求密切相关的各种属性。
2. 根据自己的需求,分析各种属性的重要性,排定顺序。
3. 根据自己的偏好确定品牌选择方案。

(4)决定购买。消费者通过对产品进行反复的比较、评价,形成指向某品牌的购买意向,但从购买意向到购买决策,还会受两个因素的影响:

1)其他人的态度。其他人的态度即消费者周围的人对消费者偏好的品牌所持的意见和看法。它会影响消费者的购买决策,影响的程度取决于周围的人所持态度的强度及周围的人与消费者之间关系的密切程度。一般来说,反对的态度越强烈,或周围的人与消费者的关系越密切,影响就越大,消费者改变购买意图的可能性也越大。

2)意外情况。消费者的购买意图是在预期的家庭收入、预期的产品价格和预期的购买满意度等基础上形成的,如果出现了消费者失业、产品涨价及听到该产品的负面评价信息等意外情况,则消费者很可能改变购买意图。

消费者的购买意图能否转化为购买决策,还受所购产品价格的高低、购买风险的大小和消费者自信心的强弱等因素的影响。由于一些消费者没有实际消费经验,难免心存疑虑,为减少风险,常先购买少量产品试用,以证实产品是否货真价实,然后才会大量购买。

(5)购后评价。消费者购买产品以后,会根据实际使用情况和他人的评判来考虑自己的购买行为是否明智、产品的效用是否理想,从而形成购后评价。消费者购后评价一般有以下三种:

1)满意的评价。消费者对所购产品感到满意,甚至感觉比预期还好。这种感受会强化消费者对所购品牌的信念,增加其重复购买的可能性,还会促使其积极向他人进行宣传。

2)不满意的评价。在使用过程中,消费者对所购产品感到失望。这种感受可能会导致消费者要求退货,并对厂家产生不信任感,以后不再购买这一品牌的产

品。如果所购产品不符合其愿望，或效用很差，消费者还会阻止他人购买。

3）不安的评价。这种评价介于满意与不满意之间，往往是在使用过程中遇到一些问题时，消费者会怀疑自己的选择是否明智，设想如果改买其他品牌的产品也许会更称心，于是产生不安的感觉。这种不安的感觉可能会使消费者对该品牌做负面宣传，这种负面宣传对其他消费者的影响相当大。

培训项目 3 市场调查

一、市场调查概述

1. 市场调查的定义

市场调查是企业通过系统地收集、分析和提供市场营销数据资料,从而得出企业所面临的特定的有关营销状况的调查研究结果的过程。通常企业通过市场调查可以掌握有关消费者、顾客、公众、竞争者以及其他环境因素的各种有用信息。

2. 市场调查的类型

由于调查的目的不同,市场调查的类型有所不同。

(1)探测性调查。当企业对所需研究的问题不清楚时,可通过探测性调查帮助确定问题的关键或产生的原因,为进一步的调查做准备。探测性调查通常是一种非正式的、在利用二手资料基础上的小范围的调查,往往在正式调查中初步调查或明确问题阶段采用。

(2)描述性调查。这是一种对客观情况进行如实描述的调查。回答诸如消费者要买什么、什么时间买、在哪儿买、怎样买之类的问题。描述性调查注重对实际资料的记录。

(3)因果调查。因果调查主要回答为什么,通常是在收集、整理资料的基础上,通过逻辑推理和统计分析方法,找出不同事实之间的因果关系或函数关系。

(4)预测性调查。预测性调查是在收集了历史和现在数据的基础上,对事物未来发展的趋势做出预测。

二、市场调查的内容

市场调查的内容涉及市场营销活动的整个过程,主要包括市场环境调查、市场需求调查、市场营销因素调查和市场竞争情况调查。

1. 市场环境调查

市场环境主要包括政治环境、经济环境、社会文化环境、科学环境和自然地理环境等。具体的调查内容可以是市场的购买力水平、经济结构、国家的政策和法律法规、风俗习惯、科学发展动态、气候等各种影响市场营销的因素。具体有以下内容：

（1）政治环境调查。政治环境调查主要是了解国家有关政策和法律法规的具体内容，如国家在一定历史时期的行业发展政策、工资政策、物价政策、税收和信贷政策、对外贸易政策等。这些具体的政策和法律法规，对市场有着直接影响，是进行市场调查时必须认真分析和了解的内容。

（2）经济环境调查。经济环境主要指市场所在地的人口、收入水平、消费水平及结构、国民经济比例等。

（3）社会文化环境调查。社会文化环境包括居民的受教育程度和文化水平、职业构成、民族分布、宗教信仰、价值观念、风俗习惯、审美观点等。

2. 市场需求调查

市场需求调查是市场调查的核心内容，具体有以下内容：

（1）消费者市场调查

1）产品市场的销售量、潜在需求量，分析企业的市场占有率及变化。

2）地区市场的销售量、最大需求量、地区需求消费特征，分析开拓地区市场的可能性。

3）根据消费者的爱好变化，分析新的目标市场。

4）引起市场产品销售变化的客观因素。

5）城乡市场需求变化特点及其变化规律。

6）不同收入水平消费者的产品需求结构，分析消费心理的变化。

（2）消费者和消费行为调查

1）消费者类别。购买本企业产品的是个人还是团体，购买本企业产品个人的民族、年龄、性别和职业。

2）消费者购买欲望和购买动机。影响购买者决策的因素，消费者愿意或者不愿意购买本企业产品的原因及对其他企业产品的态度。

3）消费者的购买力水平。

4）消费者购买习惯。是否坚持购买某个品牌，购买地点、时间的选择。

3. 市场营销因素调查

市场营销因素调查主要包括产品、价格、渠道和促销的调查。产品调查主要有了解市场上新产品开发的情况、设计的情况、消费者使用的情况、消费者的评价、产品生命周期阶段、产品的组合情况等。价格调查主要有了解消费者对价格的接受情况、对价格策略的反应等。渠道调查主要包括了解渠道的结构、供应商的情况、消费者对供应商的满意情况等。促销调查主要包括各种促销活动的效果，如广告实施的效果、人员推销的效果、营业推广的效果和对外宣传的市场反应等。

4. 市场竞争情况调查

市场竞争情况调查主要是对竞争企业的调查和分析，了解同类企业的信息，做到知己知彼，帮助企业确定自己的竞争策略。主要内容包括：

（1）竞争对手的情况。如竞争单位数、主要竞争对手、竞争对手的市场占有率、生产方式、成本、价格、服务、销售渠道等。

（2）竞争产品特性。如质量、性能、包装、品牌知名度、交货期等。

三、市场调查的程序

市场调查是一项十分复杂的工作，必须有计划、有组织、有步骤地进行。一般而言，根据调查活动中工作的自然顺序和逻辑关系，市场调查可分为准备阶段、调查阶段、结果处理阶段，主要涉及确定调研目标、制订调研计划、实施调研计划、资料整理分析和撰写调研报告等内容。

1. 确定调研目标

确定调研目标是开展市场调查工作的第一步，调研目标必须根据企业经营中迫切需要解决的问题来确定。市场营销决策过程涉及的内容十分广泛，不可能通过一次市场调研解决决策中的所有问题，因此要找出关键和迫切需要解决的问题。调研目标越具体明确，调研活动越容易展开。当企业不能精确地描述调研目标时，需要先做一个试探性调查，一般可以利用企业的内部资料和能够公开得到的外部资料进行分析，或者在小范围内找一些专家、业务人员、消费者进行座谈，找出问题，明确调研目标。

2. 制订调研计划

调研目标确定之后，连锁企业要根据调研目标制订详细的调研计划。制订调研计划主要包括资料来源的确定、调研方法的确定和调研费用的确定。

（1）资料来源的确定。收集准确详尽的调研资料是调研分析的基础，调研资料根据来源可以分为二手资料和一手资料。

与原始数据相比，二手资料的优点是资料收集的成本低、速度快、来源多种多样。当二手资料来源于政府部门、商业机构、文献数据库等渠道时，其不仅具有可靠性，而且可能具有唯一性；但二手资料可能并不符合实际的调研目标，比如使用的统计口径不一致、时效性差等。常见的二手资料包括企业内部的二手资料和企业外部的二手资料。企业内部的二手资料包括预算、销售报表、利润表、库存记录、以往的调研报告、业绩报告等；企业外部的二手资料包括政府部门发布的各种统计数据，以及期刊、书籍、专题文章和其他不定期出版物。此外，企业还可以从渠道成员那里获得二手资料，或委托商业调研机构进行调研。

一手资料是针对当前正在研究的特定问题而采集的原始数据。它常来自现场调研，优点是针对性强，数据新鲜，来源可知可控，可靠性有保障；但一手资料的收集成本高，收集时间长，有些信息企业无法获得，具有一定的局限性。大部分营销调研项目都需要采集一手资料。当二手资料不能解决问题时，原始数据是唯一的选择。

（2）调研方法的确定。连锁企业在确定调研方法时，首先要确定由谁来完成这项工作。企业可以自行收集数据，也可以委托专门的调研公司收集数据，前者虽然成本低，但效果不如后者好。其次要确定调研方法。市场调研的方法有很多种，最主要的是询问法、观察法、实验法等。每一种调研方法都有其优缺点，适合不同的调研情况。在确定调研方法的过程中，需要进一步设计调查问卷和选择调研的抽样方法，如是随机抽样还是非随机抽样。除了选择具体的调研方法外，还要明确调研的组织架构，如可分为资料组、实地调研组、数据分析组等。此外，还应规定具体的负责人员、完成时间及质量要求，以便调研工作有条不紊地进行。

（3）调研费用的确定。任何一个调研项目都要花费一定的人力和资金。市场调研人员在制订调研计划时，必须仔细地估算用于市场调研的各项可能费用，编制调研费用预算表，以便估算该项调研的成本并作为考核的依据。

3. 实施调研计划

实施调研计划主要是指资料的收集过程，这一过程需要花费较多的时间和人力。实地调研工作应由既懂调研技术又有调研能力，举止稳重、擅长社交、反应敏捷、耐心细致的人来进行。如果问卷内容比较复杂，还必须对调研人员进行培训，主要是对调研目的、调研方法、问卷中每一个指标的内容及调研过程中可能出现的问题进行详细介绍，以便统一认识和行动。

4. 资料整理分析

资料收集完成后，需要对收集到的二手资料和一手资料进行整理和分析，以判断其有效性、适用性和真实性。首先要对采集到的资料数据进行仔细甄别，剔除错误的资料；其次是筛掉对营销决策不重要的信息，以免信息超载而影响决策效率；最后是对有用的资料进行详细的分析。目前，越来越多的市场调研公司借助数学分析方法对问卷调查采集的数据进行定量分析，再辅之以经验分析和判断，从而提高调研结论的准确性。

5. 撰写调研报告

调研报告的撰写是市场调查的最后一步。针对数据整理和分析发现的问题，提出相应的结论与建议，是市场调查的主要目的。

四、市场调查的方法

1. 询问法

询问法是实地调查运用最为普遍的方法。询问法是将拟调查的内容，以当面、电话和书面的形式向被调查者询问，以获得调查资料的调研方法。询问法的优点是：调查有深度，可以深入了解被调查者的状况、意愿和行为；灵活性强，调查者可以灵活掌握问题的次序，随时解释被调查者的疑问；准确性强，调查者可以充分解释问题并从不同角度提问，答复的误差率可以降到最低。询问法也有一些缺点：费用高昂，时间较长，调查质量容易受其他因素的干扰，而且可能带有调查者的个人偏见（如调查者无意识地向被调查者暗示某种观点）。

2. 观察法

观察法是指在现场，调查者凭借自己的眼睛或摄像、录音器材对被调查者进行观察、记录和分析的调研方法。这种方法通常在被调查者不知情的情况下，通过调查者或者仪器进行，结果比较客观、真实。观察法常用于调查消费者购买行为以及产品、服务、购物氛围、促销等方面。该种方法的优点是：不需要被调查者合作，能客观、准确地反映被调查者的行为，简单易行，直接性强，可以将人为的偏见降到最小，有助于发现平时被忽视的一些细微情况。其缺点是：时间长，费用高；只能观察现象，不能了解背后的原因和动机；受调查者的经验影响较大。

 小贴士

观察法的主要形式

1. 直接观察法。它是指凭调查者的眼睛直接观察现场发生的真实情形以获取信息的方法。直接观察法又可分为顾客观察法和环境观察法。顾客观察法是指以局外人的方式跟踪记录顾客的行踪，以取得所需资料的方法；环境观察法是指以普通顾客的身份对调查对象的所有环境因素进行观察，以获取所需资料的方法。

2. 间接观察法。它是指通过对购物现场遗留下来的实物或痕迹进行观察以了解或推断过去的消费者行为的方法。例如，连锁超市的管理人员经常通过观察收银机旁装满产品却被遗弃的购物车或购物篮来判断顾客对超市收银服务的看法。

3. 亲身经历法。它是指调查者亲自参与某项活动来收集信息的方法。例如，门店举行大型促销活动，调查者逐一参与各项促销活动以了解其效果和实施细节。又如，一些连锁企业的管理人员为了解自己产品或服务的特点，经常去竞争店购物以了解对手的情况，并进行比较，找出自己门店的不足，做到"知己知彼，百战不殆"。

4. 行为记录法。它是指通过调查者笔录或用仪器记录被调查者的行为以收集有关信息的方法。例如，国外有些连锁企业为了检查自己门店的货位布局是否理想，专门研究了一套"动线调查法"。所谓动线，就是顾客从门外进店、四处浏览、购物或不购物又走出去的流动路线。门店先绘制一张店内配置图，并在店内安装一种特殊的装置来扫描每一位顾客的行走路线，再连接计算机绘成动线，最后将大量顾客的动线画在一起，就可显示哪些位置是顾客经常走到的地方，哪些位置是顾客很少走到的死角；再对死角的成因进行分析，究竟是产品配置不当、通道设置不良，还是照明不佳等；最后根据分析结果加以调整，即可改变现状。

> 5. 神秘顾客调查法。它是目前连锁企业常用的调研方法，是指企业雇人扮成顾客，观察连锁店的经营活动，如现场销售状况、服务质量、产品陈列效果等。一些专业调研公司还有自己的"神秘顾客"，如美国洛杉矶的全国购物服务公司拥有1万多名"神秘顾客"。他们在门店购物，在餐馆里就餐，但他们都有一个目的，即观察和评价身边发生的事情，如门店的购物氛围、员工的态度和着装、交易的效率等。他们要填写一份评估表，此表经过分析之后汇总成报告呈送给委托方，用于分析问题、改进经营、提高服务质量。

3. 实验法

实验法是调查者在可控环境下操纵某些要素进行实验，然后对实验结果进行分析的调研方法。它是研究问题各因素之间因果关系的一种有效方法。在实验法中，只有被研究的要素才被调整，其他要素保持不变。比如，要知道价格变化对销量的影响，只要调整产品的价格就可以了，其他因素不变。如果实验控制得好，可以提供很多高质量的专门数据。但如果存在无法控制的因素，如天气、竞争等，实验的结果就会受到影响。实验法的最大特点就是把调查对象置于自然状态下开展市场调研，其核心问题是将实验变量或因素的效果从众多因素的作用中分离出来并给予鉴定。

培训项目 4 价格管理

一、价格构成

价格构成包括生产成本、流通费用、税金、利润四个要素,如图 4-1 所示。

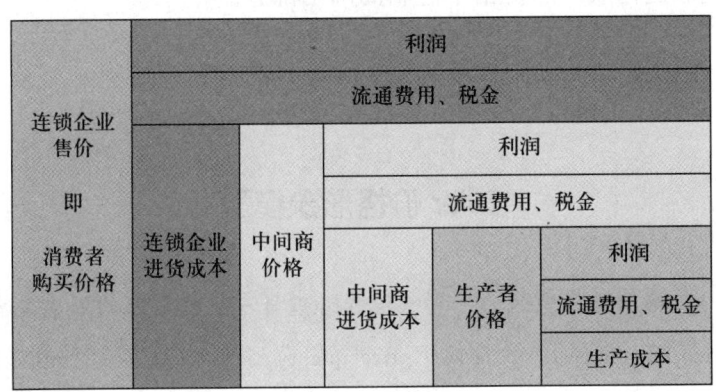

图 4-1 价格构成

1. 生产成本

生产成本是指生产者为生产一定数量的某种产品而发生的成本。

生产成本是价格构成最基本、最主要的因素,生产成本的高低影响或决定价格的高低。生产成本是产品价格的最低界限,是产品生产经营活动得以正常进行的必要条件,是衡量经营管理水平的最重要经济指标。连锁企业所处行业广泛,因所处行业不同,成本的具体构成也有所差异。

2. 流通费用

流通费用包括生产单位支出的销售费用和商业部门支出的商业费用。一类是生产性流通费用,由产品使用价值引起,是同生产过程在流通领域的继续有关的生产性流通费用,如运输费、保管费、包装费等。这类流通费用可以从已经提高了的产品价值中得到补偿,并从中获得平均利润。另一类是纯粹流通费用,是由产品价值形态的变化所引起的费用,如广告费、办公费、产品信息费等。这类开支是非生产性劳动,不创造价值和剩余价值,也不是产品价值的构成部分,因而不能从售卖产品的实际价值中得到补偿。

3. 税金

税金是国家依据税法,按照一定标准强制向产品的生产经营者征收的预算缴款。税金包括增值税、消费税、营业税、关税等。

4. 利润

利润是产品价格减去生产成本、流通费用和税金后的余额,是企业或生产者个人的收入。按照产品生产经营的流通环节,利润可以分为生产利润和商业利润。

税金和利润是构成产品价格中盈利的两个部分。

 相关链接

Diller 价格形象模型

Diller 价格形象模型认为,影响消费者心目中价格形象的因素主要有价格优势(price advantage)、性价比(price quality)、价格诚实度(price honest),如图 4-2 所示。一项针对我国消费者的调查结果显示,以上三个影响因素的权重分别为:价格优势 40%,性价比 43%,价格诚实度 17%。

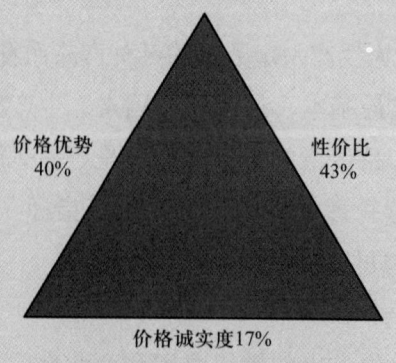

图 4-2 Diller 价格形象模型

1. 价格优势

价格优势是指产品的绝对价格，通常是相同产品在不同卖场的价格比较。连锁企业在考虑价格优势时，主要基于以下几个因素：价格水平、优惠价格、促销次数、特别优惠促销、促销质量、降价程度。

2. 性价比

性价比是产品性能与价格之间的比例关系，是指买到的东西是否物有所值。具体公式为：性价比＝性能／价格。性价比应该建立在对产品性能要求的基础上。也就是说，先满足性能要求，再谈价格是否合适。

3. 价格诚实度

价格诚实度是指连锁企业在价格方面是否诚实可信。如果连锁企业用低价把消费者吸引到店，结果消费者发现特价产品早已经卖空，这时候连锁企业的价格诚实度就会在消费者心中大打折扣。连锁企业在考虑价格诚实度时，主要基于以下几个因素：稳定价格、售后保障、明确的价格标示和产品的质量保证。

这三个因素对价格形象的影响在不同地区、不同时间对不同的消费群体有所不同。

二、定价方法

连锁企业总部通常用两种方式对价格进行管理：一种是制定每一种产品的具体价格，门店照章执行，没有变动权；另一种是提供一种定价方法，由门店根据该方法制定具体价格。连锁企业定价主要是在成本、需求和竞争三种因素的基础上寻找一个合适的平衡点，由于考虑的重点不同，形成了以下三种主要定价方法：

1. 成本导向定价法

成本导向定价法（cost-oriented pricing）是指企业制定价格时主要以成本为依据，同时考虑企业目标、政府法令、需求情况、竞争格局等因素。成本导向定价法可分为成本加成定价法、边际成本定价法、目标利润定价法。这里主要介绍成本加成定价法。

成本加成定价法（cost-plus pricing）是指在总成本基础上加上一定百分比的加成来制定产品的销售价格。加成是指一定比例的利润。具体计算公式如下：

产品价格 = 产品成本 ×（1+ 毛利率）

成本导向定价法是多数连锁企业经常采用的一种定价方法，其优点是计算方便。在正常情况下，采用这种方法可以保证企业获得正常利润，从而保证企业经营正常进行。这种方法在心理上给人一种公平合理的感觉，容易被消费者所接受，也不会招致竞争对手的激烈反应。然而，成本导向定价法注重的是成本，忽略了市场需求的状况，缺乏灵活性，会使企业失去许多获得利润的机会。

2. 需求导向定价法

需求导向定价法是以消费者的需求为中心，企业根据市场需求的大小和消费者对产品价值的认识程度，分别确定产品价格的定价方法。连锁企业以最大利润为目标，选择利润最高、市场反应最好的价格，且充分考虑价格需求弹性对定价的影响。需求导向定价法主要包括理解价值定价法、需求差异定价法、习惯定价法、可销价格倒推法等。这里主要介绍理解价值定价法。

理解价值定价法是企业根据消费者对产品及其价值的认识程度和感觉来定价的方法。理解价值指消费者在观念上所认同的价值。消费者对产品价值的理解，不是由产品成本决定的。

需求导向定价法以估计市场对备选价格的反应作为定价基础，企业常用的一种做法是估计消费者对产品的价值感受，确定在产品满足需求或欲望的基础上，消费者愿意花多少钱购买该产品。采用需求导向定价法时，企业需要了解需求与价格之间的关系。企业总利润的大小并不完全取决于单个产品价格中所含利润的高低。有些产品价格高，单位利润大，但由于销售量受高价的影响大幅下降，企业的总利润未必最大；而有些产品虽然价格较低，单位利润小，但总销售量因此大幅上升，企业总利润未必低。因此，要选择一个最佳价格，使企业获得最大利润，必须考虑价格需求弹性。

 小贴士

价格需求弹性

价格需求弹性，是指消费者需求相对产品价格变动的敏感程度。价格需求弹性的大小用弹性系数来衡量。

弹性系数＝需求量变动百分比/价格变动百分比

$$E=(\Delta Q/Q)/(\Delta P/P)$$

E代表弹性系数，Q代表需求量，P代表价格。

1. 需求富有弹性（$E>1$）。需求量变化的幅度大于产品价格变化的幅度，降价可以提高企业的总收益，企业对这种产品可以采取"薄利多销"的定价策略，以求增加总体收益。

2. 需求缺乏弹性（$0<E<1$）。需求量变化的百分比小于产品价格变化的百分比，即产品价格即使有较大的变化，对消费者需求量的影响也不大。当该产品价格提高时，需求量减少的幅度会小于价格提高的幅度，企业总收益会随着价格的提高而提高。

3. 需求单位弹性（$E=1$）。需求量变化的百分比等于产品价格变化的百分比。如果一种产品的需求具有单一价格弹性，则意味着价格下降会导致需求量同幅度增加，价格上升会导致需求量同幅度下降，所以不管价格如何变化，企业总收益都会保持基本不变。

4. 需求有完全弹性（$E=\infty$）。这是指产品价格的任何微小变化都会导致需求量的无穷大的变化，即产品价格稍有提升，门店会推走所有消费者，产品价格稍有下降，又能吸引到所有消费者。这种情况一般在实际中不会存在。

5. 需求完全无弹性（$E=0$）。不管产品价格如何变化，需求量都保持不变，这种情况在生活中也极少见。

无弹性需求与有弹性需求对比如图4-3所示。

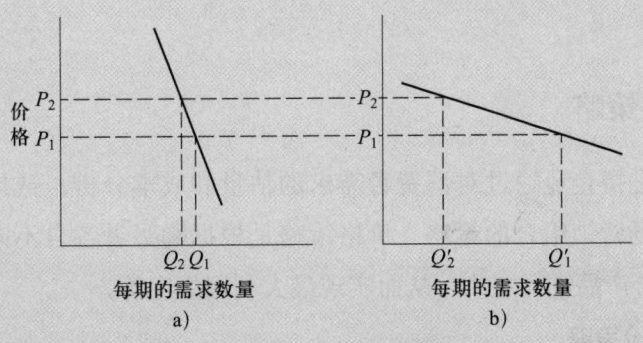

图4-3 无弹性需求与有弹性需求对比
a）无弹性需求 b）有弹性需求

3. 竞争导向定价法

竞争导向定价法是指通过研究竞争对手的产品价格、生产条件、服务状况等，以竞争对手价格为基础,确定同类产品价格。连锁企业制定的产品价格可以与竞争对手的价格相同,也可以在一定程度上高于或低于竞争对手的价格。一家竞争导向型的企业可能不会因需求或成本的变化而改变其价格,除非竞争对手调整了它们的价格。与此相似,若竞争对手改变了定价,即使需求或成本没有变化,这类企业也可能随之调整价格。一般情况下,连锁企业会在本行业中认定某个企业为价格领导者,当它的价格变动时,本企业也对价格进行相应调整。竞争导向定价法主要包括随行就市定价法、投标定价法、拍卖定价法。这里主要介绍随行就市定价法。

随行就市定价法是指企业按照平均现行价格水平来定价。在竞争十分激烈的同一类产品市场,随行就市风险较小。在以下三种情况下,企业可以考虑采用随行就市定价法:难估算成本;本企业打算与同行和平共处;如果分别定价,很难了解购买者和竞争者对企业价格的反应。

在完全竞争性市场、寡头垄断市场上,随行就市定价法是很常用的方法。例如,在完全竞争性同质产品市场,没有一个企业占据绝对优势,产品本身没什么差异,只能按同样的价格出售。如果某企业产品价格高于其他竞争者的价格,就有可能卖不出去;反之,如果价格比人家低,则可能引起其他竞争者降价竞销。在寡头垄断市场上,只有少数几家大公司,彼此比较了解,购买者也对主要的几个竞争者比较了解,如果各大公司产品价格稍有差异,消费者就会转向价格较低的企业。所以,各个企业比较明智的做法是保持一致的价格水平。

随行就市定价法不适合产品有差异的市场,产品本身具有差异,则价格也应有差异。

三、价格策略

价格策略是指企业通过对消费者需求的估量和成本分析,选择一种能吸引消费者、实现市场营销组合的策略。价格策略是根据购买者各自不同的支付能力和效用情况,结合产品进行定价,从而实现最大利润的定价方法。

1. 心理定价策略

(1)声望定价。声望定价,是指企业利用消费者仰慕名牌产品或知名连锁企业的声望所产生的某种心理来制定产品的价格,把价格定成高价。这种定价方法有利于树立连锁企业形象,提高产品的市场地位,增加单位产品的盈利。声望定价最适用于服装、化妆品等质量不易直接被消费者鉴别的产品。连锁企业或产品的声望越高，定价就越高；定价越高，促销的效果就越好，连锁企业或产品的声望越高。

声望定价即针对消费者"便宜无好货、价高质必优"的心理，对在消费者心目中享有一定声望、具有较高信誉的产品定高价。不少高级名牌产品和稀缺产品，如豪华轿车、高档手表、名牌时装、名人字画、珠宝古董等，在消费者心目中享有极高的声望价值。购买这些产品的人，往往不在乎产品价格，而最关心的是产品能否显示其身份和地位，价格越高，心理满足的程度也就越大。

（2）习惯定价。习惯定价，是将消费者在购买产品中形成的习惯价格作为定价的依据。有些产品在长期的市场交换过程中已经形成了为消费者所适应的价格，成为习惯价格。企业对这类产品定价时要充分考虑消费者的习惯倾向，采用"习惯成自然"的定价策略。对消费者已经习惯了的价格，不宜轻易变动。降低价格会使消费者怀疑产品质量是否有问题；提高价格会使消费者产生不满情绪，导致购买的转移。在不得不提价时，应采取改换包装或品牌等措施，减少抵触心理，并引导消费者逐步形成新的习惯价格。

（3）招徕定价。这是适应消费者"求廉"的心理，将产品价格定得低于一般市价，个别的甚至低于成本，以吸引消费者、扩大销售的一种定价策略。采用这种策略，虽然几种低价产品不赚钱，甚至亏本，但从总的经济效益看，由于低价产品带动了其他产品的销售，企业还是有利可图的。比如，将利薄的日用品或消费者对价格十分敏感的产品以超低价出售，使消费者受此吸引而经常光顾本店；或者，把相互有补充关系的产品区别定价，有意识地把主要的耐用品产品价格定得低些，把从属的消耗大的产品价格定得高些。应用此策略所选的降价产品，必须是消费者都需要且其市场价为人们所熟知的产品。

（4）整数定价。整数定价是采用合零凑整的方法，制定整数价格。如将价格定为10元，而不是9.9元。这样使价格上升到较高一级档次，借以满足消费者的高消费心理。消费者会感到消费这种产品与其地位、身份、所属群体等协调一致，从而迅速做出购买决定。

（5）尾数定价。尾数定价是保留价格尾数，采用零头标价。如9.98元，而不是10元，使价格保留在较低一级档次。尾数定价一方面给人以便宜感，另一方面又因标价精确给人以信赖感。尾数定价用以满足消费者的求实消费心理，使其感到产品物美价廉。对于需求价格弹性较强的产品，尾数定价策略往往会带来需求量大幅度的增加。

2. 折扣定价策略

连锁企业为了鼓励消费者淡季购买、大量购买或长期购买而采取优惠定价措施酌情降低其基本价格，这种价格竞争策略称为折扣定价策略。

价格有基本价格（也称样本价格）与成交价格之分，前者指价目表中标明的价格，后者则是根据不同交易方式、数量、时间及条件，在前者基础上加入适当折扣而形成的实际售价。灵活运用折扣定价策略，是企业争取消费者、扩大销售的重要方法。

（1）现金折扣。现金折扣即对按约定日期付款或提前付款的消费者给予一定的价格折扣，目的在于鼓励消费者按期或提前支付欠款，减少企业的利率风险，加速资金周转。折扣的大小一般根据付款期间的利息和风险成本等因素确定。

（2）数量折扣。数量折扣即根据购买数量或金额的差异给予不同的价格折扣，分为非累计数量折扣与累计数量折扣两种形式。前者是对一次购买超过规定数量或金额的消费者给予的价格优惠，目的在于鼓励消费者增大每份订单的购买量，便于企业组织大批量产销。后者是对一定时期内累计购买超过规定数量或金额的消费者给予的价格优惠，目的在于鼓励消费者建立长期固定的关系，减少企业的经营风险。数量折扣的关键在于合理确定给予折扣的起点、折扣档次及每档次的折扣率。

（3）交易折扣。交易折扣又称功能性折扣，即供应商依据各类连锁企业在市场中担负的不同职能给予不同的价格折扣，目的是利用价格折扣刺激各类连锁企业更充分地发挥各自组织市场营销活动的功能。

（4）季节折扣。季节折扣是指对在非消费旺季购买产品的消费者提供的价格优惠。目的在于鼓励消费者淡季购买，减少连锁企业的仓储费用，以利于产品均衡生产、均衡上市。

（5）促销让价。促销让价是指连锁企业为推广产品进行各种促销活动，如刊登广告、橱窗展示等，给予消费者一定价格折扣。此方法尤其适用于新产品的引入期。

3. 产品组合定价策略

产品组合定价策略是指处理本企业各种产品之间价格关系的策略。它是对不同组合产品之间的关系和市场表现进行灵活定价的策略。一般对相关产品按一定的综合毛利率联合定价。对于互替产品，适当提高畅销品价格，降低滞销品价格，以扩大后者的销售，使两者销售相互得益，增加企业总盈利；对于互补产品，有意识地降低购买率低、需求价格弹性高的产品的价格，同时提高购买率高而需求价格弹性低的产品的价格，以取得各种产品销售量同时增加的良好效果。

常用的产品组合定价策略有以下几种：

（1）产品线定价策略。产品线定价是根据购买者对相同产品线不同档次产品的需求，精选设计几种不同档次的产品和价格点。企业通常开发出来的是产品线，而不是单一产品。当企业生产的系列产品存在需求和成本的内在关联性时，为了充分发挥这种内在关联性的积极效应，企业可采取产品线定价策略。

一般来说，产品线的两个终端价格比系列中的其他产品的价格更能引起消费者注意。低端价格一般是最常被人们记住的，所以常常被用于打开销路的产品。高端价格意味着整个产品线中质量最高，也十分引人注目，会对需求起指导、刺激作用。这两个终端价格水平能为潜在买主提供某种信息，即便宜或高档，并影响整个产品线上介于终端价格之间的产品。企业首先要确立明显的质量差别，以突出价格上的差异。然后，用价格的差异来表现质量的差别，使这些产品在相应的市场上受到消费者的认同。

（2）选择品定价策略。一些企业在销售主导产品的同时，还相应地销售一些附带产品，即选择品。比如，生产汽车的企业，除了卖汽车以外，还销售电子开窗控制器、雨刷、减光器、电视机、音响等。旅馆除了提供住房以外，还提供食品和饮料等。对选择品定价是一件不容易的事，许多饭店的酒价很高，而食品的价格相对较低，食品收入可以弥补食品的成本和饭店其他的一些成本，而酒类则可以带来利润，这就是服务人员极力向消费者推销酒类产品的原因，但有的饭店会将酒类产品价格定得较低，而对食品定高价，来吸引爱饮酒的消费者。

在大多数情况下，选择品定价一般低于市面上同档次同场所的产品价格。

（3）附属产品定价策略。附属产品定价又称互补产品定价，互补产品是指两种（或以上）功能互相依赖，需要配套使用的产品。互补产品广泛存在于日常消费中，如钢笔与墨水等。附属产品定价是企业对主导产品和补充品分别进行不同的定价，从而全面扩展销售量所采取的定价方式。具体做法是，把价值高而购买频率低的主导产品价格定得低些，而将与之配套使用的价值低而购买频率高的补充品价格适当定高一些。

（4）副产品定价策略。在许多行业，在生产主产品的过程中常常有副产品。如果这些副产品对某些消费者群售卖，必须根据其价值定价。副产品的收入多，将使公司更易于为其主产品制定较低价格，以便在市场上增加竞争力。因此，制造商需寻找一个需要这些副产品的市场,并接受任何足以抵补储存和运输副产品成本的价格。

(5)捆绑定价策略。将数种产品组合在一起以低于分别销售时支付总额的价格销售。如果某一连锁企业可以给消费者提供一系列产品,如旅游、住宿、餐饮、娱乐等,虽然消费者没有准备全部购买这组产品,但企业可以采取捆绑定价方法,使这一组产品的价格低于单独购买其中每一个产品的费用总和,刺激消费者的购买欲望,也能增加企业的销售额。

 小贴士

产品组合定价策略

1. 搭配定价,即将多种产品组合成一套定价。
2. 系列产品定价,即不同档次、款式、规格、花色的产品分别定价。
3. 主导产品定价,即把主导产品价格限定住,变化其补充品的价格。
4. 以补充品差别定价,即根据消费者选择的补充品不同,而区别主导产品价格。

4. 差别定价策略

差别定价,也称为价格歧视,是指企业按照两种或两种以上不反映成本费用的比例差异的价格销售某种产品或服务。这种差别定价,不表明产品成本的不同或其他差异,而是根据不同的顾客、不同的时间、不同的场合确定不同的价格。

(1)顾客差别定价。如我国火车、轮船票价对学生优惠。又如某汽车经销商按照价目表价格把某种型号的汽车卖给顾客 A,同时按照较低价格把同一种型号的汽车卖给顾客 B。

(2)产品形式差别定价。对于同一品质的产品,根据其款式、结构、颜色、式样、需求群体、需求量等各方面的不同,确定不同的价格。

(3)产品部位差别定价。企业对于处在不同位置的产品或服务分别制定不同的价格,即使这些产品或服务的成本费用没有任何差异,如电影院、剧院、球场等不同座位的票价各不相同。

(4)销售时间差别定价。同一种产品,在不同季节或不同日期,甚至同一天

的不同时间，制定不同的价格。例如旅游收费在不同季节，价格也不一样；同一家餐馆在中午和晚上的收费价格可能不一样。

企业采取差别定价策略必须具备以下条件：市场必须是可以细分的，而且各个市场部分须表现出不同的需求强度；以较低价格购买某种产品的消费者没有可能以较高的价格把这种产品倒卖给别的竞争者，没有可能在企业以较高价格销售产品的市场以低价竞销；细分市场和控制市场的成本费用不得超过因实行价格歧视而得的额外收入；价格歧视不会引起消费者反感而放弃购买，采取的价格歧视形式不能违法。

四、影响定价的因素

1. 企业内部因素

（1）争取当期利润的最大化。许多企业着重考虑的是近期的利润最大化，而不是长远利益。使企业利润最大化的价格空间水平的确定，有两条思路可以参考。一个是企业可以较准确地测定收入函数及成本函数，再用收入减去成本，利用数学模型求导数得到价格水平。另一种思路是用产品需求价格弹性来分析。若产品的需求价格弹性大，则降低价格对企业有利，可以大幅度地提高产品的需求水平；若产品的需求价格弹性小，则维持高价有利，因为产品价格变化对需求没有多少影响。

（2）争取最大市场占有率。如果企业能提高市场占有率，增大其市场份额，便可以得到较低的单位成本，从而取得长期利润的最大化。这种方法的本质是用低价抢占市场，将部分竞争者挤出市场。实现这一策略要满足以下三个条件：一是市场对产品价格比较敏感，低价能刺激需求的迅速增长；二是单位产品成本能随着规模的扩大迅速下降；三是低价格能真正将部分竞争者挤出市场。

（3）产品质量领先。产品质量领先是以高质量高价格树立名牌形象，但高质量势必高成本，高成本一定得高价格，才能有事实上的盈利水平，体现"优质优价"的原则。采用产品质量领先策略是建立在企业的实力之上的，没有一定的实力制造不出好的产品。

（4）产品成本。产品成本是产品价格的重要组成部分。一般来说，产品成本越高，要求的产品价格越高，这样才能有一定的利润保证。产品成本包括制造成本、管理费用、财务费用、销售费用等。现代企业竞争的一个重要手段是通过控制产品成本从而适当降低产品价格，以扩大产品的销售量，使自己在竞争中处于有利地位。想要降低成本，一方面要加强管理，另一方面要努力扩大规模，一般来说随着规模的扩大单位产品成本会降低。当然,企业规模应控制在一定的合理范围内。

(5)企业营销组合策略。产品价格是营销组合其中的一个因素(营销组合有4个因素,即产品、价格、渠道、促销),在确定产品价格时,肯定要考虑不同的产品、不同的分销渠道和不同的促销方式,然后确定不同的价格水平,即企业产品价格水平同时受到其他三个因素的影响。

(6)企业定价者。企业的定价者是指参与企业产品价格制定的人员,特别是主要负责人。价格的制定是否正确、合理,与定价者的知识经验,接受的外界信息,本人的性格、态度等各方面密切相关。

2. 企业外部因素

(1)市场竞争结构。市场竞争结构有四种情况:完全竞争市场、完全垄断市场、垄断竞争市场、寡头垄断市场。在完全竞争市场条件下,产品价格完全取决于供求情况,任何一个企业都无法控制产品价格水平。当产品供不应求时,价格会自然上涨;当产品供过于求时,价格会自然下降。在完全垄断市场条件下,产品价格由独家垄断者决定。在垄断竞争市场条件下,产品价格是在各企业彼此竞争中形成的。在寡头垄断市场条件下,价格主要由几家寡头决定。

(2)市场需求情况。产品的成本影响产品的价格,而产品的价格影响产品的需求。经济学原理告诉我们,如果其他因素保持不变,产品的需求量与价格之间呈反方向变动,即需求量随产品本身价格上升而减少,随产品本身价格的下降而增加。以上需求定理是企业决定自己市场行为特别是定价时所必须考虑的一个重要因素。"薄利多销"就体现了这一道理。在某一时期如果市场上某产品需求量增加时,适当地提价可以获得更多利润;反之,需求不足时可采用降价措施。企业在制定产品价格时,市场需求状况常常是主要参考因素。

(3)竞争者价格水平。消费者在购买产品时,总要货比三家,因此,竞争者价格水平肯定会影响本企业产品价格水平,企业制定产品价格时应该注意收集有关竞争者产品价格的信息。如果本企业产品优于竞争者,则可以考虑将价格提高一些;反之,如果本企业产品质量不及竞争对手的产品,则可以将价格降低。如果品质相当则价格相当,这是一种合理的现象。

(4)宏观经济因素。企业定价时还要考虑利率、经济形势、通货膨胀等方面的宏观经济因素,这些因素对产品的价格有很大的影响。

培训项目 5

促销管理

一、促销概述

1. 促销的定义

连锁企业促销是指针对现有顾客和潜在顾客，运用各种积极的方式，告知、劝说、提醒、吸引他们进店，进而刺激其购买，以促进连锁企业各类产品销售的一系列信息传递和沟通活动。

2. 促销的特征

连锁企业促销作为在特定时间内，企业以某种实惠、利益或机会作为短期诱因，诱导和鼓励消费者完成购买行为的活动，有其鲜明的活动特征。

（1）即期效应明显。促销是企业在特定时间内，向消费者提供特殊的优惠购买条件，从而起到刺激消费者购买的作用。只要方式选择得当，销售效果立竿见影。

（2）形式多样。促销既有能给消费者以实实在在优惠的形式，又有能激发消费者兴趣和参与热情的形式，企业可根据实际情况加以选用。

（3）持续时间较短。促销是为了某种即期促销目标而专门设计的，通常持续时间较短。

3. 促销的目的

企业在不同时期有不同的促销目的，促销目的不同，促销方式也不尽相同。主要表现为以下几点：

（1）在一定期间内，扩大门店营业额并提升毛利率。

（2）稳定老顾客并吸引新顾客，以提高来客数。

（3）及时清理店内存货，加速资金运行周转。

（4）增加特定产品（如新产品、季节性产品、自有产品等）的销售，以提高客单价。

（5）提高企业的知名度，提升企业的形象。

（6）和竞争对手相抗衡，以降低其各项活动开展后对本企业经营的影响，增强本企业竞争力。

4. 连锁企业促销的类型

（1）按时间长短分类

1）长期性促销。长期性促销活动的持续时间一般在一个月以上，主要着眼于塑造本企业的差别优势，提高顾客对本企业的忠诚度，以确保顾客长期、稳定地消费，并且在忠诚老顾客的带动下，吸引商圈的新顾客，提高客流量。

2）短期性促销。短期性促销的主要目的是希望在有限的时间内，通常是3~7天，借助特定的主题活动促销，以提高店内来客数量，短期内提升营业额。

（2）按促销主题分类

1）开业促销活动。开业促销对任何门店而言都只有一次，开业促销活动策划成功不但为企业带来良好的经营业绩，更主要的是形成顾客对门店的第一印象，并将影响顾客将来的购买行为。顾客往往根据第一印象来判断门店的产品、价格、服务、环境等，并与竞争者进行比较，进而决定以后的购物去向。

2）周年庆典促销活动。周年庆典促销活动是仅次于开业促销的重要活动。因为每年只有一次，供应商对门店的周年庆典促销活动比较支持，会给予企业更多的优惠条件。

3）例行性促销活动。连锁企业在一年的不同时期推出系列促销活动，如以节日、重大事件为主题。由于连锁企业每年都要做相应的促销计划，且变化不大，故称为例行性促销活动。有些超市或货仓式卖场，每隔半个月就要搞一次例行性促销活动。

4）竞争性促销活动。竞争性促销活动是指针对竞争对手的促销活动而采取的临时性促销活动。

（3）按促销方式分类

1）广告促销。广告促销是连锁企业运用广告手段向消费者、供应商和各类社会机构提供各种产品或服务的信息，宣传企业形象，扩大知名度和提高销售额的一种方法。广告能引起消费者的注意，激发消费者的兴趣，刺激消费者购买行为。

2）营业推广促销。营业推广促销是指一系列具有短期诱导作用的具体促销方式，能刺激消费者需求，促使消费者迅速产生购买行为，对扩大连锁店的知名度，击败竞争对手，特别是在滞销季节扩大销售有相当重要的作用。

 **相关链接**

常见的营业推广促销方式

1. 活动促销

举办各种促销活动是一种重要的推广手段。很多设计新颖的活动能吸引大批顾客，从而给企业带来经济效益和社会效益。企业促销活动主要包括演出类活动、节日类活动、娱乐类活动、体育类活动。

2. 有奖销售促销

连锁企业的有奖销售促销是根据自身的销售现状、产品及服务的特征、消费者的情况，通过给予奖励的方式来吸引消费者的注意，刺激其购买欲望，达到扩大销售、增加效益的目的。有奖销售的奖品可以是现金，也可以是实物。一般来讲，奖品都会选择门店销售的产品。企业在进行有奖促销时，要保证活动的真实性，避免造假行为欺骗消费者，影响企业的声誉。

3. 折价促销

折价促销是连锁企业使用频率最高的促销活动，它让消费者以低于产品原价的价格购买产品。折价促销的形式主要包括限时折扣、折扣券、产品特卖活动、购物返券活动。

4. 赠品促销

赠品促销的主要目的是吸引顾客从其他品牌企业到本连锁企业消费。赠品促销的类型包括样品赠送、礼品赠送、随货附送。

3）会员制促销。会员制促销使连锁企业建立起长期稳定的消费者群，这是其他任何促销手段都不具备的优点。稳定的消费者群是连锁企业最宝贵的资源，是连锁企业营业收入的来源，可以为连锁企业带来稳定的销售收入，提高市场占有率，培养品牌忠诚者。这是会员制促销的宗旨所在。

4）服务促销。连锁企业的服务推广是企业以某种方式（活动或劳务性工作）

向顾客提供服务，以获取顾客好感，进而促进销售的活动。除了为顾客提供常规服务外，每家企业都会针对各自的实际情况，提供不同的特色服务或其他服务项目，以吸引消费者来店购物。这些方便顾客的服务对顾客来店购物都有较强的吸引力，同时也起到了培养顾客忠诚度、增加销售量的作用。

5）现场演示促销。现场演示促销是指请经过专门训练的人员在店内对产品的使用进行示范，向顾客进一步证实产品的效能和特点，使顾客对产品的效能产生兴趣和信任，以激起消费者的购买行为和持续购买的意愿。

6）展销促销。展销促销是指连锁企业邀请多家同类产品厂家，在所属店铺内共同举办产品展销会，形成一定的声势和规模，让消费者有更多的选择机会。

7）公共关系促销。公共关系促销是指连锁企业利用各种传播手段，同公众（包括消费者、供应商、新闻媒体等）沟通情感，建立良好的社会形象和营销环境的活动。

二、促销活动策划与实施

1. 促销活动策划

促销活动策划包括如下内容：

（1）确定促销目标。确定促销目标是为整个促销活动确定一个总体构想，为以后的工作计划、方案创意、实施和控制、评估促销效果提供一套标准和依据。

在确定某项具体促销活动目标时，必须确定哪些是最重要的目标。每一个具体促销目标与不同的促销方式相对应，有必要清楚地阐明促销目标与促销类型、方式、媒体信息传播等选择的匹配度，以取得最好的促销效果。

（2）制定促销预算

1）目标任务法。企业首先确定促销目标，再根据促销目标确定一年计划举办的促销活动和每一次促销活动需要的费用，将所有促销活动费用加总，便得出全年的促销预算。

2）销售百分比法。以年度预测的销售额为基础，固定一个比率来计算一年总的促销预算，然后再根据一年中计划举办多少次促销活动进行分摊。其中的比率可能是过去使用的比率，也可能参考了同行业其他企业的预算比率，或者根据经验确定。

3）量力而行法。量力而行法是指企业在自身财力允许的范围内确定预算。企业用这种方法确定促销预算时,首先要预测周期内的销售,计算各种支出和利润,然后确定能拿出多少钱来作为促销费用。

4)竞争对等法。竞争对等法是根据竞争者的促销行动来衡量本企业增加或减少的促销预算。

现在许多供应商也会积极配合连锁企业的促销活动,企业在拟订促销计划时要注意将供应商的促销活动纳入本企业的促销活动计划,以尽量节省促销费用。

(3)制定促销实施方案

1)确定促销主题。鲜明的主题更容易赢得顾客的好感,收到良好的促销效果。要针对具体促销内容,确定具有吸引力的促销主题。

2)选择促销期间。选择促销期间时,应注意两个方面的问题。一是促销活动的延续时间。长期促销活动,一般延续时间在一个月以上,目的是建立差异优势,提高顾客对门店的认同感,以确保顾客长期来店购物。短期促销活动,延续时间一般为3~7天,目的是通过特定的主题活动来提高来客数和客单价。二是促销活动应因季节、气候、温度不同而选择不同的促销内容,以符合消费者的生活习惯和需求,使促销活动与季节、天气、温度等相配合,收到应有的效果。

3)选择促销产品。促销产品的选择需要对季节的变化、产品销售排行榜、厂家的配合度、竞争对手的状况加以衡量,从而选择最适合做促销的产品。无论选择何种产品作为促销品种,都应注意两个基本要点:一是选择消费者真正需要的产品;二是能给消费者带来实际利益。

 小贴士

促销产品的主要类型

1. 节令性产品。此类产品属于应季产品,有新鲜感,比较受消费者欢迎。

2. 敏感性产品。敏感性产品一般为生活必需品,市场价格变化大,而且消费者极易感受到价格的变化。选择这类产品作为促销产品时,在定价上只要稍低于市场价格,就能很有效地吸引更多的消费者。

3. 大众性产品。大众性产品一般是指品牌知名度高、市场上随处可见、替代品较多的产品，如化妆品、保健品、饮料等。选择这类产品作为促销产品往往可以获得供应商的大力支持，但同时应注意将门店的促销活动与大众传播媒介的广泛宣传相结合。

4. 特殊性产品。特殊性产品主要是指连锁企业自行开发，使用自有品牌的特殊产品（不具有市场可比性）。这类产品的促销活动主要应体现产品的特殊性，价格不宜定得太低，但应注意价格与品质的一致性。

5. 其他门店非常畅销、被消费者关注且熟悉其价格的产品。这类产品极易引起消费者与竞争对手产品的横向比较，只要价格稍低一点，就能吸引消费者来店购买。

4）选择促销宣传。促销活动宣传主要有媒体广告、卖场海报、人员宣传、派发宣传单等。要根据消费者的购买习惯、风俗文化、环境等因素选择最合适的宣传方式，收到预期的宣传效果。

5）确定促销方式。商家可以选择的促销方式有很多，但应避免进入纯粹价格战的促销循环。门店必须依据促销目标、竞争环境、费用等因素，选择合适的促销方式。

2. 促销活动的实施

成功的促销活动要有周密的计划、正确的宣传媒体、能打动顾客的诉求主题与促销产品，还取决于门店各岗位的执行配合。促销活动的实施包括以下几个方面：

（1）促销人员安排。开展促销活动要事先对每一项工作进行合理分工，安排具体负责人员到位。对营业人员进行促销培训，使每个员工都能清楚地了解促销的内容与要求，为顾客提供更好的服务。

（2）促销产品管理。促销前要尽可能准确地预测促销产品的销售量并提前备足货品，通过调整产品陈列以配合促销获得最佳效果，并及时调整促销产品价格。

（3）广告宣传展示。连锁企业广告宣传一般以广告宣传单、海报、店内POP为主要宣传手段，以吸引顾客。

（4）卖场氛围布置。卖场氛围可以针对促销活动内容或主题进行专门布置，应设置各种季节性、产品说明性的海报、旗帜、气球等物品渲染气氛，辅以道具等衬托产品，刺激顾客购物兴趣。同时选择恰当的背景音乐，使购物环境与气氛相得益彰。

（5）促销活动评估。促销活动结束后，应及时进行评估检查，就实施促销的效果与目标差异进行分析，找出经验或问题，进一步提升促销策划水平，巩固既有促销效果。

培训模块 五
连锁经营顾客管理

培训项目1　顾客服务
培训项目2　顾客开发
培训项目3　顾客维护
培训项目4　顾客资料收集与整理

培训项目 1 顾客服务

一、顾客服务的定义

1. 顾客

顾客是指购买或者消费企业的产品或服务来满足其需要的个人或群体,是企业利润的源泉,也是企业生存的依赖。随着经济的不断发展,要求企业一切以顾客为中心,满足顾客的需求。

 小贴士

顾客与客户的区别

顾客的英文是 customer,泛指一般的消费者;客户的英文是 client,更倾向于当事人、委托人的意思。西方的学者认为,对于顾客,销售人员的了解一般不深,可以不知道顾客的名字,是一对多的服务。而对于客户,销售人员必须对其背景较了解,能叫出名字,大部分时间是一对一的服务。通过它们之间的区别,要认识到一个营销的逻辑,即在做销售的时候,要把顾客变成客户,也就是从大众化营销转变为"一对一营销"(one-to-one marketing)或者"个性化营销"(individual marketing)。

1. 定义不同

顾客通常是产品的使用者,也可以说是最终使用者,顾客简单来说是到门店消费的人,如购买食品。客户简单来说是生意上有来往的人,一般指生意上的合作伙伴,客户是产品的购买者,包括了日常生活中常听到的代理及经销商。

> 2. 特点不同
>
> 顾客的特点是不唯一性，比如顾客可以进入任何一家连锁门店购物消费，这位消费者就是顾客。而客户的特点则是唯一性。
>
> 3. 递进程度不同
>
> 顾客相对于企业来说参与了产品的选择与消费的过程，而客户是企业的合作者，甚至参与了产品的流通过程，与企业的关系往往更加紧密。

2. 顾客服务

连锁企业顾客服务是指连锁企业围绕产品销售实施的一系列辅助性服务活动，旨在使顾客的购买行为和消费行为更有价值。顾客服务主要用于快速及时地获得问题顾客的信息及顾客历史问题记录等，这样可以有针对性并且高效地为顾客解决问题，提高顾客满意度，提升企业形象。

顾客服务不仅包括对现实顾客的服务，也包括对潜在顾客的服务。门店不仅要提高顾客现实的满意程度，还要提高预期的满意程度。顾客服务可以使企业创立个性，增加竞争优势，有效地增加企业的新销售和再销售的实现概率。

二、顾客服务的类型

1. 按购买过程的阶段分类

（1）售前服务。售前服务是指在顾客购买产品或消费之前，连锁企业向潜在顾客提供的各种服务，如介绍产品信息、解答顾客疑难、举办消费者培训等。售前服务具有市场铺垫、宣传产品、搜集情报的作用。售前服务是一种超前的、积极的顾客服务活动，它的关键是为顾客树立良好的第一印象，目的是尽可能地将商家的信息迅速、准确、高效地传递给消费者，以沟通双方感情，同时了解顾客潜在的、尚未满足的需求，并在连锁企业能力范围内尽量通过调整经营策略去满足顾客需求。具体的操作方式包括举行免费的培训班、进行产品特色设计、请顾客参与设计、导购咨询服务、免费试用、赠送宣传资料、产品展示、产品质量鉴定展示、调查顾客需要情况和使用条件等。

此外，有条件的连锁企业可提供订购服务，顾客可通过网络等各种方式订购产品，从而大大节约时间。

（2）售中服务。售中服务是指连锁企业向进入门店或已经进入选购和消费过程的顾客提供的服务。售中服务可以使顾客进一步了解产品的特点及使用方法，目的是通过服务，表现出对顾客的热情、尊重、关心和帮助，向顾客提供额外利益，以帮助顾客做出购买决策。售中服务的主要形式有提供舒适的购物环境（如冷暖空调、休息室、洗手间、自动扶梯等）、现场导购、现场宣传、现场演示、现场试用（如试穿、品尝、试看、试听等）、照看婴儿、现场培训、礼貌待客、热情回答、协助选择、帮助调试和包装等。

（3）售后服务。售后服务是连锁企业向已购买产品或完成消费的顾客提供的服务，它是产品质量的衍生，也是对顾客感情的延伸。售后服务的目的是增加产品实体的附加价值，解决顾客由于使用本企业的产品而带来的一切问题和麻烦，方便使用、放心使用，降低使用成本和风险，从而增加顾客购买后的满足感或减少顾客购买后的不满情绪，以维系和发展连锁企业的目标市场，使老顾客成为"回头客"，或者乐于向他人推荐本企业的产品。售后服务的关键是企业要持之以恒、信守诺言、提供实在方便的服务。售后服务的方式主要包括免费送货、安装和调试、包退包换、以旧换新、用户免费热线电话、技术培训、产品保证、备用品和配件的供应、维修服务网点、巡回检修、特种服务、组织顾客现场交流、顾客抱怨处理、顾客联谊活动、向顾客赠送自办刊物和小礼品等。

2. 按投入的资源分类

（1）物质性服务。物质性服务即通过提供一定的物资设备、设施为顾客服务。如门店向顾客提供的休息室、电梯、试衣室、试鞋椅、寄存处、购物车、停车场等，顾客使用这些物资设备时会感到方便。

（2）人员性服务。人员性服务即售货人员、送货人员、导购人员、咨询人员等提供的服务。他们提供的服务主要是劳务和信息的服务。这些服务人员要与顾客进行面对面接触，他们的形象和素质往往对门店的形象产生最直接的影响，这也是消费者评价门店服务质量的一个重要标准，要给予充分重视。

（3）信息服务。信息服务即向消费者传递门店与所提供的产品等方面的信息，使顾客了解商家、了解产品，帮助顾客做出适当的购买决策。门店提供的信息服务主要有POP广告、媒体广告、新闻宣传、产品目录、产品货位、人员介绍等。

（4）资金信用服务。资金信用服务即提供给消费者信贷，如提供赊销产品、分期付款、信用卡付款等。在提供资金信用服务时，连锁企业应考虑自身的承受能力及消费者的偿还能力，同时也应避免审查手续过于复杂，以免影响消费者的热情，损害门店的形象。

3. 按顾客需要分类

（1）方便性服务。方便性服务即对顾客浏览选购产品提供便利。这类服务是任何业态的商家都应该提供的服务，也是门店的基本服务，其目的是满足顾客购物的基本需要。这类服务包括：提供方便的营业时间；产品货位有指示说明标识，产品陈列井然有序，色彩搭配协调；售货员具备基本的业务素质；有宽敞的停车场等。

（2）产品购买的伴随性服务。产品购买的伴随性服务即针对顾客在购买产品的过程中的需求提供的服务。这类服务与购买的产品直接联系，也是门店提供的促销性质的服务。如提供导购人员、现场演示、现场制作、送货、安装、包装等服务。

（3）补充性服务。补充性服务即对顾客期望得到的非购买产品的需求提供的服务。这类服务对顾客起着推动作用，辅助连锁企业成功地经营，也可以说是推销性的服务。这类服务包括休息室、餐饮室、自动取款机、寄存物品、电话咨询、订货、照看婴儿、停车场等。这类服务能有效地吸引顾客、留住顾客，增加顾客在停留时间内的购买机会，同时也有助于体现门店的服务特色，树立门店的良好形象。

 **相关链接**

顾客服务技巧

1. 沟通

（1）沟通的内涵。沟通是一种信息交换的过程，是在两个或两个以上的人之间交流信息、观点和理解的过程。

沟通是人际交往最重要的一种方式，它无处不在，无时不有。沟通创造需求，顾客的想法、意见、需求和企业的服务理念、服务特色等的传递都离不开沟通。没有沟通就不可能有高质量的服务，沟通可以实现企业与顾客之间的良好互动，沟通是发展和维持服务业的桥梁。

（2）沟通的基本要素

1）发送者。发送者是指发起行动的人，是沟通过程中信息发送的源头。

2）接收者。接收者是沟通的客体，是对发送者传递的信息进行解码并加以理解的人，其与发送者相辅相成、互相制约。

3）目标。目标是指在与顾客沟通的过程中寻求的结果。

4）信息。信息是指沟通中所传递的内容。

5）背景。服务沟通是在具体的环境中进行的。它可能涉及某个人或某群人，也可能涉及特定的企业文化，外部的其他顾客、媒体、社会团体等。因此准备进行沟通时，要确保了解沟通的背景。

6）媒介。媒介是沟通的工具，例如电话或电子邮件。

7）反馈。沟通不是行为而是过程。与顾客的沟通是为了达到一定的结果而设计的动态过程。这意味着在沟通的每个阶段都要寻求顾客的支持。只有如此，才会知道顾客在想什么并且随时调整自己的信息，让顾客感觉到参与了这个过程。

（3）沟通的基本方式

1）口头沟通。口头沟通是用其他人能够理解的语言进行交谈。它是广泛使用的沟通方式，具有直接、方便、清楚、易于交流的优势。

2）书面沟通。书面沟通是用书面形式进行沟通。主要形式包括员工手册、工作说明、便函、报告、海报、布告牌、电子公告板和便条等。在企业外部，发出通知、说服对方、询问信息、表示祝愿、进行联络等也会使用书面沟通方式，常用的形式有商务信函、建议书、报告、传真、合同、广告、产品目录等。

3）网络沟通。网络沟通是指企业通过基于信息技术的计算机网络来实现企业内部的沟通和企业与外部相关的活动。主要形式有电子邮件、网络电话、网络传真、网络新闻等。

4）图表、视听、影像沟通。图表、视听、影像沟通又称为礼堂支持。与口头和书面沟通组合使用的礼堂支持可以通过多种方式创造强有力的沟通效果，更具吸引力，在人们的头脑中保留更长的时间。

5）非语言沟通。非语言沟通包括语音和语调、面部表情、姿态和眼神。

2. 倾听

在与顾客沟通的整个过程中，顾客并不只是被动地接受劝说、解释和聆听介绍，他们也要表达自己的意见和要求，也需要得到沟通的另一方——服务人员的认真倾听。

（1）倾听的内涵。倾听一般有三个层次的含义：听对方想说的话；听对方想说但没有说出来的话；听对方想说没有说出来但希望你说出来的话。常见的倾听方式有忽视地听、假装地听、选择性地听、全神贯注地听、带"同理心"地听。

（2）倾听的作用。体现对顾客的尊重和关心；获得相关信息；解决顾客问题，提高顾客满意度。

（3）倾听的技巧。既要听事实又要听情感；永远不要有意打断顾客；适时发问，帮助顾客理清头绪，清楚地听出顾客的谈话重点；适时表达自己的意见；肯定顾客的谈话价值；配合表情和恰当的肢体语言；保持微笑；避免虚假的反应。

3. 询问

（1）开放式提问技巧。要尽可能地站在顾客的立场上提问，不要仅仅围绕着自己的目的与顾客沟通。尽可能地避免某些敏感性问题，如果这些问题的答案确实很重要，那么不妨在提问之前换一种方式进行试探，确认顾客不会产生反感情绪时再进行询问。

（2）封闭式提问技巧。初次与顾客接触时，最好先从顾客感兴趣的话题入手，一定要注意循序渐进。提出的问题必须通俗易懂，不要让顾客感到摸不着头脑。

（3）提问时必须保持礼貌和谨慎。提问的态度一定要足够礼貌和自信，不要莽撞，也不要畏首畏尾。选择问题时，一定要给顾客留下足够的回答空间。

三、提升顾客服务水平的方式

1. 根据顾客需要不断调整服务项目

提供优质服务必须建立在了解顾客的基础上，设身处地地为顾客着想，最大限度地满足顾客的期望。要提高服务质量，管理者必须获得正确的顾客期望信息。

连锁企业可以通过经常与顾客保持接触、定期开展顾客服务调查、建立和完善顾客投诉系统、不定期地举行顾客访谈会等途径了解顾客的真实需要。

2. 寻找并控制关键的服务点

服务点就是提供服务时与顾客互动的触点。一般而言，服务点的选择是空间与时间的结合。

（1）确定在企业服务能力可提供的范围内都有哪些服务点。服务点是一个多因素系统，如各类广告及媒体，营业员的仪表、仪容、行为，营业员的语言表达和适度的介绍，服务场所的气氛、装潢，产品的格调、品牌以及价格等。不同企业由于经营产品的结构有所差异，所以有效服务点是不同的。

（2）在众多服务点中，确认每个服务点的吸引力如何，顾客会接触多久。顾客的服务需求是多种多样的：有的顾客喜欢听介绍，有的顾客则相信自己的感觉；有的顾客价格敏感度高，有的顾客则对服务场所的要求高。所以，企业应对经常光顾的顾客进行服务点有效性分析，从中找到具有吸引力的服务点，并尽可能延长顾客对服务点的关注时间。

（3）寻找和调查顾客满意或不满意的服务点。在确定了每一个服务点对顾客的吸引力后，接着需要寻找顾客最不满意的服务点，这是改进服务质量的关键。

（4）不断改进顾客不满意的服务点，并尽量使其制度化。门店应通过提高顾客最不满意的服务点的质量，尽可能弱化或剔除顾客不满意的服务点，提高门店的服务水平，逐步形成优质的服务形象和服务特色。

3. 设计具体可行的服务标准

由于顾客服务是一种无形的软性工作，因人而异服务的提供者会由于心情、身体状况等个体心理或生理因素影响服务的质量，也会由于每个服务人员的个人素质、经验、训练程度的差异造成服务水平的差异。因此，有人认为，服务无法用统一的标准来测量，或者说标准化的服务是缺乏人情味的，不能适应顾客的需要。这种观点是错误的。事实上，许多服务工作是常规性工作，管理者很容易确定这类服务的具体质量标准和行为准则，而要消除服务水平的差异也只能通过建立规范化的服务标准来实现。

好的服务标准十分具体简洁，而且绝不含糊。企业组织规模越大，服务标准就应越简单。

4. 妥善处理顾客抱怨

即使是服务最好的连锁门店，也难免出现失误。失误可能有各种原因，如服务没有如约履行,送货延期或太慢,服务不正确或执行质量低劣,员工比较粗暴或对顾客漠不关心。所有这些失误都会引起顾客的消极情绪和反应。研究发现,当企业出现服务失误导致顾客不满意后,不满意的顾客将向 10~20 人传播。所以,处理好顾客抱怨是挽回顾客的重要手段。一项研究表明,顾客抱怨如果得到满意的解决,他们会比从未产生不满意的顾客更忠实于企业。

 小贴士

服务的影响因素

连锁门店在进行顾客服务时,应注意以下方面:

1. 服务成本。门店每提供一项服务都需要付出一定的成本,因此,提供服务的数量及水平要视门店承担成本的能力而定。

2. 顾客需求。门店提供的每一项服务都必须是目标顾客所期望的,如果弄错了顾客的期望,就意味着在与顾客无关的活动上投入资金、时间和其他资源。

3. 产品特征。某些产品必须伴随相关的专业服务才能使顾客完成购物过程,如眼镜店的验光服务、空调的上门安装服务,如果缺乏这些相关的必要服务,则无法推动产品销售。

4. 经营特色。企业的竞争优势是价格还是服务关系着门店的服务策略,在一个以服务为竞争优势的连锁企业里,门店的服务水平必须优于竞争对手。

5. 行业水平。竞争对手的服务水平会直接影响门店的服务策略,管理者要分析是提供与竞争对手一样的服务,还是提供比竞争对手质量更高的服务,或者是用比较低的产品价格来取代这些服务。

培训项目 2 顾客开发

一、顾客开发概述

在竞争激烈的市场中,连锁企业的成败与顾客开发紧密相连,一个成功的企业会不断地通过有效的方法获取顾客资源,使潜在顾客向现实顾客转化,使企业获得可持续发展的动力。

1. 顾客开发的定义

顾客开发是连锁企业销售工作的第一步,是指企业根据市场和顾客的需要,结合产品特性,不断开发与挖掘顾客资源,最终把这些顾客转化为现实顾客的过程。

2. 顾客开发的目的

(1) 补充流失的顾客。在营销手段日益成熟的今天,连锁企业的顾客仍然是一个很不稳定的群体。资料显示,在自由竞争的市场环境中,任何一家企业每年都有15%~30%的顾客流失,也就是说,在没有采取有力措施的情况下,一家企业在最多7年的时间内就会失去原有的顾客。因此,为了补充流失的顾客,防止利润下滑,企业就必须开发新顾客。

(2) 收集顾客信息。顾客开发的好处是可以大量收集各种各样的信息,企业可以从中提炼出对自己有用的信息,根据这些信息与顾客进行沟通,使顾客满意。同时收集的顾客信息也为企业进行决策提供科学依据,如企业可以根据收集的顾客心理需求信息来研发新产品,满足顾客的需要。

(3) 更新顾客结构。企业的资源有限,不可能对所有的顾客都进行开发。事实上,顾客是存在差异的,优质顾客会给企业带来高收益,因此企业要有目的地进行选择性开发,从而获得更多有价值的优质顾客,进而调整企业的顾客结构,达到适合企业发展的最佳状态。

（4）提升品牌的认知度。顾客开发的过程，就是让顾客知道企业品牌的过程。企业提升品牌认知度最有效的方法就是加强品牌与顾客的互动，这不仅能降低品牌宣传的投入，也能使连锁企业各个门店的营销工作产生乘数效应。

3. 顾客开发的意义

（1）顾客开发是企业利润的保证。顾客是企业利润的源泉，连锁企业要想获得利润，必须要把产品或服务销售出去，只有寻找到能够购买企业产品或服务的顾客，才能使企业的利润得以实现。因此，顾客开发的数量和质量直接影响企业的盈利能力和竞争力。

（2）顾客开发是企业营销的关键。市场营销，是连锁企业一切工作的中心，而市场营销的出发点则是明确企业的顾客及其需求，因此顾客开发是营销工作的前提，是非常关键的环节。没有顾客开发，企业的营销工作将不能继续下去。

（3）顾客开发是规避风险的要求。企业现有顾客相对稳定，那么在一定时间内其需求量就不会快速增长，另外，如果顾客过于集中在某一市场，企业将会面对很大的经营风险。因此，企业不断开发新顾客，不仅是开拓业务的需要，也是规避市场风险的必然要求。

二、顾客识别

1. 顾客识别的定义

顾客识别，是在顾客细分的基础上，通过一系列的技术手段，从目标市场的消费者群体中识别出对企业有意义的顾客，作为进一步进行顾客开发的对象。

2. 顾客识别的意义

（1）正确识别顾客是顾客开发的前提。连锁企业如果选对了顾客，那么开发顾客、实现顾客的忠诚度的可能性就很大，同时顾客开发和顾客维护成本会很低。相反，如果选错了顾客，开发顾客的难度就会加大，企业很难给顾客提供满意的产品或服务，最后很可能徒劳无功。

（2）正确识别顾客有助于企业的准确定位。顾客的需求千差万别，需求的个性化决定了不同的顾客购买不同的产品，企业只有正确识别顾客，准确地进行市场定位，才能生产出满足顾客需求的产品或服务，树立企业的鲜明形象。

（3）正确识别顾客能够提高企业的盈利能力。每一个顾客带给企业的收益是不同的，优质顾客带来良性价值，劣质顾客带来负面价值，甚至会给企业带来较大的风险。因此，连锁企业在选择顾客时一定要慎重，要识别出哪些是可以给企业带来收益的优质顾客,将其作为顾客开发的对象,不断提高企业的盈利水平。

(4)正确识别顾客能够减少企业资源的浪费。顾客开发需要耗费企业的人、财、物等资源,在那些不愿意购买企业的产品或服务的消费者身上浪费资源,将有损企业的利益。因此,正确识别企业的顾客,可以有效地减少企业资源的浪费。

3. 识别有价值的顾客

顾客大致分为两类,即交易型顾客和关系型顾客。交易型顾客只关心价格,没有忠诚度可言。关系型顾客更关注产品的质量和服务,愿意与连锁企业建立长期友好的合作关系,顾客忠诚度高。交易型顾客带来的利润非常有限,结果往往是关系型顾客在给交易型顾客的购买进行补贴。因此,需要分离出交易型顾客。

根据顾客对企业贡献利润的多少,将顾客分为三种,即关键顾客、重要顾客和一般顾客。

(1)关键顾客。关键顾客是给企业带来最大利润的顾客,他们占企业顾客数量的20%,却给企业带来80%甚至更多的利润,因此关键顾客是企业生存和发展的根本。对于关键顾客进行顾客关系管理营销,目标是留住这些顾客,确保门店不把任何有价值的顾客遗留给竞争对手。关键顾客的识别标准包括以下六个方面:

1)购买欲望强烈,需求量大,购买力强。

2)能够及时付款,具有良好的信誉。

3)对企业的产品或服务的价格敏感度低。

4)企业对其提供的顾客服务成本相对较低。

5)忠诚度高,愿意与企业建立长期的合作关系。

6)愿意给企业提出意见和建议,帮助企业更好地发展。

(2)重要顾客。重要顾客是有可能成为最大利润来源的顾客。这类顾客也许在门店的竞争对手那里购买产品,针对这类顾客开展营销的直接目的是提高门店在他们购买的产品中的份额。重要顾客的识别标准包括以下四个方面:

1)需求量小,购买力一般。

2)消费具有随机性。

3)看中价格,讲究实惠。

4)对产品的促销策略敏感。

(3)一般顾客。一般顾客是指没有购买过企业任何产品和服务,对企业的利润没有贡献的顾客,对一般顾客提供大众化的基础性服务即可。

4. 潜在顾客识别

潜在顾客是可能成为现实顾客的个人或组织。这类顾客或有购买兴趣、购买需求，或有购买欲望、购买能力，但尚未与企业发生交易关系。

潜在顾客需具备三个基本条件：

（1）购买产品或服务的个人或组织确实需要这样的产品，能从产品的消费中受益，或者能够为购买者解决某一方面的实际问题。

（2）潜在顾客必须有购买权或得到授权，具有在产品生产者、种类和具体型号等方面的选择权。

（3）不管这样的个人或组织有多么强烈的购买欲望，也不管产品能给他或他们带来多么大的利益，他们必须具备购买该产品或服务的货币支付能力。

识别潜在顾客需要摒弃平均顾客的观点，寻找那些关注未来，并对长期合作关系感兴趣的顾客。

 **相关链接**

MAN 法则

在顾客识别的过程中，可以参考 MAN 法则：

1. M：money，代表"金钱"，顾客必须有一定的购买能力。

门店销售人员可根据两个要点判断顾客的购买能力，包括：

（1）信用状况。可从职业、身份地位等情况，判断是否有购买能力。

（2）支付计划。可从顾客期望一次付现，还是要求分期付款，以及支付首期金额的多少等，来判断顾客的购买能力。

2. A：authority，代表"购买决定权"，顾客对购买行为有决定、建议或反对的权力。

3. N：need，代表"需求"，顾客有产品和服务的需求。

针对顾客购买需求，门店销售人员可根据五个检查要点判断其需求强烈程度，包括：

（1）对产品的关心程度。

（2）对产品是否信赖。

（3）对购入的关心程度。

（4）对门店是否有良好的印象。

（5）是否能满足需求。

三、新顾客开发途径

1. 自然进店途径

进店率是进店人数与门店客流量之比，是决定门店业绩的关键因素。在自然条件下，门店所属商圈级别、店址选择、店面装修及交通环境等因素直接影响顾客的进店率。在以上因素不变的情况下，提高顾客的自然进店率和成交率的方式包括：

（1）通过氛围拦截提高顾客自然进店率和成交率。要为顾客营造一个良好的购物环境，整洁干净的店面形象可以给顾客留下良好的第一印象。用醒目的广告招贴标明特价产品价格，通过灯光、电视广告画面、声音或陈列等手段营造店面销售气氛，吸引顾客进店，这是店面自然销售的基础。

（2）通过导购拦截提高顾客自然进店率和成交率。作为导购人员，应充分了解顾客需求，同顾客认真交谈，根据顾客需求进行推荐，做好顾客的专业顾问，获取顾客的好感，消除顾客的防御心理，引导顾客顺利成交。同时，还需要调动导购人员的积极性，要求导购从门店走出去，"坐销"变"行销"，主动拦截顾客。

（3）通过产品拦截提高顾客自然进店率和成交率。产品拦截是指充分利用顾客的猎奇心理，准确提炼产品卖点，展现产品优势，通过视频、图片、文字、情景等恰当的方式在门店进行产品独特卖点的展示，从而吸引顾客进店。

2. 门店宣传途径

门店要运用各种传播媒介，向顾客有意识、有目的地传播门店的有关信息，以影响和改变顾客的态度、意见和行为，扩大门店的社会影响，形成有利的舆论环境，最终促进顾客的购买行为。这些宣传途径包括：

（1）媒介宣传。媒介宣传是门店宣传最基本的策略，根据媒介性质、形象定位、公众特性、目标定位、宣传费用、门店经营战略、市场战略等，选择最恰当的宣传媒介，组建最佳的媒介体系，在最恰当的时机推出媒介宣传作品，以期取得最佳的宣传效果。在移动互联网的时代，媒介宣传增加了新的形式，包括通过官方微博、官方微信公众号进行宣传，以及通过自媒体进行宣传。

（2）明星宣传。根据门店形象定位，邀请合适的体育明星、文艺明星宣传门店。

（3）赞助宣传。门店通过赞助一些公益性、慈善性、服务性的社会活动展开宣传，使顾客对门店产生好感。

（4）售点广告宣传。售点广告利用销售点现场内外的各种设施作为媒体，有明确的诱导动机，旨在吸引顾客，唤起顾客的购买欲，具有无声却又十分直观的推销效力。它可直接影响销售业绩，是完成购买阶段任务的主要推销工具。售点广告在有限的时空里，对吸引顾客、引导顾客购物、激发顾客欲望、促成顾客的购买行为具有特殊的功效。

3. 转介绍途径

老顾客转介绍新顾客是销售人员开发新顾客常用的方法之一。老顾客对门店有了一定的了解，对产品具有良好的信任度，由其推荐介绍，可以增加新顾客对门店的信任度，提高新顾客开发的速度及成功率。老顾客转介绍新顾客的策略包括礼券策略、聚会策略、超出预期的体验策略、双份优惠营销策略、积分推荐策略等，连锁企业可以根据企业实际情况选择适合的策略。

4. 异业联盟途径

异业联盟是指各行业、各层次的商业主体之间，为了达到共同的利益，组成的商业联盟。目的是凭借彼此的品牌影响力，拉拢不同族群的顾客资源，借此创造出双赢的市场利益。对顾客而言，选择异业联盟的门店，可以享受延伸的增值服务。异业联盟要充分考虑目标消费者是否具有共同性，以及品牌追求是否一致。

5. 电话营销途径

电话营销是指通过使用电话，来实现有计划、有组织并且高效率地扩大顾客群的市场行为。它是门店开拓新顾客群体的常规营销活动。

培训项目 3 顾客维护

一、顾客维护概述

新顾客开发成功以后,就要与顾客之间建立长期的合作关系,因此顾客维护对企业就显得十分重要。维护顾客最有效的方法就是使顾客满意,一个满意的顾客会对产品和企业保持忠诚,从而给企业带来丰厚的利润。

1. 顾客维护的定义

顾客维护是指对已经与连锁企业建立合作关系的顾客,通过沟通联系满足其不断变化的需求,保持企业在顾客心目中的良好形象,以建立满意的和忠诚的顾客关系。

2. 顾客维护的目的

(1)了解顾客对企业和产品的意见,进行改进,提高顾客满意度。

(2)了解顾客不断变化的需求,予以满足,培养顾客的忠诚度。

(3)保持社交性联系,进行沟通交流,为顾客提供增值服务。

3. 顾客维护的方法

(1)给顾客提供新的产品资料。在顾客购买产品时,企业通常会将产品的简介、使用说明等资料送给顾客参考。在现实的交易活动中,产品资料常常以报道性的文件刊发,顾客维护人员可以将它赠送给顾客,联络感情。一方面可以向顾客提供参考资料,使顾客保持对企业的好感;另一方面可以通过不断为顾客提供资料,起到宣传效果,影响顾客周围的人,从而吸引更多的新顾客。

(2)与顾客做好信息交流。企业平时会收集到各种各样的信息,有一些是对顾客有价值的,只要不涉及商业秘密,都可以与顾客进行交流。当企业把这些信息提供给顾客时,顾客会感到被重视、被关心,作为回报,顾客也会提供给企业有价值的信息。在信息交流的过程中和顾客的联系才能够保持下去,最终建立起企业和顾客长期合作的伙伴关系。

（3）与顾客保持长期联系。顾客维护工作做得好的企业把成交当作销售的开始，之后通过不断的联系，为下一次成交做好铺垫。企业在成交之后继续积极地与顾客保持联系，不断地关心每一位顾客，这样顾客就会记住企业，最终成为企业的忠诚顾客。

（4）真诚地对待顾客。对顾客真诚，就是要真心对待顾客，给顾客安全感，千万不能欺骗顾客。即使出现问题，企业和员工面对顾客也要以诚相待，只要欺骗过顾客一次，就会失去顾客的信任，名誉扫地。因此，诚实守信，真诚地对待每一个顾客才是维护顾客最实际、最有效、最长久的方法。

二、顾客满意度

1. 顾客满意

顾客满意是指顾客把一种产品或服务可感知的效果（或结果）与他的期望相比较后所形成的愉悦或失望的感觉状态。当效果低于期望时，顾客就会不满意；当效果与期望相当时，顾客就会满意；当效果高于期望时，顾客就会非常满意。顾客期望的形成一般源自过去的购买经验、亲友的影响、销售者和竞争者的信息及许诺等。可见，如果连锁企业将自己所提供的产品或服务的效果夸大，就会提高顾客的期望，也就容易使顾客失望，导致顾客不满。

2. 顾客满意度概述

顾客满意度是用来衡量顾客满意状况的评价指标。它可以用公式表示为：

$$c = b/a$$

式中　c——顾客满意度；

　　　b——顾客对产品或服务所感知的实际体验；

　　　a——顾客对产品或服务的期望值。

满意度与期望值成反比，与感受值成正比。正所谓得到越多越满意，欲望越大越难满足。当顾客感知接近顾客期望时，顾客就会表现为一般或比较满意；当顾客感知高于顾客期望时，顾客就会表现为满意，高出的越多，顾客满意度就越高；当顾客感知低于顾客期望时，顾客就会表现为不满意。

顾客满意度的衡量指标有重复购买的次数、购买挑选产品的时间、对产品价格的敏感度、顾客保持率、美誉度、投诉率、购买额。

顾客满意度是一个难以精确衡量的指标。即使购买同样的产品或服务，不同顾客的期望不一样，因而满意度也不同。而同一个顾客在不同时期和不同场所对购买的同一种产品或服务的满意度也是不同的。连锁企业经营者需要随时了解目标顾客的满意度，以便及时改变营销策略。

3. 顾客满意的重要性

现在，越来越多的企业已经认识到，要想长期留住顾客，使顾客满意是唯一的办法。满意的顾客会给企业带来很多好处。

（1）顾客满意有利于销售更多的产品。顾客对企业的产品或服务满意，会不断重复地购买，并且能更容易接受企业的其他产品或服务，增加企业的销售收入，还可以减少顾客维护的费用。

（2）顾客满意有利于战胜竞争对手。企业之间竞争的关键是谁能使顾客更满意，谁能更有效地满足顾客的需求。顾客如果对企业的产品或服务不满意，而竞争对手的产品恰恰能满足顾客的需求，那么顾客就很可能会选择竞争对手的产品。因此，在激烈的市场竞争中，谁能更好地满足顾客需求，让顾客满意，谁就会取得竞争优势，战胜竞争对手。

（3）顾客满意有利于树立企业的良好声誉。顾客满意度高会给企业带来良好的声誉，帮助企业树立良好的形象。声誉好的企业相对来说产品也是可靠的，每个顾客都愿意购买这样企业的产品，可以降低消费的风险和不确定性。

（4）顾客满意是顾客忠诚的基础。顾客满意是形成顾客忠诚的基础，只有顾客满意了，才会重复购买同一企业的产品或服务，不为其他企业的产品或服务所动摇，形成顾客忠诚，这是维护顾客最好的方法。

4. 影响顾客满意度的因素

（1）产品因素。产品因素包括质量、价格、功能、规格、式样、包装等因素，质量是顾客选择产品或服务所考虑的首要因素。企业的产品如果与竞争对手的产品相比具有明显的优势或突出的个性，则容易获得顾客满意。其中产品质量代表着安全、可靠和值得信赖，高质量的产品是维系顾客最有效的手段。如果产品质量不稳定，或是有所下降，即使顾客与企业建立了合作关系，这种关系也是很脆弱的，很难维持下去。

（2）服务因素。服务因素包括服务设施、服务环境、服务的及时性等。企业的服务体系是否完善、投诉与咨询是否便捷、顾客消费是否方便、服务是否及时等都会影响顾客的满意度。顾客会通过消费体验对企业服务的整体质量做出评价，如果达到顾客的要求，顾客就会满意。

（3）人员因素。人员因素包括企业全体员工的经营思想、知识水平、工作能力、应变能力、沟通能力、敬业精神等。真正面对顾客的是企业的一线员工，因此每一个员工都是企业的形象代言人。他们的业务能力、工作效率以及服务态度等直接影响顾客满意度。

（4）形象因素。企业的形象因素包括经营理念、企业精神和文化、道德行为、公益形象等。任何一个因素表现不佳，都会使企业整体形象受到损害，进而影响顾客对企业和产品的满意度。如果企业形象在顾客心目中较好，顾客满意度就高，即使企业有个别的小失误，顾客也会谅解。相反，如果企业存在不道德、不健康的经营行为，社会形象差，即使其产品或服务都很好，顾客满意度也会大大降低。

5. 提高顾客满意度的途径

（1）把握顾客期望值。提高期望值有利于吸引顾客购买。期望值定得太低，顾客满意度高，但销量小；期望值定得太高，顾客满意度低，顾客重复购买少。

（2）提高顾客感知。企业应该从产品价值、服务价值、员工价值、形象价值等方面提高顾客感知，在货币成本、时间成本、精神成本、体力成本等方面降低顾客的支出。

1）提升产品价值。企业要根据顾客的不同需求，站在顾客的立场去开发和生产产品，加快产品更新换代的速度，提供特色的产品或服务来满足顾客的需要。同时，企业要严格产品质量管理，绝不允许质量不合格的产品进入市场，保证提供给顾客的每一件产品的质量都是过硬的。

2）提升服务价值。企业要站在顾客的角度，在服务内容、服务质量、服务水平等方面提高档次，提供全方位和全过程的优质服务，进而提高顾客满意度。企业要帮助员工树立"顾客至上"的服务意识，员工的服务态度和服务质量，直接影响顾客对企业的印象。另外，企业的服务工作要不断创新，要能提供竞争对手无法复制的服务，做到真正为顾客着想，处处使顾客满意。

3）提升员工价值。企业可以通过培训来提高员工的业务水平和服务水平，同时制定完善的员工管理制度，加强对员工的监督和指导。企业应对员工实行人性化管理，提高员工的满意度，员工满意才能为顾客提供高质量的产品或服务，顾客满意度才能提高。

4）提升形象价值。企业可以通过赞助公益性事业、媒体广告、新闻宣传等方式来提升企业形象。其中赞助公益性事业是企业提升形象最有效的途径，通过对公益性事业的捐赠与扶持，显示了企业的社会责任心。媒体广告是提升企业形象最快捷的方式，在电视、电台、报纸等主流媒体做形象广告，对提升企业的知名度以及企业形象都是非常有效的。

5）降低货币成本。企业定价应以确保顾客满意为出发点，考虑市场形势、竞争程度和顾客的接受能力，尽可能做到按顾客的"预期价格"定价，并且千方百计地降低顾客的货币成本，坚决摒弃追求暴利的短期行为，只有这样才能提升顾客的感知价值，提高顾客满意度。

6）降低时间成本。在保证产品与服务质量的前提下，尽可能减少顾客的时间支出，从而降低顾客购买的总成本。

7）降低精神成本。降低顾客精神成本最常见的做法是推出承诺与保证。如可以为顾客购买保险，目的就是减少顾客的购买风险，从而降低顾客的精神成本。

8）降低体力成本。企业通过多种销售渠道接近顾客，可以减少顾客为购买产品或者服务所花费的体力成本。对于装卸和搬运不太方便、安装比较复杂的产品，企业如果能为顾客提供良好的售后服务，如送货上门、安装调试、定期维修、供应零配件等，就会减少顾客为此所耗费的体力成本，从而提高顾客的感知价值。

（3）"以顾客为中心"，实现顾客满意

1）"以顾客为中心"就是要求企业以顾客及其需求为行动的导向，主动了解顾客，预见他们的需求，迅速回应顾客需求并采取行动满足顾客需求，将顾客需求的满意程度作为企业经营管理的中心。

2）"以顾客为中心"就是要求企业真正尊重顾客、关怀顾客，一切从顾客出发，切实关心顾客的利益，将顾客的利益落到实处。

3）"以顾客为中心"就是要求企业把顾客需求作为开发新产品或新服务的源头，及时更新产品和服务，变革管理机制，创新营销手段，以适应顾客的新变化，从而提高顾客满意度。

三、顾客忠诚度

1. 顾客忠诚的定义

顾客忠诚是指顾客由于受到质量、价格、服务等诸多因素的影响，对某一企业、某一品牌的产品或服务的认同和信赖，表现为顾客持续性、排他性的购买行为。顾客忠诚是顾客满意不断强化的结果，是顾客在理性分析基础上的肯定、认同和信赖，是企业追求的主要目标。

2. 顾客忠诚度类型

（1）垄断忠诚。垄断忠诚是指顾客别无选择下的顺从态度。比如，政府规定只能有一个供应商，顾客就只能有一种选择。这种顾客通常是低依恋、高重复的购买者，因为他们没有其他的选择。

（2）惰性忠诚。惰性忠诚是指顾客由于惰性而不愿意去寻找其他供应商。这些顾客大都是低依恋、高重复的购买者，他们对企业并不满意。如果其他企业能够让他们得到更多的实惠，这些顾客便会很容易被其他企业挖走。拥有惰性忠诚顾客的企业应该通过产品和服务的差异化来改变顾客对企业的印象。

（3）潜在忠诚。潜在忠诚的顾客是低依恋、低重复购买的顾客。顾客希望不断地购买产品和服务，但是企业一些内部规定或其他的环境因素限制了他们。

（4）方便忠诚。方便忠诚的顾客是低依恋、高重复购买的顾客。这种忠诚类似于惰性忠诚。同样，方便忠诚的顾客很容易被竞争对手挖走。

（5）价格忠诚。对于价格敏感的顾客会忠诚于提供最低价格的企业，这些顾客很难成为企业的长久顾客。

（6）激励忠诚。企业通常会为经常光顾的顾客提供一些忠诚奖励。这些顾客在企业有奖励活动时便来购买，但活动结束时，他们就会转向其他有奖励的或是有更多奖励的企业。

 小贴士

忠诚顾客的特征

忠诚顾客具有以下几个特征：
1. 长期重复性的购买。
2. 同时使用企业的多个产品或服务。
3. 向其他顾客推荐企业的产品或服务。
4. 对竞争对手的利诱视而不见。
5. 对企业非常信任，能够容忍企业工作中的一些失误。

3. 顾客忠诚的重要性

（1）顾客忠诚节约企业成本。顾客忠诚能节约顾客开发成本、交易成本和服

务成本。由于顾客的忠诚，企业就不需要每年花费巨大的成本去开发新顾客，来弥补由于顾客流失而造成的损失。据统计，维护一个老顾客的成本仅占开发一个新顾客成本的五分之一。忠诚顾客比新顾客更了解和信任企业和产品，与企业的交易也就变得惯例化，对企业提供的服务要求也相对简化。因此，企业交易成本和服务成本就会降低。

（2）顾客忠诚确保企业的长久收益。忠诚顾客会长期、持续不断地购买企业的产品或服务，能够自觉抗拒其他产品或服务的诱惑，为企业带来更多的累积价值。顾客忠诚度提高5%，企业的利润就会增加25%~85%。即使所购买的产品或服务出现缺陷，忠诚顾客也会持有宽容的态度，向企业反馈信息，进行解决，并不影响顾客一如既往地购买企业的产品或服务。

（3）顾客忠诚降低企业的经营风险。随着科技进步，产品之间的差异化越来越小，顾客的转换成本也越来越低，企业由于顾客流失带来的经营风险也越来越大。而稳定的忠诚顾客可以使企业集中资源去为顾客提供更好的产品和服务，不再疲于应对由于顾客不断变化所带来的经营风险。

4. 影响顾客忠诚度的因素

影响顾客忠诚度的因素有多个方面，主要的因素有顾客满意、顾客信任、转换成本、顾客感知价值。

（1）顾客满意。顾客满意与顾客忠诚的关系，总的来说可以分为两种类型：一种类型认为顾客满意与顾客忠诚有直接的正相关关系，顾客满意度越高，可以导致顾客忠诚度越高；另一种类型认为顾客满意与顾客忠诚并没有直接的关系，顾客满意不一定能带来顾客忠诚。

（2）顾客信任。信任不仅是合作的先决条件之一，也是进行长期合作的重要条件。就像人与人之间的关系一样，顾客与门店之间的关系依赖于信任，信任是影响顾客忠诚的重要因素。当顾客在选择某一产品或服务时，他们必须对门店所提供的产品或服务产生信任后才会购买，购买后的感受也影响这种信任程度。特别是对于服务型门店而言，增强顾客对门店的信任感是培育顾客忠诚度的一个必不可少的条件。

（3）转换成本。转换成本是指顾客放弃某一企业的产品或服务，转向其他企业的产品或服务的障碍，这些成本包括搜索成本、情感成本、学习成本、财务成本等。一般来说，转换成本与顾客忠诚度成正相关的关系：转换成本越高，顾客忠诚度越高；转换成本越低，顾客忠诚度越低。

（4）顾客感知价值。顾客感知价值是指顾客对商家提供的产品或服务的一种主观的衡量，这种价值由顾客得到的价值和为此所付出的成本两部分组成。

5. 提升顾客忠诚度的方法

企业要想维护顾客，实现顾客忠诚，必须做好以下几点：

（1）提高产品和服务的质量，满足顾客需求。提高产品和服务的质量，有效满足顾客需求是成功构建顾客忠诚度的方法之一。优质的产品和服务永远是顾客重复购买的第一理由，顾客忠诚度首要的表现即为重复购买，而重复购买的意向与顾客在使用产品及服务的过程中的满意程度息息相关。只有过硬的产品和服务质量才能真正吸引顾客。销售人员在销售产品的过程中，要让顾客真真切切地体会到企业产品和服务的优势，并为顾客提供各种方便条件，做好售后服务工作，令其感到满意，给顾客一种安全感和信任感，巩固已争取到的顾客，保持企业的市场份额。

（2）建立顾客数据库，增加与顾客的沟通。完备的顾客数据库有利于企业更接近顾客，针对顾客的不同需求特点提供个性化的产品和服务。构建顾客数据库，是掌握顾客及顾客潜在需求和偏好的一个重要举措。门店只有了解顾客详细的数据信息，才能从实际出发，制定相应的营销策略来留住顾客。关注顾客和顾客的潜在需求的变化，及时与顾客交流、沟通，迅速采取应对措施，满足不断变化的顾客需求是保持顾客忠诚的根本。门店要充分抓住机会，及时收集、更新并修改顾客的相关信息，以便更好地管理顾客数据库。

（3）突出特色服务，增大顾客感受值。增大顾客感受值是门店为吸引顾客、提高顾客满意度常采用的方法。但随着竞争的日益激烈，产品之间的质量差距不断缩小，增大顾客的感受值即意味着超值服务。门店通过推出特色服务，超出顾客预期，从而增大顾客感受值，提升顾客满意度，最终达到提高顾客忠诚度的目的。

（4）实事求是，适度降低顾客的期望值。适度降低期望值是提高顾客满意度的一个重要途径。顾客的预期一般建立在以往自身的经验或亲朋的间接经验之上，往往会产生过高甚至不切实际的期望。巧妙地运用实事求是的策略以降低顾客预期，从而达到提升顾客满意度，赢得顾客忠诚的目的。

（5）规避顾客"满意陷阱"，培育高度满意顾客。只有那些能为企业带来持续利润的顾客才有必要培育为企业的高度满意顾客。真正高度满意的顾客极易成为企业的忠诚顾客，很少会出现伪忠诚的现象。要规避顾客"满意陷阱"，关键要致力于培养高度满意顾客，建立价值让渡系统和对顾客进行感情投资是行之有效的方法。顾客的让渡价值就是顾客期望可以从特定服务中获得全部的利益。企业只有不断对顾客进行细分，清晰自己的核心顾客的潜在需求，才能避免不加区分地对所有的顾客平均用力，才能控制企业成本的增加。

（6）正确对待顾客投诉，建立信任伙伴关系。要与顾客建立长期的相互信任的伙伴关系，就要善于处理顾客抱怨，提高服务水准，充分利用企业强有力的服务平台支持。在提供优质服务时，不能仅仅依赖个人与顾客的人际关系来维持顾客资源，还需要建立一套顺畅的顾客倾诉抱怨体系，给顾客一个倾诉抱怨的机会，让他们有机会说出心中的不畅，并及时回复顾客。

（7）提高顾客转换成本，减少顾客退出。顾客转换成本是消费者重新选择另一家企业新的产品或服务时的代价。增加顾客转换成本，是提高顾客忠诚度的有效方式之一。对单个顾客而言，转换购买对象需要花费时间和精力重新寻找、了解和接触新产品，放弃原产品所能享受的折扣优惠，改变使用习惯，同时还可能面临一些经济、社会或精神上的风险。因此，门店采取有效措施人为增加其转换成本，以减少顾客退出，保证顾客对本企业产品或服务的重复购买。

（8）加强退出管理，减少顾客流失。退出，指顾客不再购买企业的产品或服务，终止与企业的业务关系。正确的做法是及时做好顾客的退出管理工作，认真分析顾客退出的原因，总结经验教训，利用这些信息改进产品和服务，最终与这些顾客重新建立起正常的业务关系。

（9）实现顾客成功，培育顾客忠诚。顾客成功（customer success），即企业通过维护对顾客的承诺，真正解决顾客的问题，提供对顾客来说是获利的行为，满足顾客愉悦的心理需求，从而使顾客感受到成功的体验。

四、顾客流失与挽留

顾客流失是指连锁企业的顾客由于种种原因而转向购买其他企业的产品或服务的现象。

1. 顾客流失的原因

（1）服务意识薄弱导致顾客流失。很多企业认为只要自己的产品或服务质量好，顾客自然会购买，所以在企业的顾客服务方面并没有给予足够的重视，结果导致员工态度傲慢、对顾客提出的问题不予解决、咨询无人理睬、服务人员工作效率低下等问题。当企业服务不能满足顾客需要，甚至损害到顾客利益时，顾客就会流失。

（2）竞争对手的利诱导致顾客流失。如今市场竞争激烈，为了能够在市场上获得有利的地位，竞争对手往往会不惜代价以优厚的条件来吸引顾客。很多顾客难以抵抗利益的诱惑，往往会和竞争对手合作。

（3）产品问题导致顾客流失。企业提供的产品质量不稳定，达不到顾客的要求，使用户的利益受损，或是产品缺乏创新，满足不了顾客的更高需求，都会导致顾客的流失。

（4）顾客自身的原因。顾客因为自己的需求转移或消费习惯改变而流失。顾客要尝试新企业的产品或服务，或者仅仅为丰富自己的消费经验而放弃原本很好的产品或服务。还有顾客搬迁、破产等都会导致顾客流失。

除了以上原因，顾客感觉上当受骗、不满企业的某些行为、对企业感情不深、企业出现动荡等都是顾客流失的原因。

2. 顾客挽留的方法

（1）查明顾客流失原因。企业要第一时间走访流失顾客，诚恳地表示歉意，虚心听取顾客的意见和要求，弄清流失的原因，发现经营管理中存在的问题，采取必要的措施缓解顾客的不满，能挽留的要尽力挽留，并及时加以改正，避免其他顾客由于同样原因出现流失。

（2）完善质量管理。顾客追求的是高质量的产品和服务，要想挽留顾客，企业必须加强产品和服务的质量管理，争取提供给顾客毫无瑕疵的产品和服务。

（3）加强与顾客的沟通。企业要想挽救破裂的顾客关系，需要站在流失顾客的角度，充分考虑流失顾客的利益，根据所掌握的流失顾客的信息，与不同的顾客有的放矢地进行沟通，要向顾客表明诚意，进行情感交流，达到相互理解的目的，同时表达出希望双方关系稳定的愿望，尽最大努力挽留顾客。

（4）制订和实施挽回方案。企业要根据实际情况，按照流失顾客的要求，制订解决问题的具体方案，并和流失顾客进行方案研讨。如果顾客仍不满意，听取顾客的意见后进行修改，然后抓紧实施流失顾客认可的解决方案。只有真心真意地解决问题，才可能打动流失顾客，使他们回头。

（5）总结顾客流失的教训。企业要对流失顾客的原因、挽回顾客的工作进行总结，无论挽回成功与否，都要总结经验和教训，防患于未然。对于顾客流失过程中企业存在的问题进行整改，防止顾客流失的现象再次发生。

培训项目 4 顾客资料收集与整理

一、顾客资料的定义与分类

1. 顾客资料的定义

顾客资料包括对企业有价值的顾客喜好、顾客需求、顾客购买行为等与顾客相关的一切资料。它可以通过文字、表格、图像、声音、视频等形式表示。顾客资料管理的目标是降低销售成本、增加收入、开拓新市场和渠道以及提高顾客满意度和忠诚度等。

2. 顾客资料的分类

顾客资料主要包括基本类资料、购买行为类资料和相关联类资料三种类型。

（1）基本类资料。顾客基本类资料主要指顾客的基本信息，如个人顾客的姓名、职业、住址、电话、年龄、收入等，企业顾客的名称、规模、所在行业、信用情况、主要负责人等。这类资料的内容大多是描述顾客基本属性的数据，大多数的资料内容比较容易收集，但对资料的时效性和准确性要求较高。

（2）购买行为类资料。顾客的购买行为类资料一般包括顾客购买产品的记录、顾客与企业的联络记录以及顾客售后服务、顾客投诉等相关的信息。购买行为类资料一般都来源于企业内部系统的交易记录、企业的顾客服务人员和顾客接触记录、营销活动中采集到的目标顾客资料，以及与顾客接触的其他人员收集到的资料等。顾客的购买行为类资料主要是顾客在消费和服务过程中动态的交易资料，需要实时地记录和收集。

（3）相关联类资料。顾客的相关联类资料是指与顾客行为相关的，反映和影响顾客行为与心理等因素的资料，包括顾客满意度、顾客忠诚度、顾客对产品与服务的偏好或态度、竞争对手行为等。

相关联类资料所需的数据往往较难采集和获得，企业可以通过市场调研、顾客研究等方式获得，也可以应用复杂的顾客分析工具获得。对于连锁企业来说，有效地掌握顾客相关联类资料，可以帮助企业的顾客服务人员深入理解影响顾客行为的相关因素，进行顾客服务策略的设计和实施，在竞争中保持优势。

3. 顾客资料管理的重要性

（1）能够更好地服务顾客，获取利润。只有掌握和研究顾客资料，企业才能真正地了解顾客，更好地为顾客服务，顾客满意度和忠诚度才会提高，顾客才有可能长期购买产品，企业利润才会不断增长。

（2）能够有效地识别顾客，分级管理。企业只有全面收集和分析顾客资料，特别是顾客的购买行为类资料，才能够识别目标顾客群，根据每个顾客价值的大小、对企业贡献的大小，识别出谁是关键顾客，谁是一般顾客，从而对顾客进行分级管理。

（3）能够正确地进行决策，降低成本。企业如果拥有完整、准确的顾客资料，就能根据顾客的特点制定相应的经营策略，在激烈的市场竞争中最大限度地降低经营成本，提高营销的成功率。相反，如果企业掌握的顾客资料不全、不准确，判断就会失误，决策就会出现偏差，即使投入高额的营销费用，也不会收到预期的效果。

二、顾客资料来源与收集方法

1. 顾客资料的来源

（1）企业内部资料。企业在进行业务活动的过程中获得的有价值的资料，是企业的第一手资料，也是最直接、最重要的资料，包括企业的顾客名单、历年的销售记录、营销人员提供的顾客报告、顾客来往函电记录等。获得这些资料需要耗费大量的时间、精力和成本。

（2）行业协会资料。很多行业协会在自办的报刊和网站上，定期公布本行业的成员名单、统计资料和本行业今后的发展趋势等信息。虽然这些资料不一定能够全面、准确地反映出行业成员的信息，但是行业协会所提供的会员单位的联络方式、负责人名单、产销方面的资料等都具有一定的参考价值。

（3）展会资料。博览会、展览会、洽谈会等展会上，产品的针对性比较强，目标顾客群集中，因此在这些场所可以快速收集到所需的顾客资料。

（4）其他资料来源。除了以上主要的资料来源，资料来源还包括咨询公司提供的资料、图书馆资料、公开出版物资料、商会资料等。

2. 收集顾客资料的方法

收集顾客资料的方法有很多，在具体运用时可根据实际情况选取，也可综合运用几种方法，以达到取得最客观、最有价值资料的目的。

（1）问卷调查法。问卷调查法是通过顾客填写问卷来收集顾客资料的方法，可以通过邮寄、传真、电子邮件、专人送达和收回、营销人员代发和代收等形式派发。

（2）电话询问法。电话询问法是顾客调查人员利用电话一对一提出问题，收集顾客答案，获取资料的方法。

（3）直接购买法。直接购买法是企业向掌握高质量顾客资料的一方购买的方法。

（4）行为观察法。行为观察法是调查人员直接或利用仪器在现场观察顾客的行为并加以记录而获取资料的方法。

（5）人员走访法。人员走访法是调查人员实地走访，与顾客面对面进行洽谈，从而收集所需资料的方法。

（6）实验调查法。实验调查法是企业的一些经营策略发生改变时，在小范围内进行实验来了解顾客和市场的反应，收集所需的资料的方法。

（7）顾客讨论法。顾客讨论法是企业寻找若干名具有代表性的顾客，把他们集中起来，讨论企业的相关问题，从而获取所需资料的方法。讨论一般会涉及企业的产品、售后服务、营销策略等方面的问题。

3. 收集顾客资料的步骤

顾客资料收集的过程一般包括以下步骤：

（1）制订收集计划。只有制订出周密、切实可行的资料收集计划，才能指导整个资料收集工作正常地开展。

（2）设计收集提纲和表格。为了便于以后的加工、储存和传递，在进行资料收集以前，就要根据资料收集的目的和要求设计出合理的收集提纲和表格。

（3）明确顾客资料收集的来源和方法。

（4）提供顾客资料收集的成果。要以调查报告、资料摘编、数据图表等形式把获得的资料整理出来，并将这些资料与收集计划进行对比分析，如不符合要求还要进行补充收集。

三、顾客资料的整理

1. 建立顾客资料档案

企业所掌握的顾客原始资料，是获取的第一手资料。这些资料是顾客档案的基础。把收集到的不同顾客的资料建立不同的档案，一个顾客对应一个档案。不同时期的资料按照时间顺序排列，依次编写页号。

2. 顾客资料处理

对于收集的资料进行校验，去除错误和无用的资料。例如，不符合号码规则的身份证号码就没有必要保存。同时，利用统计技术把相关数据进行归纳整理，使资料更直观、更实用。

3. 顾客资料分类

企业根据本行业实际情况和顾客资料管理的要求，可以按照顾客性质、产品类别、需求情况、顾客贡献等进行顾客资料分类，同时确定密级、编制页码、分类存放，做到分类清晰、放置有序，便于查阅。

4. 制定资料检索方式

资料的检索方法很多，例如书本式、卡片式等，企业可以根据顾客资料的功能和检索者的实际需求，制定并灵活运用各种检索方式，以达到快速、满意的查找效果。

5. 制作顾客资料卡片

在资料管理中，企业大多是以建立顾客资料卡或顾客管理卡的形式，为企业各部门提供顾客相关信息，以便查阅。

6. 顾客资料的维护与更新

顾客资料要定期维护，保持资料的完整、清洁，出现损坏要及时修补。顾客本身的情况是在不断变化的，因此顾客资料信息要不断进行更新。

 相关链接

顾客资料卡

顾客资料卡是企业对顾客进行管理的重要工具，它记录了顾客的基本情况及与公司的业务往来情况。制作资料卡，是整理顾客资料的重要手段。资料及时建卡归档，便于掌握资料收集工作中的缺漏，进一步开展资料收集和补充工作，也便于将资料集中起来，进行排比、筛选和考证，对于企业总结经营成果、发展良好的顾客关系等具有重要意义。

顾客资料卡管理应注意以下问题：

1. 按照统一要求填制资料卡。企业应采用统一格式的资料卡式样。按一事一卡的原则制卡，便于将记录同类资料的若干卡片按时间顺序集中，分类整理，归档保存。同时原始资料摘录到卡片上，必须保持原有文字、图表的基本格式，保证资料的完整性和准确性。

2. 明确顾客资料卡的查阅办法。顾客资料卡是为企业服务的，不能秘而不宣，但也不能流出企业对外公开，影响企业和顾客的合作关系。因此，要确定严格的查阅和保密办法。查阅资料必须由查阅人写申请，由负责人签字，理由充分、手续齐全的，才可以查阅。

3. 灵活运用顾客资料卡。顾客资料卡建立后，如果束之高阁，那么企业收集和整理顾客资料就失去了意义。企业应该灵活运用这些资料进行分析，提高资料的利用效率。

4. 及时更新顾客资料卡。随着顾客工作或生活的变化，很多资料也会发生相应的变化，所以，每隔一段时间应将顾客资料更新一次，剔除陈旧或已经变化的资料，补充新资料，对顾客的变化不断地进行跟踪记录。

四、数据库的功能与作用

随着连锁企业发展到一定程度，顾客的数量有了大规模的增长，必须建立顾客数据库才能更好地对顾客进行管理。数据库利用计算机信息技术进行顾客资料电子化管理，保证资料的共享性、安全性和完整性，以便能够及时了解顾客需求的变化，并依照顾客价值观念来设计、生产、定位产品，以保持与顾客之间长期稳定的互动关系。因此，顾客数据库的建立与完善关系到连锁企业经营活动的成败，是电子商务时代企业服务于顾客最快捷的手段。

1. 顾客数据库的定义

顾客数据库是指把顾客资料长期存储于计算机内，形成的有组织、可共享的资料集合。数据库中的资料按照一定的方式组织、描述和储存，具有较小的冗余度和较高的资料独立性，可供企业各个部门共享。

2. 顾客数据库的功能

（1）顾客资料输入、编辑、查找、打印功能。

（2）顾客资料保存、系统备份功能。

（3）顾客资料批量导入导出功能。

（4）超级链接功能，可直接打开顾客的基本资料、合同、照片及其他相关文件，操作简单。

（5）灵活方便的分类查询功能。

3. 顾客数据库的分类

（1）依据顾客对交易的态度，顾客数据库可以分为关键顾客数据库和一般顾客数据库。

关键顾客数据库的内容有顾客的购买习惯、第一次购买的时间、购买频率、购买的数量与金额、对产品和服务的偏好、顾客获取信息的渠道等。一般顾客数据库的内容有以前购买行为的具体情况，如时间长度、消费模式等，顾客没有购买行为的时间，在对本企业消极购买期间对其他企业的产品的购买行为等。

（2）依据数据库资料来源，顾客数据库可以分为企业内部资料数据库和企业外部资料数据库。

企业内部资料数据库是连锁企业对以往有交易往来的顾客资料进行有效、持续的收集、整理而成的，主要包括一些销售记录、顾客购买活动的记录等。企业外部资料数据库是连锁企业从外界获得的顾客资料。

4. 顾客数据库的要求

（1）完整地保存顾客资料。企业收集的原始数据是第一手数据，数据库要完整地保存下来，随时都可以通过再次加工获得需要的结果。如果原始资料严重缺失，处理后的结果也将会失去准确性和指导意义。

（2）确保数据库的安全性。企业应确保记录在计算机系统中的数据库安全地运行，如果这些数据意外损失或者外流，将给企业造成难以估量的损失。因此，需要加强数据库的安全管理，建立数据库专人管理和维护制度。

（3）更新与维护数据库。顾客的资料是不断变化的，企业要想充分享受数据库带来的利益，要尽可能地完成顾客资料的随时更新，将新的数据录入数据库中，这样的资料才有利用的价值。

5. 顾客数据库的作用

（1）数据库可以帮助企业记录和查询顾客的资料。数据库具有强大的存储功能，能够记录成千上万的顾客资料。

（2）数据库可以为企业进行决策提供资料。数据库具有丰富的顾客资料，能为企业提供有效的决策辅助信息。

（3）数据库可以协调企业经营活动。数据库为企业经营政策统一、工作协调一致提供了可能。

（4）数据库可以起到市场调查的效果。数据库在一定程度上能取代大规模的、繁杂的市场调查工作，仅仅通过对数据库资料的研究和分析，就能达到市场调查的目的。

（5）数据库可以达到新老顾客兼顾的目的。企业可以有效地利用数据库技术，对顾客市场进行细分，有针对性地提供优质产品，有针对性地开发新顾客，同时提供优良服务，达到维护老顾客的目的。

典型案例

乐购公司的顾客忠诚管理

一、情景描述

乐购（Tesco）超市公司是英国的食品超市公司，该公司实施的忠诚计划——"俱乐部卡"（clubcard），帮助公司将市场份额从1995年的16%提升到了2003年的27%，成为英国最大的连锁超市集团。乐购的"俱乐部卡"被很多海外商业媒体评价为"最善于使用顾客数据库的忠诚计划"和"最健康、最有价值的忠诚计划"。

1. 消费代金券

"俱乐部卡"的积分规则十分简单，顾客可以从他们在乐购消费的数额中得到1%的奖励，每隔一段时间，乐购就会将顾客累计的奖金换成"消费代金券"，邮寄到消费者家中。"俱乐部卡"推出的前6个月，在没有任何广告宣传的情况下，就取得了17%左右的"顾客自发使用率"。

2. 顾客数据库

在英国，有35%的家庭加入了乐购"俱乐部卡"计划。乐购通过顾客在付款时出示"俱乐部卡"，掌握了大量翔实的顾客购买习惯数据，了解了每个顾客每次采购的总量、偏爱的产品、产品使用的频率等。

3. 利基俱乐部

通过软件分析，乐购将这些顾客划分成了十多个不同的"利基俱乐部"。营销人员为这十几个"利基俱乐部"制作了不同版本的"俱乐部卡杂志"，甚至还在当地为不同俱乐部的成员组织了各种活动。

二、案例分析

1. 乐购赢得顾客忠诚度的主要原因在于：俱乐部卡积分简单，提供实在的优惠；建立数据库对顾客进行分类，掌握顾客详细的购买习惯；有效降低营销成本；关注顾客特别需求。

2. 该顾客忠诚管理计划大大提高了顾客的情感转换成本，成为乐购有效的竞争壁垒，建立了企业的核心竞争力。

培训模块 六
连锁经营营运管理

培训项目1　采购管理
培训项目2　库存管理
培训项目3　卖场布局
培训项目4　产品陈列
培训项目5　财务管理
培训项目6　人力资源管理

培训项目 1 采购管理

一、产品采购的定义

产品采购（merchandise procurement）是指连锁企业为实现销售目标，在充分了解市场需求的情况下，根据企业的经营能力，运用适当的采购策略和方法，通过等价交换，取得适销对路的产品的经济活动过程。

二、连锁企业产品采购的原则

在严格控制和把握好产品采购关的基础上获得可观的利润，是连锁企业经营的共同目的。实际操作中的产品采购，应遵循以下几项原则。

1. 经营业态原则

采购产品时，连锁企业应选择符合自身经营特点的产品。比如，便利店对消费者而言，最大的特点就是"便利"，以此作为思考的基点，便利店采购产品时就应从消费者消费、使用、携带的便利性等方面着眼，来塑造便利店自身与其他业态产品结构的差异性。

2. 产品组合原则

由于经营策略的差异、诉求重点的不同以及商圈消费者的区别，致使连锁门店在产品的分类与组合上有所不同。例如，有些门店提供服务性的产品，有些门店则不提供。各种因素所产生的差异，均会导致产品组合的不同，进而影响产品的采购作业。

3. 高周转率原则

唯有高周转率的畅销品才能促进销售、增加业绩、降低库存量。因此，在进行产品采购时应根据商圈的消费者属性、市场产品情报、市场占有率等情况，选择最合适的产品在门店中陈列销售，以提高产品周转次数。此外，为增加产品周转率及品项,相同或具有类似功能的产品通常只陈列一两种,以避免重复,影响其他产品的上柜率。

4. 毛利率目标原则

为了达到营运绩效,通常各门店销售的产品皆会依业界行情设定预期的毛利率目标,而在采购时即应以此作为产品采购议价的标准,以达到符合整体毛利率目标的目的。

5. 安全卫生原则

确保采购产品的安全卫生是采购工作的基本要求。严格把控供应商资质,严谨选择供应商,以确保产品品质,保证门店的良好形象。

6. 进退货规定原则

为了增加配送效率及门店的处理效率,在保证产品销售的基础上有较多的利润,采购时应衡量供应商在配送作业时的频率、最低订购量等方面的配合状况,以合乎门店的订货及进货、退货需求。

7. 非营业收益原则

受经营成本增加的影响,各门店以开发非营业收益为主要开源途径。采购产品时,在与供应商的供货合约中注明销售折扣、产品陈列费等协议事项,以期获得更大的采购效益。

8. 差异化原则

在采购时,除了必要的畅销品外,还应根据市场的消费趋势及消费者需求,开发引进差异化产品,以形成经营优势。

9. 以需定进原则

在购销过程中,结合本店的实际和各种产品的不同特点,认真研究市场需求态势,分别采用不同的购销策略,以求得购销活动与市场需求的动态平衡。坚持以需定进原则,能够有效避免盲目采购,促进产品销售,保证盈利水平。

三、连锁经营产品采购的目标

连锁经营采购目标是制订采购计划的依据。连锁经营采购的总体目标是获得的产品应该是货真价实的,既满足质量方面的要求,也符合数量上的要求,并以准确的时间发送至正确的地点,产品必须来源于可靠的、能及时履行其承诺和义务的供应商。同时,还要获得与之相适应的服务与合理的价格。连锁经营采购的总体目标体现在以下几个方面。

1. 提供不间断的产品供应，使整个组织正常运转

产品缺货会使企业的经营中断，由必须支出的固定成本带来的运营成本的增加，以及无法兑现向消费者作出的承诺，都将会造成极大的损失。

2. 使存货成本和损失最小

保证产品供应不中断的一个办法是保持大量的库存，但是库存必然要占用资金，而占用的这些资金不可能用于其他方面。保证企业正常运转的最低库存，减少企业存货费用，同时可以增加企业流动资本。

3. 发展有竞争力的供应商

合作的供应商在工作上讲效率，而且富有责任感，连锁企业才能以最低的成本得到需要的产品和服务。

4. 当条件允许时，将采购的产品标准化

产品标准化的内容包括：名词术语统一化；产品质量标准化；产品零部件通用化；产品品种规格系列化；产品质量管理与质量保证标准化；产品检验与评价方法标准化；产品分类编码标准化；产品包装、储运、养护标准化。

5. 以最低的总成本获得所需的产品和服务

在一家典型的连锁企业中，企业采购部门的活动消耗的资金比例最大。在确保质量、交货期和服务等方面的要求都得到满足的前提下，采购部门应该全力以赴地以最低的价格获得所需的产品和服务。

6. 提高企业的竞争力

富有竞争力的连锁企业可以有效地控制供应链所有环节上的成本和时间，避免过多的库存、搬运和检验等不增值或延长时间的活动。另外，产品设计和制造方法必须与日新月异的技术和生产保持同步发展。采购环节通过反馈市场信息、产品建议、确保物流稳定等工作，确保产品的生产与服务能满足消费者的需求。而从长期来看，任何企业的成功都依赖于与消费者建立和维持良好关系的能力。

7. 建立和谐而富有效率的工作关系

采购工作不是独立存在的，工作内容同营销、设计、财务、配送等部门紧密相关。部门间的协同配合是提升采购工作效率的关键。

8. 以最低水平的管理费用完成连锁经营采购目标

采购部门正常运作需要耗费企业的资源，如员工工资、电话费和邮资、办公用品、差旅费用以及其他必需的管理费用。连锁企业应该尽可能经济地完成采购目标，提升采购管理效率，以确保所有的活动花费都是有效的。

四、连锁企业内部采购组织的基本类型

1. **集权式采购**

集权式采购,又称为集中采购。它是把采购权集中在连锁企业总部,由专职的采购部门来负责产品的采购任务,不下放采购权的一种采购组织形式。这种采购组织形式是我国最传统的采购组织形式,采购权集中于企业总部,门店采购有建议权,无决定权。在连锁企业中,集中采购较为常用。

从连锁企业的形态上看,集中采购一般适用于门店较为集中的连锁企业,或者是集中于一定区域范围内的连锁企业,这样可以发挥集中采购集中议价的优势,降低采购成本。同时,也可以使连锁门店树立统一的采购形象,体现专业,更能够让连锁门店专心于门店运营管理工作。

从采购的产品特性上看,由于集中采购的产品数量较大,因此适合采购保质期较长的产品。同时,集中采购比较适用于采购金额较高的产品。从企业的管理水平上看,集中采购要求企业的管理水平较高,要能够做到统筹安排、统一管理。

2. **分权式采购**

分权式采购也称为分散采购,是将企业的采购工作授权给企业的各下属单位来负责的采购方式。

从采购产品的性质看,分散采购适合于小批量、价值低、总支出较小的物品,以及各分支部门独立研发、试验所需要的物品。同时,分散采购也适用于保质期相对较短的生鲜食品,如蔬菜中的叶菜、鲜活水产等。

从连锁企业的形态上看,分散采购适用于门店过于分散的企业。这是因为门店分散,如果采用集中采购方式,会大大增加采购的物流成本,同时难以在企业内部进行合理沟通。

3. **混合式采购**

混合式采购是指在连锁企业总部的管理层中设立采购部门,同时各个经营单位也拥有自己的采购部门并独立进行采购活动的采购组织形式。企业采购部门的采购和各经营部门的采购有着明显的分工。

从采购产品的性质看,混合式采购对于产品价值高、供应风险大、具有一定通用性的产品,采取企业上层集中采购的方式,而对于产品价值低、具有特殊需求性的产品,则采用各经营部门独立采购的方式。

从连锁企业的形态看,混合式采购适合大中型城市中大型连锁的卖场。

 小贴士

完全集中采购是一种采购趋势

集中采购与分散采购是相对立的。集中采购将所有采购的职能集中到采购部门，公司购买任何产品或者服务都通过采购部门来执行。集中采购早已成为一种采购趋势，或者说采购习惯。

1. 一个企业从分散采购走向集中采购需经历的三个阶段

（1）完全分散采购。采购不集中，但开始传播集中采购的理念。

（2）集中采购与分散采购并存。通用的产品先集中采购，不通用的仍然分散采购，或者实行"统谈分签"。这是一个过渡阶段。

（3）完全集中采购。这是真正意义上的集中采购，可以充分发挥规模效应，充分体现集中采购的优势。

2. 集中采购的三个层次

（1）第一个层次，向采购部门集中。将所有采购的职能集中到采购部门，这是最基础的层次。

（2）第二个层次，标准化产品的采购向单一供应商集中。对于那些标准化、同质化同时又是竞争性的产品，尽可能将采购集中到一个相对优秀的供应商，也就是发展单供应商，这样就减少了供应商数目，将有限的采购资源向优秀供应商集中，可以获得质量、价格、交货情况以及服务上更好的保证。

（3）第三个层次，不同产品的采购向同一个供应商集中。采购部门尽可能向同一个供应商采购不同的产品。集中供应可以节省交易成本，同时因为规模更大，也增加了采购谈判的力度，有利于获得更低的采购价格。

集中采购具有分散采购无法比拟的优点，是从传统采购走向战略采购的必然选择，几乎所有全球化大公司都已采用集中采购。当一个公司采购规模比较大，采购的产品种类比较多，或者已经发展为一个集团化公司时，对集中采购的需求会日益迫切。

五、跨企业采购组织形式

1. 联合采购

联合采购是指委托专业采购服务机构进行的采购活动。即企业、政府、个体工商户实行区域联合集中采购，使不同地区零散项目集合起来，形成大规模采购，以此来实现提高规模经济效益和降低采购成本的目标。

联合采购可以帮助企业降低成本，规范企业的采购行为，杜绝商业贿赂，杜绝采购人员灰色收入；可弥补一些企业购买资金有限、采购规模小、单位分散、采购范围窄、品目少、采购经验不足、对供应商无法形成吸引力等缺陷，有效理顺采购关系，创造规模效益。

2. 采购联盟

采购联盟是指由两家或多家实体联合起来共同采购而形成的横向联盟体。

形成采购联盟的目的是实现比单个企业独自采购更高的相关总利润或更低的相关总成本，以及更好的供应服务和采购品质。采购联盟的建立是出于战略层次的考虑，具有明确的战略目标。采购联盟属于战略联盟。采购联盟是一种中间组织，既超越了一般的市场交易关系，又没有达到合并成为一个组织的程度。联盟企业之间的联合是一种自愿的行为，合作的形式多种多样。

 小贴士

采购联盟的特征

1. 非正式的合作。
2. 成员为商业机构。
3. 不支付应计费用（如税费、手续费、会费等）及其他费用，成员积极参与。
4. 没有地域限制。
5. 联盟成员组成团队。

六、采购流程

采购是连锁企业向供应商获取产品或服务的商业行为，是一项系统性的购买

过程。采购管理是以合适的价格，在合适的送货时间和地点，从正确的供应商处购买到正确数量和质量的产品或服务。

采购管理要科学化，首先就要规范采购作业的行为模式。任何企业都需要规定采购的一般流程，以保证工作质量。

1. 提出采购需求计划

采购需求计划必须严格按照销售部门的需要以及现有的库存量，在对品种、数量、保险库存量等因素做出科学分析后提出，并且经主管部门审核批准才能有效。通过对采购需求计划的控制，可以防止随意和盲目采购。

2. 认证供应商

在买方市场中，由于供大于求，市场上往往有众多的供应商可以选择，此时买方处于有利地位，可以货比多家。选择供应商是企业采购过程中的重要环节，应该尽可能地列出所有的供应商清单，采用科学的方法挑选合适的供应商。

3. 发出采购订单

采购订单相当于合同文本，具有法律效力。签发采购订单必须十分仔细，每项条款认真填写，用词简洁而明确。对于采购的每项物品的规格、数量、价格、质量标准、交货时间与地点、包装标准、运输方式、检验形式、索赔条件与标准等都应该进行认真审核。

4. 跟踪订单

采购订单签发后，采购工作并未结束，必须对订单的执行情况进行跟踪，防止对方违约。为了保证订单顺利执行，货物按时进库，应对订单实施跟踪。跟踪订单可以使企业随时掌握货物的动向，万一发生意外事件，可及时采取措施，避免不必要的损失或将损失降到最低。

5. 接收货物

货物运到企业的仓库后，必须马上组织人员对货物进行验收。验收应按订单上的条款逐条进行，仔细查对。除此之外，还要查对货损是否超标。对发现的问题要查明原因、分析责任，为提出索赔保留证据。货物验收完毕后，才能签字认可。

6. 购后评估

购后评估的主要内容可以包括供应的及时状况、紧急订单的完成情况、组织效率、采购人员的能力及责任心、供应商的供应能力及服务能力、产品质量、供货成本等。

七、订货

1. 定义

订货是连锁企业根据门店所需要的产品向确定的供应商进行叫货或添货的行为，即通常所说的下订单。采用电子订货方式时，门店可以用掌上型终端机扫描或键入货号及数量，通过网络传送到连锁企业总部或供应商，由总部配送中心统一组织产品配送或由供应商直接配送。

2. 类型

订货可分成分散式订货和集中式订货两种。分散式订货是指连锁企业的门店被授权可以自行向供应商下订单；集中式订货是指连锁企业的各门店将订单传至连锁总部，由总部汇总后通知自己的配送中心进行订货和配送。

3. 库存水平不当的影响

订货量的准确性直接关系到企业的库存水平，连锁企业要真正做到订货量既不造成仓库积压也不造成产品缺货是非常难的，库存水平过高或过低都将给连锁企业带来损失。

（1）库存水平过高的影响

1）资金成本。库存积压产品占用的资金将产生利息费用。

2）仓储成本。仓储空间是有限的，有限的空间必须合理运用才能达到最佳效果。库存水平过高，会导致一些仓储空间被浪费在不需要的产品上，造成仓储成本增加。

3）产品损耗风险。库存水平过高，产品损耗的可能性就会增加。其表现有：产品过期或过季；产品保质期将至，必须降价销售；产品被盗或被压坏（纸箱变软）；产品被撞坏或摔坏（运输不当）；产品变质（保存状况不佳）或产品被老鼠咬坏。

（2）库存水平过低的影响

1）缺货成本。其表现为丧失商机。

2）形象成本。其表现为公司缺乏资金或供应商不愿供货。

3）口碑风险。其表现为消费者买不到需要的产品，不愿再次来店。

4. 合理订货量的确定

（1）准确把握产品库存量和其他信息。订货量的确定十分复杂，理论上是根据经济订购批量确定，但在实际中要考虑诸多因素，如每日销售量、订货至送达的前置时间、配送周期、最低安全存量、陈列空间、产品包装数、供应商配送最小单位、最小订货量等，合理的订货量来自对现有库存量的准确把握。现有库存量除了配送中心的库存量外，还包括门店临时周转仓库中的产品库存量，以及卖场陈列货架上的产品数量。不管库存量表现为何种形态，要使订货量有较高的科学性，就必须随时准确了解库存产品的实际状态，做到心中有数。

（2）实施细致的产品管理。订货量既要满足门店不断货的需要，又要尽量降低库存成本，因而在日常产品管理中要形成具体、细致的产品管理制度。产品管理费具体到每一个单品，对产品的陈列位置、陈列方式、陈列量、标价、进货时间、保质期、温湿度控制等都应进行细致的管理。同时，还要采取 ABC 分类法，对重点产品的信息要详细掌握。这些基本情况和数据是确认产品现有存货量和需求量的基本依据。有了这些数据，才能较准确地得出需要更换、补充和处理的结论，才能真正把握库存状态，为确定订货量提供依据。

（3）分析和把握产品销售趋势。订货量常常随着各种因素的变化而变化，因而需要对日常产品销售动态进行分析。具体需要观察和分析的内容有：哪些产品正处于畅销期？每日销售量可能达到多少？哪些产品的销售量开始下降？下降的幅度加速度如何？根据销售动态变化，订货量应该如何调整？调整的幅度多大？上述动态数据可以通过日常销售动态记录、总部销售动态信息通报、新闻媒介宣传、消费者意见和反映等多种途径了解，也可以运用一定的调查和分析手段了解。此外，根据产品生命周期变化也可以在一定程度上了解产品销售的动态。

（4）分析节假日和企业促销活动对销售的影响。不同时间的订货量是不同的，要注意分析节假日和季节的变化对销售的影响。在每年固定的节日，如"五一""十一"等，各地区一般都举办大型活动，连锁企业也会实施促销活动，这都会影响一定时期某类产品销售的变化。根据过去类似活动期间产品销售的实际情况进行预测并调整订货量，在季节性变化来临之前，或在节假日、大型活动日来临之前适当增加某些产品的订货量，可以更好地满足消费者的需要。

培训项目 2

库存管理

一、库存概述

1. 库存的定义

库存是指连锁企业中处于存储状态的产品。库存与保管的概念不同,库存是从物流管理的角度追求其合理性和经济性,保管是从物流作业的角度追求其效率化。库存的作用表现在解决产品供应和产品需求在时间上、方式上存在的矛盾。这一矛盾只有靠保持库存才能够解决。另一方面,产品的采购往往是大批量的、单品种的,却要尽可能给消费者提供多品种、小批量的产品,这一矛盾也需要通过连锁企业保持库存来解决。因此,库存是保证连锁企业能够正常经营的必要条件。

2. 库存的作用

连锁企业之所以保持库存,是因为产品的供应与需求在时间上存在着矛盾,在连锁企业的经营过程中存在着不确定性因素和企业需要降低经营成本等。如果没有库存,连锁企业将无法从事正常的经营活动。库存在连锁企业的经营过程中具有以下四项功能。

(1) 时间性功能。任何产品在到达最终消费者之前都要经过较长的生产和流通过程。从原材料的采购,到物品的生产,再到成品的流通都需要时间,而每一位消费者都不愿意等待如此长的时间。如果企业保持库存,就可以缩短甚至消除消费者等待的时间,满足消费者的需要。产品的生产周期越长,流通条件越差,库存保持的时间就越长。

(2) 分离功能。库存的分离功能是指库存可以把本来相互衔接、相互依赖的各环节分离开来,使每一环节能以最经济的方式进行。比如,连锁企业的经营过程中,产品的采购环节与各分店的销售是相互连接、相互制约的两个环节。如果没有库存，连锁企业的销售必须按照采购环节的节奏进行，采购环节也必须根据企业的销售节奏进行采购。但是，连锁企业如果保持库存，就可实现两者的分离，采购环节按照最经济的数量和最合适的时间进行采购，连锁企业销售也可以按照正常的节奏进行。

（3）不确定性因素的缓冲功能。安全库存的功能是用来减弱由于不确定性因素的发生对连锁经营的影响。在连锁企业的经营过程中，经常会遇到各种意外事件，比如，产品的需求量超过了预测的需求量，或订货的前置时间超过了预测的前置时间。在这种情况下，如果配送中心没有保持安全库存，各门店将会发生缺货现象，影响各门店的正常经营，造成销售利润和企业信誉的损失。

（4）经济性功能。经济性功能是指可使企业利用成本进行库存方案的选择。库存的存在使得连锁企业能够按照经济数量去进行产品的采购，而不必考虑销售的波动情况。对于波动较大或季节性的产品，库存可使其经营保持均衡，从而降低成本。

3. 库存的分类

ABC库存分类法是一种经典的库存分类管理方法，该方法是将库存产品按当年的消费（销售）额的多少顺次排列，再按照高、中、低三档价格分别将各种产品累计金额和累计品种按照顺序排列出来。对于各类产品分别对待，将重点放在A类货物。

（1）ABC库存分类法的基本原理。由于各种库存产品的需求量和单价各不相同，其年耗用金额也各不相同。那些年耗用金额较大的库存产品，由于其占压企业的资金较大，对企业经营的影响也较大，因此需要进行特别的重视和管理。ABC库存分类法就是根据库存产品的年耗用金额的大小，将库存产品划分为A、B、C三类。A类库存品的年耗用金额占总库存金额的75%~80%，其品种数却只占总库存品种数的10%~20%；B类库存品的年耗用金额占总库存金额的10%~15%，其品种数占总库存品种数的20%~25%；C类库存品的年耗用金额占总库存金额的5%~10%，其品种数却占总库存品种数的60%~65%。

（2）ABC库存分类法的实施步骤。配送中心对其库存实施ABC分类的步骤如下：

1）搜集数据。配送中心在对库存进行分类之前，首先要搜集有关库存的年总需求量、单价以及重要度的信息。

2）处理数据。利用搜集的各种库存的年总需求量、单价，计算出各种库存的年耗用金额。

3）编制ABC分析表。根据已计算出的各种库存品的年耗用总金额，把库存品按照年耗用金额从大到小进行排列，并计算累计百分比。

4）确定分类。根据已计算的年耗用金额的累计百分比，按照ABC分类法的基本原理对库存品进行分类。

5）绘制ABC分析图。将上述的分类结果在曲线图上表现出来。

在进行ABC库存管理时应注意在进行ABC分类时不能以耗用金额作为唯一的分类标准，还应考虑单价以及产品的重要程度。对于单价高的A类产品，应严格控制，而对于单价较低的A类产品，可按照B类产品进行库存管理。如果某项C类或B类产品的缺少会严重影响企业的市场形象，对该项C类或B类产品必须进行严格的管理，强制进入A类。

（3）ABC库存管理准则。连锁企业在对库存产品进行ABC分类之后，便应根据企业的经营策略对不同级别的库存产品进行不同的管理，以便有选择性地对库存产品进行控制，减轻库存管理的压力。

1）A类库存。对于品种少、价值高的A类产品，应当投入较大力量精心管理、严格控制，防止缺货或超储，尽量将库存量压缩到最低，并保持最高的服务水平，即最少98%的库存可得性。按库存模型计算每种产品的订货量，按最优批量采用定量订购方式订货，严密监视库存量变化情况，当库存量降到报警点时便马上订货；严格填写进出库记录；对需求进行较精确的预测，尽量减少安全库存量。

2）B类库存。这类库存品属于一般的品种。按经营方针调节库存水平，保持较高的服务水平，即至少95%的库存可得性。单价较高的库存品采用定量订购方式；其他的采用经济订货间隔时间订货方式，可对若干产品进行联合统一订货。采用非强制补充供货库存系统较适合，库存检查较频繁，物品进出库记录填写比较严格，并保持较多的安全库存。

3）C类库存。C类产品对企业的经营影响最小，管理要求也不严格。集中大量订货，以较高的库存来减少订货费用，并保持一般的服务水平，即大约90%的库存可得性。库存检查按年度或季度进行，简单填写物品进出库记录；多准备安全库存，减少订购次数，降低订货费用；可以采用双堆库存管理系统。

ABC分类管理可以显著减轻企业库存管理的工作量。它把"重要的少数"与"不重要的多数"区别开来，压缩总库存量，减少资金的占用，使库存结构合理化，节约管理力量。

二、入库管理

产品的入库，是产品存储业务活动的起点。它包括入库产品的接收、入库产品的验收、办理产品入库手续等过程。

1. 收货准备

收货作业是从产品自运输工具上卸下来开始的。为了高效率地完成每次卸货作业，管理人员必须事先做好以下准备：掌握到货日、产品品种、货量及送货车车型；尽可能准确地预测送货车到达时间；协调送货车的交通问题；为方便卸货及搬运，协调送货车的停车位置；预先计划货物临时存放位置。

2. 产品核验

产品到达连锁门店或指定的仓库后，要及时组织产品验收工作，对产品进行认真检验。产品验收应坚持按采购合同办事。要求产品数量准确，质量完好，规格包装符合约定，进货凭证齐全。产品验收中要做好记录，注明产品编号、价格、到货日期。验收中发现问题，要做好记录，及时与运输部门或供货方联系解决。

（1）产品验收的原则

1）"票票相符"。即供应商（或配送中心）的发货单和门店的订货单上的所有内容（货号、品名、数量、规格、价格、单位、产地、入数[①]等）都要相符。

2）"票物相符"。即供应商（或配送中心）所送的产品实物和门店的订货单上所列的内容都要相符。

3）"两人以上人员同时验货"。最好是供应商、收货人员和理货员三人同时验货，如果条件有限，门店也可规定双人验货。但绝不允许一人单独验货，以免造成不应有的损失。

（2）核对订单和发货单。验收人员详细检查送货内容是否与进货单的内容（数量、规格、重量）相符。这项工作主要由收货部门人员完成。

（3）检验产品。检查产品外观（包括包装、产品标识、日期标识）是否符合规定，检查产品的质量。收货部门人员侧重对产品数量进行核对，理货员侧重对产品质量和保质期进行核对，双方要相互配合，确保没有差错。检验产品主要从以下几个方面着手：

---

① 入数是指原包装内的单品数量。

1）保质期检查。检查产品外包装（纸箱），看生产日期、保质期是否符合收货标准，如果收货当日距生产日期的时间超过了保质期的 1/3（如保质期是 12 个月，而收货当日距生产日期超过了 4 个月），就应该拒收该货。

2）核对规格、等级。同一系列的产品常有很多的规格、不同的等级，它们有的颜色、口味相近，有的形状相似，验收时一定要仔细核对，以免混淆。

3）清点数量。由于供应商送货和门店订货一般都是按产品的最小包装来计算的，如听装可乐，送货和收货都按"听"计算，不按箱来计算，所以在清点数量时要参考包装箱上标注的"入数"来核对，即产品数量＝箱数 × 入数。

4）开箱抽检。为了确保产品的质量，连锁门店通常对不同的产品规定了不同的抽检率，也就是需要开箱检验的比率，开箱检查包括以下内容：

①检查包装箱上标注的产品入数是否准确、是否满箱。如发现原箱有短少现象，要按连锁企业的规定要求供应商补偿。

②按质量标准检验产品质量，方法是由理货员通过产品的标识、外观、颜色、气味等判断产品品质是否优良。特别要注意查看国家相关部门有明确质检要求的产品标识或证明，如检疫证明、市场准入标识等。

③查看颜色、规格等是否与订单要求一致。

④查看产品的生产日期是否和包装箱上标注的一致。

⑤查看产品有无破损。

3. 收货记录并出具验收单

产品验收后，验收员还必须做好验收记录。验收记录是进行产品验收的重要书面记载，内容一般包括收发货单位名称、凭证号码、实收产品数量、规格、质量，数量差额和质量不符程度、验收日期、地点、验收员等。许多门店直接将送货单作为收货记录，上面注明实收产品数量及差额并有验收员及司机的签名，作为日后会计记账和门店盘存的依据。如箱子有破损或已开，或箱数短少，都应在司机带来的送货单上注明。送货单一式三份，供应商或配送中心保留一份，门店收货员保留一份，另一份在收到货后规定时间内送交财务处记账。无论是否短缺，送货单都必须有司机签名，如果将来对破损有争议，司机的签名就是很重要的依据。

4. 产品入库或补入排面

理货员将验收的产品领出收货区送入库房或补入产品陈列排面，由仓管员或营业员进行复检作业。

小贴士

产品核验的方法

产品核验的方法很多,通常采用直接核对法或障蔽核对法,或者采用两者合并的半障蔽核对法。偶尔也采用抽查核对法,但抽查核对法容易出现差错,应尽量避免使用。

1. 直接核对法。直接核对法是根据送货单逐项核对进货数量,是普遍使用的方法。直接核对法的优点:除了在送货单上逐项做记号外,不必制作任何文件,验收员的工作快速而方便;如果送货单与验收员的记录不符,验收员可很快地重新核对;在送货单上都写有产品的品名,验收员不必再花时间猜想。直接核对法的最大缺点是容易出错,因为核对是一项单调乏味的工作,验收员已从送货单上知道了数量,很容易麻痹大意,核对时出现差错。

2. 障蔽核对法。障蔽核对法就是验收员先不看送货单,而是边验货边制单,验收完后再与送货单核对,检查有无错漏短缺。这种方法工作量较大,所需时间较长;如果出现差异,重新核对会需要很长时间。但这种方法能让验货员更认真、更仔细地核对,遗漏现象较少发生。

3. 半障蔽核对法。该方法是综合直接核对法和障蔽核对法两者的优点而设计的。验收员使用一张订货单副本,上面除了数量之外,所有内容都包括在内。验收员边核对边填上数量,再与送货单上的数量核对,核对无误后签单。这种方法可以免去烦琐的制单工作,同时由于订货单副本上没写明数量,故要求验收员必须很仔细地核对。

三、在库管理

1. 产品在库管理的内容

(1) 分区分类。对货物进行分区分类的存放,以确保货物的储存安全。货物存放应便于检查和取货。根据仓库的建筑、设备等条件,将库房、货棚、垛场划分为若干保管产品的区域,以适应产品存放的需要。

存货的仓库一般有三个区域。第一是大量存储区,即以整箱或栈板方式存储;

第二是小量存储区，即将拆零产品放置在陈列架上；第三是退货区，即将准备退换的产品放置在专门的货架上。良好的存货策略可以减少出入库移动距离，缩短作业时间，充分利用储存空间。

（2）货位选择。货位的选择必须遵循"安全、优质、方便、多储、低耗"的原则，具体地说就是确保产品安全、方便吞吐发运、力求节约库容。

（3）货位编码。货位编码将仓库范围的房、棚、场以及库房的楼层、仓间、货架、走道等按地点、位置顺序编列号码，并进行明显标示，以便产品进出库可按号存取。

（4）产品堆码。产品堆码是入库产品堆存的操作及其方式、方法。产品堆码要科学、标准，应当遵循安全第一、进出方便、节约库容的原则。

（5）产品苫垫。产品苫垫是防止各种自然条件影响储存产品质量的安全措施。苫垫可分为苫盖和垫底。无论是苫盖还是垫底，都要根据产品的性能、堆放场所、保管期限以及季节、温湿度、光照日晒、风吹雨淋等情况合理选择。

（6）产品盘点。产品盘点是对库存产品进行账、卡、货三方面的数量核对工作。通过核对，管理人员可以及时发现库存产品数量上的溢余、短缺和品种互串等问题，以便分析原因，采取措施挽回和减少保管损失；同时还可检查库存产品有无残损、呆滞、质量变化等情况。

2. 存货方式

（1）定位储存。定位储存是指每一种产品都有固定的储位，不同的产品按分类、分区域管理原则采用货架放置，不允许在指定的场所外放置产品。该方式的特点是易于管理，搬运时间少，但是需要较大的储存空间。

（2）随机储存。随机储存是指每一种产品的储位不是固定的，而是随机产生的。这种方法的优点在于共同使用储位，最大限度地提高了储存空间的利用率。但是，这种方法也给产品的出入库管理及盘点工作带来困难，特别是周转率高的产品可能位于离出入口较远的储位，增加了出入库的搬运距离。这种方法适用于空间有限以及产品品种少而体积小的情况。

（3）定位随机储存。这种方法是每一类货物有固定的存放储区，但在各储区中，每个储位的指定是随机的。其吸收了定位储存的部分优点，同时又可节省储位数量，提高储区利用率。

随机储存和定位随机储存方式对电子自动化管理技术要求较高，要特别注意电子仓储管理设备的安全运行系数。一旦电子仓储管理系统出现故障，仓库管理工作就会陷入瘫痪,因为只有电子中央处理器知道哪种产品存放在哪个位置。电子设备出现故障后,产品出入库操作根本无法用人工替代。由于国内一般连锁企业配送中心主要是靠人工操作,因而采用定位储存方式较多。在采用定位储存方式时,区位确定后应制作一张配置图,张贴在仓库入口处,以方便存取。一般而言,小量存储区应尽量固定位置,整箱存储区则可弹性运用。

3. 存货原则

(1)周转率原则。按产品在仓库中的周转率来安排储位,周转率越高的产品离出口越近。

(2)相关性原则。把同一类型或具有互补性的产品安排在相互靠近的储位上,因为相关性大的产品常同时要货。

(3)相容性原则。相容性低的产品绝不能储存在一起,以免损害产品品质,如烟、香皂和茶叶不可放在一起。

(4)先入先出原则。先入库的产品应先出库。这一原则特别适用于保质期短的产品,如食品、药品、感光材料等,以免产品在库停留时间过长,出现老化、变质、损耗等情况。

(5)堆高原则。为提高配送中心的空间利用率,能用托盘堆高的产品尽量用托盘储存。

(6)面对通道原则。为了使产品的标志、名称等信息便于查找,方便产品的搬运、拣选等作业,应将产品面向通道保管。

(7)产品尺寸原则。为有效利用空间,在布置仓库时必须知道产品单位大小和相同物品的整批形状。包装标准化的产品应当放置在货架上保管,包装非标准化的产品应当依据其形状,考虑整批数量分配特殊储位。

(8)重量特性原则。按产品重量大小来安排储位的高低。通常情况下,重的产品置于地面或货架下层,轻的产品置于货架上层。

(9)产品特性原则。易燃易爆物储存于有防火设备的空间,易被窃物储存于保险间,易腐物储存于冷冻间,易污物加套储存等。对某些化学品应当隔离放置,以免对其他产品产生影响。

4. 盘点管理

(1)盘点的定义。盘点,是指定期或临时对库存产品的实际数量进行清查、清点的作业,即为了掌握货物的流动情况(入库、在库、出库的流动状况),将仓库现有物品的实际数量与保管账上记录的数量相核对,以便准确地掌握库存数量。

（2）盘点的目的。通过盘点，一是可以控制存货，以指导日常经营业务；二是能够及时掌握损益情况，以便真实地把握经营绩效，并尽早采取防范措施；三是核实管理成效。具体来说，盘点可以达到如下目标：

1）掌握门店在本盘点周期内的亏盈状况。

2）掌握门店目前最准确的库存金额，将所有产品的计算机库存数据恢复正确。

3）掌握损耗较大的营运部门、产品大类以及个别单品，以便在下一个营运年度加强管理，控制损耗。

4）发现并清除滞销品、临近过期产品。

（3）盘点的内容

1）货物数量。通过点数计数查明产品在库的实际数量，核对库存账面资料与实际库存数量是否一致。

2）货物质量。检查在库产品质量有无变化，是否超过有效期和保质期，有无长期积压等现象，必要时还必须对产品进行技术检验。

3）保管条件。检查保管条件是否与各种产品的保管要求相符合，如堆码是否合理稳固，库内温度是否符合要求，各类计量器具是否准确等。

4）库存安全状况。检查各种安全措施和消防器材是否符合安全要求，建筑物和设备是否处于安全状态。

（4）盘点的原则。门店在进行产品盘点时，应该按照以下原则进行：

1）真实。要求盘点所有的点数、资料必须是真实的，不允许弄虚作假，不允许掩盖漏洞和失误。

2）准确。盘点的过程要求准确无误，无论是资料的输入、陈列的核查，还是盘点的点数，都必须准确。

3）完整。所有盘点流程，包括区域的规划、盘点的原始资料、盘点点数等，都必须完整，不要遗漏区域、遗漏产品。

4）清楚。盘点过程属于流水作业，不同的人员负责不同的工作，因此所有资料必须清楚，人员的书写必须清楚，货物的整理必须清楚，只有这样才能使盘点顺利进行。

5）团队精神。盘点是全店人员都参加的营运过程。为减少停业的损失，加快盘点的时间，连锁门店各个部门必须有良好的配合协调意识，以大局为重，使整个盘点按计划进行。

（5）盘点的方式

1）根据盘点的工具不同，可将盘点分为手工盘点、盘点机盘点。

①手工盘点。手工盘点主要靠人员手工记录盘点内容及产品数据，然后跟计算机核对。

②盘点机盘点。把需要盘点的产品信息导入数据采集器中，然后利用盘点机扫描产品条码，显示相应的信息，盘点人员根据实际数量录入采集信息，最后导入系统管理软件比对，生成盘盈盘亏单。

2）根据盘点的时间和范围不同，可将盘点分为抽样盘点、临时盘点、年终（中）盘点等方式。

①抽样盘点。对于数量多、重量均匀的产品，通过抽样盘点计算出单位体积或单位重量的产品数量，然后测定产品总体积或总重量，再换算出全部产品数量。这种方法适用于对单位价值很低的小型产品的清查。

②临时盘点。临时盘点是指因为特定目的对特定产品进行的盘点。

③年终（中）盘点。年终（中）盘点是指年终（中）进行的大规模、全面性的盘点。

四、出库管理

1. 货物出库的要求

（1）严格遵守产品出库的各项规章制度。

（2）严格贯彻"先进先出、发陈储新"的原则。

（3）严格贯彻"三不""三核""五检查"的原则。"三不"即未接单据不翻账，未经审单不备库，未经复核不出库；"三核"即在发货时要核实凭证、核对账卡、核对实物；"五检查"即对单据和实物要进行品名检查、规格检查、包装检查、件数检查、重量检查。

2. 产品出库的基本方式

产品出库的基本方式，一般有以下类型：

（1）送货上门。配送中心受连锁企业委托，根据连锁企业的提货单等出库凭证，自行组织将产品直接装运、配送到连锁企业指定的地点。

（2）自提。收货人或者其代理人持连锁企业开出的产品出库凭证，自备运输工具到仓库提货。仓库根据连锁企业的产品出库凭证发放产品，交接手续在仓库内办理完毕。

3. 出库业务程序

（1）出库前的准备工作。出库前的准备工作可分为两个方面：一方面是计划工作，即根据出库计划或出库请求，预先做好物品出库的各项安排；另一方面是做好出库物品的包装和标记。

（2）出库程序。出库程序包括核单备货、复核、包装、点交、登账、清理等。

1）核单备货。如属自提物品，首先要审核提货凭证的合法性和真实性，其次要核对品名、型号、规格、单价、数量、收货单位、有效期等。

出库物品应附有质量证明书或副本、磅码单、装箱单等，机电设备、电子产品等物品的说明书及合格证应随货同付。

备货时应本着"先进先出、发陈储新"的原则，易霉易坏的先出，接近失效期的先出。备货过程中，凡计重货物一般以入库验收时标明的重量为准，不再重新计重。需分割或拆捆的应根据情况进行。

2）复核。出库的复核形式主要有专职复核、交叉复核和环环复核三种。复核的内容包括：品名、型号、规格、数量是否同出库单一致；配套是否齐全；技术证件是否齐全；外观质量和包装是否完好。只有加强出库的复核工作，才能防止错发、漏发和重发等事故的发生。

3）包装。出库物品的包装必须完整、牢固，标记必须正确、清楚。如有破损、潮湿、捆扎松散等不能保障运输中安全的，应加固整理，破包破箱不得出库。各类包装容器上若有水渍、油迹、污损，不能出库。

包装时，严禁互相影响或性能互相抵触的物品混合包装。包装后，要写明收货单位、到站、发货号、本批总件数、发货单位等。

4）点交。出库物品经过复核和包装后，需要托运和送货的，应由仓库保管机构移交调运机构；属于用户自提的，则由保管机构按出库凭证向提货人当面交清。

5）登账。点交后，保管员应在出库单上填写实发数、发货日期等内容，并签名，然后将出库单连同有关证件资料及时交货主，以便货主办理货款结算。

6）清理。经过出库的一系列工作程序之后，实物、账目和库存档案等都发生了变化，应按有关的工作规范进行彻底清理，使保管工作重新趋于账、物、资金相符的状态。

培训项目 3

卖场布局

一、卖场规划原则

如果把进入店铺的顾客群看作消费流,把店铺看作以入口为起点、以出口为终点的消费通道,那么最佳的卖场规划是科学组织消费通道,使消费流合理流动,促进消费的实现。具体而言,卖场规划中要掌握如下原则。

1. 让顾客容易进入,提升进店率

门店经营者必须注意,产品再丰富,服务再出色,价格再有竞争力,但如果顾客不愿进店或不知道怎样进店,一切努力都将白费。

2. 让顾客走过每一个区域,提高通过率

店铺规划应当吸引顾客在店里转一圈,使卖场内所有产品的陈列都能让顾客看得见、摸得着,以便让其购买比事先计划更多的产品。具体方法就是使顾客置身于一种精心设计的布局中。例如,有些门店把顾客购买频率高的产品放在店铺最里面,使得顾客不得不穿过其他区域,避免店铺出现客流死角。

3. 让顾客停留得更久,增加成交机会

为购买特定产品而到店的顾客,其原计划采购的产品大约只占顾客采购产品总量的30%,换句话说,在顾客所采购的产品中,有70%属于冲动性购买的产品。也就是说,顾客本来不想购买这些产品,在闲逛中受到产品内容、店员推销、产品包装或正在举办的特卖活动等因素的影响而购买,所以顾客在卖场停留得越久,所受的影响就越多,就越可能购买。

4. 在顾客愉悦空间与产品展示空间之间取得平衡

门店都希望将有限的空间用来展示更多的产品,以增加营业额,降低单位租金成本。然而在消费意识越来越强的时代,顾客的认同已从单独的产品转移到了门店的整体形象,所以随着消费需求的多元化、现代经营模式的更新,大多数门店在营业场所中设置了顾客休息场所。这虽然让顾客更舒服，却也占用了一部分产品展示空间，所以一定要合理分配顾客愉悦空间与产品展示空间。

二、卖场空间划分

1. 前方设施

前方设施即所谓的前场，包括外立面（包括外墙、招牌、橱窗等）、停车设施与出入口等，其主要功能为诱导及宣传，以引起顾客的注意并使其产生兴趣，继而迅速产生联想。顾客的联想一般是"我在这里可以买到什么，满足什么或享受到什么乐趣"。前面曾提及如何让顾客"很容易地进来"，"容易"二字有两个解释：第一，没有障碍，没有阻挡，当然很容易就能进来；第二，门店具有极大的吸引力，能激发顾客内心的欲望，欲望驱使顾客很容易地走进来。而第二层解释正是前方设施最主要的功能。前方设施如能引起顾客的注意，继而使其产生兴趣，然后联想到要进来购物，其设计便算成功。

门店的前方设施一般由专业的设计公司进行设计，所以对于连锁企业的开发人员来讲，关键的问题是将门店的经营定位、门店的外部影响、门店运营的服务设施等信息准确地传达给设计公司，涉及门店外动线规划的内容需要与建筑设计公司沟通，外立面的整体效果需要与艺术设计公司沟通，并对设计公司的设计方案进行审核。

2. 中央设施

中央设施又称为卖场，也就是满足顾客购物欲望的场所。中央设施主要包括通道、陈列设施、标识设施、顾客接待设施，如服务台、收银台、卫生间、消防设施、空调设施、照明系统、音乐系统等。中央设施的主要功能是展示、陈列、销售及促进销售。在消费心理方面，通过产品的展示陈列激起顾客的购物欲望。顾客有了购物欲望之后，就会开始比较。如果此时有适时的促销工作，如特卖、服务人员的解说等，就更能让顾客下决心购买。中央设施又可划分为三类空间，分别是产品空间、卖场人员空间和顾客空间。

产品空间，是指卖场中陈列展售产品的场地。设置产品空间的目的是便于顾客挑选产品、购买产品。卖场人员空间，是指卖场人员接待顾客时所使用的地方。因为各个卖场的经营方针不同，对卖场人员的要求也就不同。有的卖场把卖场人员空间和顾客空间划分得很清楚，有的卖场人员空间则是和顾客空间相重合的。顾客空间，是指顾客参观展售产品、挑选产品的地方。由于各产品卖场的设计不同，所以有些卖场将顾客空间设于卖场内部，有些则设于卖场外部，有些卖场内部、外部都设有顾客空间。

3. 后方设施

后方设施即所谓的后场，大部分是员工以及供应商等活动的空间，其主要功能是为员工的工作、生活以及产品的加工处理与进货提供支持，担负着对前方支援、补给以及指挥、服务的责任。由于有些员工大部分时间都是在后场，故生活所需的设施不可或缺，后方设施包括作业场、仓库、办公室、生活区域等。

卖场空间各组成部分所占的比例，应根据业态类型、规模大小、目标定位等具体设定。

三、卖场空间划分与设计原则

1. 门店出入口的设计原则

能否吸引顾客入店是卖场设计的第一关，店铺出入口的设计是门店客流量的重要决定因素。店门的作用是吸引人们的视线，激发想进店的参与意识。在入口区域中，店门的设计是非常重要的一环。

（1）店门宜宽不宜深。正面宽度大的店门更容易吸引消费者，让消费者产生一种开阔感。若店门过深，消费者进入门店深处后再出来时会感到距离和时间过长，产生不舒适感，甚至影响顾客购买欲望。

（2）店门的入口应设置于右侧。

（3）店门设计还应考虑门店前路面的平坦度，以及采光条件、噪声影响等。

2. 货架的设置原则

（1）货架的高度可视卖场顶高而定，高度最好选择 1.5～2 m（符合亚洲人的身高），使货架最上层的产品略高于顾客的自然视线，不会产生疲劳。

（2）连锁门店要保持门店形象统一，尽可能采取同一货架标准和形式。

（3）货架的基本尺寸可根据实际店面情况做相应的调整。

（4）货架可根据不同的目标客户采取相应的设计风格。

（5）货架尺寸要兼顾人体的高度、活动幅度、视觉范围。

（6）要考虑货架的安全性、稳固性。

（7）采用可调式货架，充分利用陈列空间。

3. 通道设计的原则

（1）足够宽。一般来讲，营业面积在 600 m² 以上的门店，其主通道的宽度要在 2 m 以上，副通道的宽度应为 1.2~1.5 m。通道宽度不能小于 0.9 m，要确保两个成年人能够同向或逆向通过（成年人的平均肩宽为 45 cm）。

（2）笔直。通道要尽可能避免曲折设计，设计成笔直的单向通道。

（3）平坦。通道地面应保持平坦，不能有坑坑洼洼的状况。

（4）少拐角。少拐角是指拐角尽可能少，即通道途中可拐弯的地方和拐的方向要少，有时需要用连续展开不间断的产品陈列线来调节。

（5）照明好。通道上的照度应比门店柔和，照度要充分考虑消费者走动的舒适性。

（6）没有障碍物。通道是用来诱导消费者多走、多看、多买产品的。通道应避免死角。在通道内不能陈设、摆放一些与陈列产品或特别促销无关的器具或设备，以免阻断门店的通道，影响购物环境的形象。

4. 收银台的设计原则

（1）结账通道（出口）可根据店铺规模大小设置若干条，每条结账通道配置 1~2 台收银机。

（2）在条件允许的情况下，还可以设置一条"无购物通道"，作为无购物顾客的专门通道，以免造成拥挤。一般而言，顾客等待付款结算的时间不能超过 8 min，否则会产生烦躁的情绪。

（3）可设置快速"黄金通道"，专门为购买不超过 3 件单品的顾客服务，以加速顾客付款速度。

（4）通道宽度一般设计为 0.9~1.2 m，这是两位顾客可正常通过的最佳尺寸。长度一般为 6 m，即扣除收银台本身约 2 m 长度之外，收银台与最近的货架之间的距离至少应该有 4 m，以保证有足够的空间让等候的顾客排队。

5. 卖场照明的设计

售货现场是消费者活动的公共场所，保持售货现场内光线充足，为消费者创造一个舒适的购物环境，对连锁企业卖场设计来说，是很重要的，也是很有必要的。售货现场的采光来源有自然采光和人工采光两种，二者可以相互结合利用。

自然采光能够使消费者准确地识别产品的色泽，方便消费者挑选比较产品，从而使消费者在心理上产生真切感与安全感。因此，在采光方面，要尽可能地利用自然光源。

但由于售货现场规模、建筑结构形式不同，自然采光所占比例不大，而随着照明技术的进步，人工采光灯光设计在售货现场设计中的地位日益重要。先进的灯光设计能够增加店容店貌的美观度，突出产品显示效果，从而吸引消费者参观选购，刺激消费者的购买欲望。因此，在研究售货现场的灯光设计时，要以方便消费者选购、突显产品为主，灯具装置和灯光光源均要符合这一要求。可灵活采用不同的人工采光方式，如镶装暗射灯光，能使整个售货现场光线柔和，采用聚射灯光，可突出显示陈列的产品，从而使消费者在柔和、愉悦的氛围中挑选产品。

 小贴士

卖场照明应当遵循的原则

1. 灯光应使用纯白日光灯，日光灯的照度最为均衡，能够还原产品的原始色彩。

2. 日光灯应安装在购物通道上方，距离货架的高度约等于购物通道宽度的一半。灯管的排列走向应与货架排列一致，保证能够从正面直接照射到产品。

3. 通道照度为 100~200 lx。

4. 卖场内一般照明、一般性的展示的照度为 500 lx。

5. 卖场内重点产品、POP 广告区、展示品、重点展示区、产品陈列橱柜等的照度为 2 000 lx。

6. 在营业场所最里面或边角的地方，照度要求略高，一般要求照度在 1 500 lx 以上，保证店内亮度始终高于室外亮度，使门店对行人有足够的视觉吸引力。

6. 卖场的色彩设计

在卖场陈列设计中，色彩是最重要的设计元素，不同的色彩及其色彩规划会给顾客带来不同的感觉。

色彩组合，是指进行产品陈列时，为了实现整体上的统一而有机地组合不同颜色，从而使具有反差或不够协调的颜色统一在一个基本的色调中，达到和谐一致的目的。

在进行色彩组合时，一般需要考虑以下问题：

（1）同色系或类似色组合时，会产生产品品质优良、格调高雅的印象。

（2）补色的组合会形成明显的对比，因此常常需要加入其他过渡色，使反差相对弱化，使人能够接受。

（3）在组合同类色时，为使其产生变化，不至于过分呆板，可加入少量的补色，但要保证整体感不受到破坏，这样印象就会趋于强烈。

（4）色彩组合要体现色相、明度和彩度的平稳过渡，在稳定中表现一定的韵律和节奏。

（5）多数情况下，店内的装饰用色一定要避免同时使用多种颜色，尤其是主色以不超过三色为宜，以免杂乱无章而破坏主导色的效果，还要避免大面积使用高彩度的颜色，以免使顾客产生排斥感。

 小贴士

色彩运用原则

卖场中色彩的运用，还要考虑"适时""适品""适所"和"适人"的原则。

适时，是指颜色要适合产品销售的季节。例如，出售夏季用品时，店内可采用天蓝色进行装饰，以表现海水、天空，突出清凉的感觉。

适品，是指卖场的装饰色应该与产品相协调。

适所，是指店内的色调应该与卖场的性质、风格相一致，否则影响门店的形象。

适人，是指卖场在进行色彩规划时，务必充分考虑目标顾客对色彩的偏好和敏感程度。

四、卖场布局类型

卖场布局的类型有很多，可以根据每个卖场的实际经营需要，设定不同的布局。从整体规划的角度来看，卖场布局大多采用方格型、跑道型和自由型。

1. 方格型布局

这是一种十分规范的布局方式，如图6-1所示。在方格型布局中，产品陈列货架与顾客通道都呈长方形分段安排，所有货架相互并行或成直角排列。这种

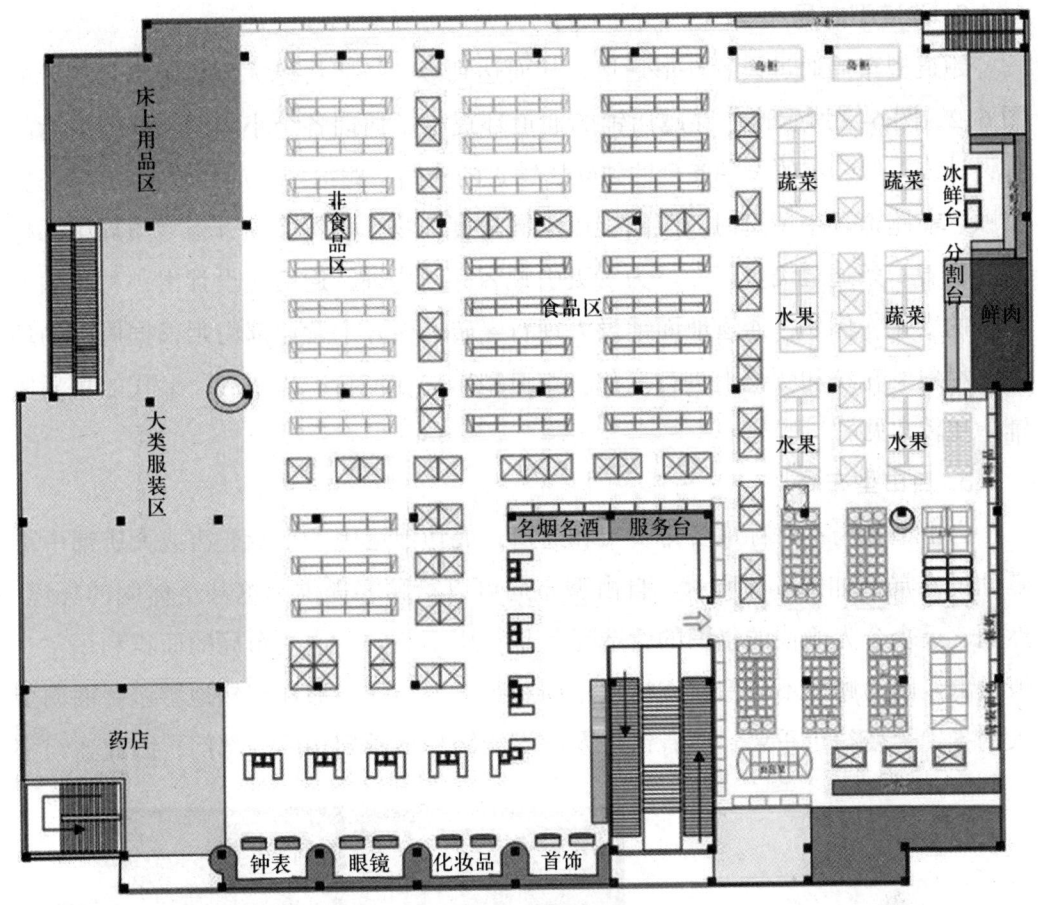

图 6-1 方格型布局

布局在超市中最为常见，它使整个卖场内结构严谨，给人以整齐规范、井然有序的印象，很容易使顾客对卖场产生信任心理。方格型布局大都用于敞开售货区。

尽管方格型布局不是最美观、最令人愉悦的布局，但对于那些计划逛遍整个卖场的顾客来说，却是一个很好的布局。例如，当顾客进行每周的日常杂货采购时，轻快地进出通道，因为知道这些产品在什么地方，可以最大限度地节省时间。方格型布局也是在成本效益比方面最有效的。相比其他布局，方格型布局是最节省空间的，因为它的通道都是同样的宽度，并且刚好允许顾客和购物车通过。由于陈列设备通常是标准化和统一式样的，设备成本也可得到节省。

但由于布局的规范化，使得发挥装饰效应的能力受到限制，难以产生由装饰形成购买情趣的效果，顾客走在除了产品还是产品的环境中，会产生孤独、乏味的感觉。由于在通道中自然形成的驱动力，顾客常常有一种加速购买的心理压力，而浏览和休闲的愿望将大打折扣。

2. 跑道型布局

跑道型布局通过设置环形通道，从而达到吸引顾客游逛大型店铺的目的，如图 6-2、图 6-3 所示这一穿越店铺的通道环提供了通向各个小隔间（部门或者品牌设计成类似较小的设备齐全的独立店铺）的通路。跑道型布局鼓励冲动式购物。当顾客在跑道环中闲逛时，眼睛会以不同角度视物，而不像在方格型布局中那样只能沿着一条通道浏览产品。为了吸引顾客穿越店铺，通道应设计出一种表面或颜色的变化。例如，通道地面铺设大理石瓷砖，而各个营业部门则根据周围的环境在材料、花纹和颜色上进行变化。跑道型布局在流行"店中店"形式的百货店铺中比较常见。

3. 自由型布局

自由型布局不对称地安排货架和通道，成功地运用了小专业店或大店铺中小隔间的布局，如图 6-4 所示。自由型布局可以给顾客提供浏览甚至休闲的环境。然而，一个令人愉快的氛围的营造通常是费用不菲的。这类布局的面积利用率一般偏低。因为顾客不会像在方格型布局和跑道型布局中那样自然地游逛，面向个人的推销会变得更重要。还有销售人员不能轻易地看到相邻的部门，因此盗窃率

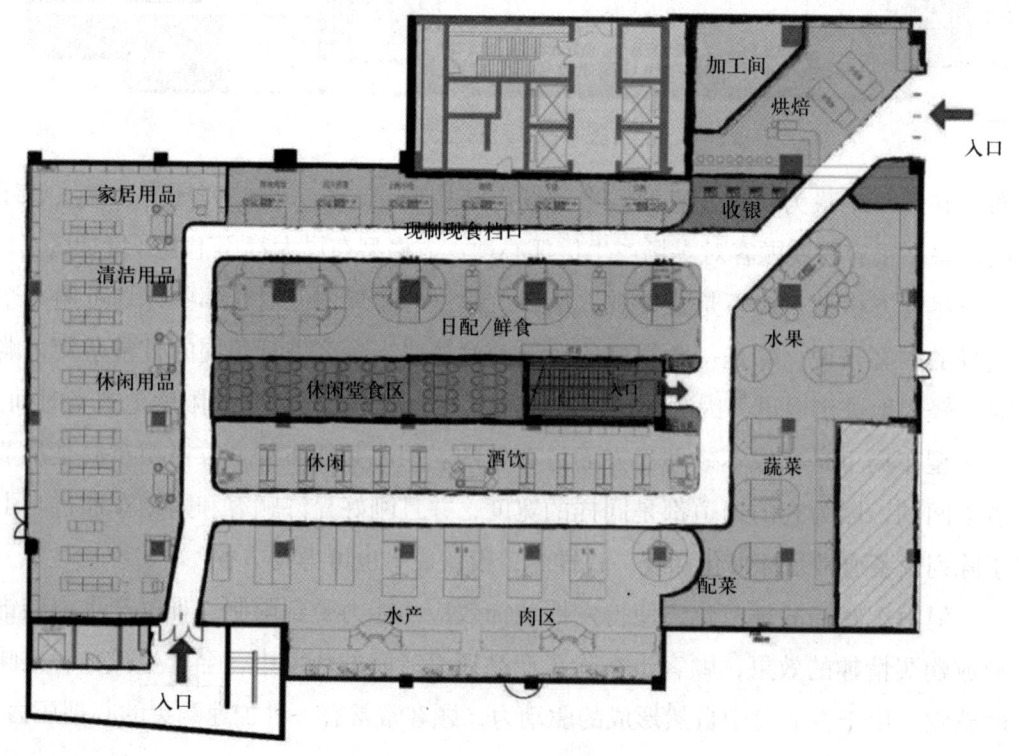

图 6-2　跑道型布局（一）

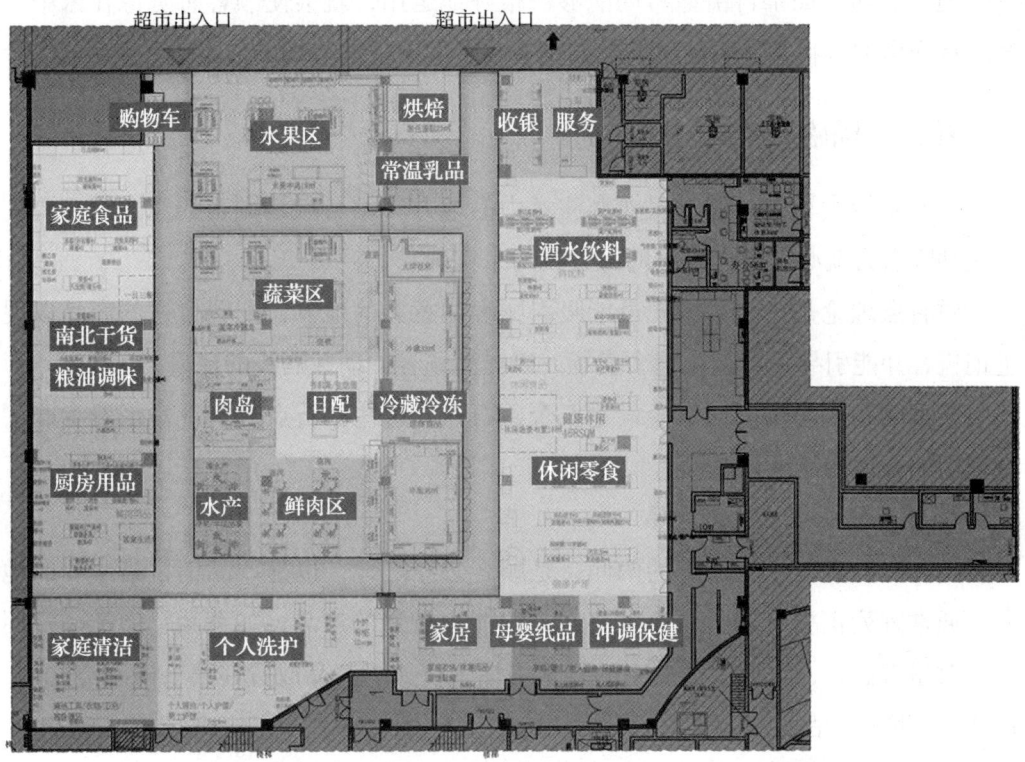

图 6-3 跑道型布局（二）

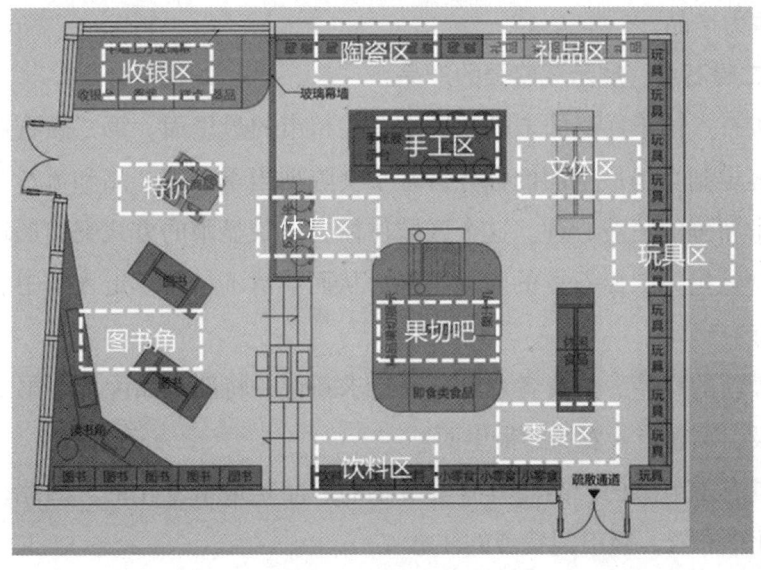

图 6-4 自由型布局

比方格型布局要高一些。店铺牺牲了一些储存和展示的空间来创造更为宽松的购物环境。然而，如果自由型布局能够被很好地运用，就会使顾客感觉像在家中一样，从而增加购物，使店铺从增加的销售和利润中抵消增加的成本。

五、卖场磁石点理论

磁石是指卖场中最能吸引顾客注意力的地方。磁石点是顾客的注意点，要创造这种吸引力就必须依靠产品的配置技巧来实现。

磁石点理论是指在卖场中最能吸引顾客注意力的地方，配置合适的产品以促进销售，并能引导顾客逛完整个卖场，以提高顾客冲动性购买的比重。

典型的超市卖场中通常会设置五个磁石点，这些磁石点分别针对消费者购买过程中的心理特征进行设置。

1. 第一磁石点：主力产品

第一磁石点位于主通道的两侧，是顾客必经之地，也是产品销售最主要的地方，通常陈列消费者购买频率最高、采购能力最强的产品，如蔬菜、肉类、日用品。对超市而言，掌握了消费者的日常习惯，将如下产品放置在第一磁石点之内，往往可以增加产品的销量。

（1）消费量多的产品。

（2）消费频度高的产品。

（3）主力产品。

2. 第二磁石点：展示观感强的产品

第二磁石点位于通路的末端，通常是在超市的最里面。第二磁石点的产品负有诱导顾客走到卖场最里面的任务，常常会陈列当季最新产品和流行产品，满足消费者追求新鲜的消费心理。这个区域往往会以最显眼的方式突出展现，让顾客一眼就能辨认出第二磁石点的与众不同，从而"情不自禁"走入其中。在此应配置的产品有：

（1）最新的产品。消费者总是不断追求新奇，将新产品配置于第二磁石点的位置，会吸引顾客走入卖场的最里面。

（2）具有季节感的产品。具有季节感的产品是最富变化的。因此，门店可借季节的变化做布置，吸引消费者的注意。

（3）明亮、华丽的产品。明亮、华丽的产品通常也是流行、时尚的产品。由于第二磁石点的位置都较暗，所以要配置较华丽的产品来提升亮度。

3. 第三磁石点：端架产品

第三磁石点指的是端架的位置。端架通常面对着出口或主通道，第三磁石点产品的基本作用就是刺激消费者、留住消费者。第三磁石点要突出特价产品、促销产品、季节性产品。

端架产品需经常变化（一周最少两次），可刺激顾客来店采购。

4. 第四磁石点：单项产品

第四磁石点指卖场副通道的两侧。这个位置的配置，不能以产品群来规划，而必须为单品，包括热门产品、特意大量陈列产品、广告宣传产品。

5. 第五磁石点：卖场堆头

第五磁石点位于结算区（收银区）前面的中间卖场，可根据各种节日组织大型展销、特卖，非固定性卖场以堆头为主。

培训项目 4　产品陈列

一、产品陈列概述

1. 产品陈列的定义

产品陈列是指以产品为主体，运用一定的艺术方法和技巧，借助一定的道具，将产品按销售者的经营思想及要求，有规律地摆设、展示，以方便顾客购买。合理地陈列产品可以起到展示产品、刺激销售、方便购买、节约空间、美化购物环境等重要作用。

2. 产品陈列的原则

（1）丰满陈列。顾客来到门店最关心的就是产品，所以一进门就会把目光投向柜台货架。如果柜台货架上的产品非常丰富，顾客的精神就会为之一振，产生较大热情，购物兴趣高涨。相反，如果货架上产品稀稀拉拉，卖场空空荡荡，顾客就会觉得产品这么少，难有好货。一旦产生这种心理，便会对消费造成极大阻力。因此，产品陈列的第一条基本要求就是产品摆放要丰满。当然，丰满不等于拥塞，不同品类的产品对丰满有不同的要求。

（2）美感陈列。丰满的产品吸引了顾客来到柜台前，这时顾客最想知道产品的质量好不好，外观美不美，适不适合。因而，聪明的商家总是尽可能充分地展示产品的美，包括内在美与外在美，这是产品陈列的第二个基本要求。

（3）陈列的易观看性、易选择性、易取性、易放回性。人类的平均视觉范围是110°~120°，可视宽度为1.5~2 m，在店铺内步行购物时的视角为60°，可视范围为1 m。为使产品易选择，产品的分类也是很重要的，要考虑各类产品的关联性、互补性、替代性。顾客在购买产品时，一般是先将产品拿到手中，从多个角度进行确认，然后再决定是否购买。有时顾客也会将拿在手中的产品放回去。如果所陈列的产品不易取、不易放回，就可能丧失销售出去的机会，所以要保证易取易放。

（4）先进先出。当产品第一次在货架上陈列后，随着产品不断被销售出去，就要进行产品的补充陈列。补充陈列的产品要依照先进先出的原则来进行。其陈列方法是先把原有的产品取出来，然后放入补充的新产品，再在该产品前面陈列原有的产品。这种陈列法即先进先出法，因为顾客总是购买靠近自己的前排产品，如果不按先进先出的原则来进行产品的补充陈列，那么陈列在后排的产品可能永远卖不出去。

二、产品陈列的具体方法

1. 主题陈列

主题陈列（见图6-5）又称为专题陈列，是在布置产品陈列时采用各种艺术手段、宣传手段、陈列用具，并利用声音、色彩突出某一产品。对于一些新产品，或者是某一时期的流行产品，以及由于某种原因要大量推销的产品，可以在陈列时利用特定的陈列道具等突出宣传，必要时，配以集束照明的灯光，使大多数顾客能够注意到，从而产生宣传推广的效果。主题陈列的产品可以是一种产品，如

图6-5 主题陈列

某一品牌的某一型号的电视，某一品牌的服装等，也可以是一类产品，如系列化妆品、工艺礼品等。不论是一种还是一类，应尽量少而精地摆放，与其他产品有明显的陈列区别，以突出推销重点。一般在陈列时，有推销人员配以解说，会加大产品的吸引力。

2. 端头陈列

端头即货架两端，这是销售量较大的陈列位置。端头陈列（见图6-6）是在货架两端进行的陈列，陈列的产品可以是单一品种产品，也可以是组合产品，后者效果更佳。

图6-6 端头陈列

 小贴士

端头陈列的注意事项

1. 端头可以专门用来陈列特价产品、重点推荐产品或热卖中的产品。

2. 可以将同一种产品在不同的陈列架上进行陈列，也就是同一种产品可在不同的货架上重复出现，但这种重复陈列必须是关联产品组合陈列在一起。

3. 在几种组合产品中，可以选择一种产品为牺牲品，以低廉价格出售，目的是带动其他产品的销售。

> 4. 组合的产品之间要有关联性，决不可将无关联的产品陈列在同一货架内。
>
> 5. 组合陈列时产品种类不宜过多，一般以五种为限。

3. 突出陈列

突出陈列（见图 6-7）是将产品放在篮子、车子、箱子或突出板（货架底部可自由抽动的隔板）内，陈列在相关产品的旁边销售，主要目的是诱导和招揽顾客。突出陈列应注意如下几点：

（1）突出陈列的高度要适宜，既要能引起顾客的注意，又不能太高，以免影响货架上产品的销售效果。

图 6-7　突出陈列

（2）突出陈列不宜太多，以免影响顾客正常行动。

（3）不宜在窄小的通道内做突出陈列。即使比较宽敞的通道，也不要配置占地面积较大的突出陈列产品，以免影响通道顺畅。

4. 关联陈列

关联陈列也称为配套陈列，即将与主力产品有关联的产品陈列于主力产品的周围，以吸引并方便顾客购买，如图6-8所示。关联陈列可以依行业、产品特性、目标顾客等做全面考虑。

图6-8 关联陈列

> **小贴士**
>
> <h3 style="text-align:center">关联陈列的注意事项</h3>
>
> 1. 用途上的关联。如在销售家庭装饰用品时，把地毯、地板装饰材料、壁纸、吊灯共同布置成一个色调和谐、图案美观、环境典雅的家庭环境，形成一种装饰材料的有机组合，让顾客感受到家庭装饰对居住环境的美化作用。
>
> 2. 附属上的关联。旅行用品如电动刮胡刀、电吹风、照相机、望远镜等的陈列。
>
> 3. 年龄上的关联。老年用品如助听器、按摩器、小型电器、电热毯、频谱仪等的陈列。
>
> 4. 商标上的关联。陈列产品以商标为纽带进行系列陈列，如同一品牌的婴儿润肤露、婴儿洗发水、婴儿爽身粉、洗面露、面部调理液、面部凝露等产品可摆放在一起。

5. 悬挂陈列

悬挂陈列是用固定的或可以转动的有挂钩的陈列架陈列缺乏立体感的产品，一般用于小的日用产品，如电池、手套、袜子、帽子、头饰品等，如图6-9所示。

图6-9　悬挂陈列

6. 量感陈列

量感陈列（见图 6-10）是指陈列产品的数量要充足，给消费者以丰满、丰富的印象。量感可以使消费者产生有充分挑选余地的心理感受，进而激发购买欲望。只强调产品的数量并非最佳做法，更应注重陈列的技巧，从而使顾客在视觉上感到产品很多。例如所要陈列的产品是 50 件，则量感陈列会让顾客感觉不止 50 件产品。所以，量感陈列一方面是指"实际很多"，另一方面则是指"看起来很多"。量感陈列一般适用于食品杂货，以丰满、亲切、价格低廉、易挑选等来吸引顾客。量感陈列的具体手法很多，如店内吊篮、店内岛、壁面挑选、铺面、平台、售货车及整箱大量陈列等。其中整箱大量陈列是大中型超市常用的一种陈列手法，即在卖场开辟出一个空间或拆除端架，将单一产品或 2～3 个种类的产品作为量感陈列。量感陈列一般在下列情况下使用：低价促销、季节性促销、节假日促销、新产品促销、媒体大力宣传、顾客大量购买等。

图 6-10 量感陈列

7. 岛形陈列

岛形陈列是运用陈列柜、柜台、货柜等陈列工具，在卖场的适当位置展示陈列产品，如图 6-11 所示。这种陈列能突出季节感、时鲜感和丰富感。

 小贴士

岛形陈列的注意事项

1. 陈列工具应与产品特征相结合。

> 2. 陈列工具一般适宜放置在卖场的前部和中部,这样能向顾客充分展示岛形陈列的产品,如果陈列在后部则往往会被货架挡住。
> 3. 陈列工具不宜太高,以免影响顾客的视线。
> 4. 陈列工具最好装有滑轮和搁板,以便根据需要调整。
> 5. 陈列工具要牢固、安全。

图6-11 岛形陈列

8. 散装或混合陈列

散装或混合陈列是将产品的原有包装拆下,将单一品种或几个品种组合在一起陈列于岛形陈列工具内,常以一个统一的价格或在一个较小的价格范围内出售,如图6-12所示。这种陈列方式使顾客觉得产品便宜。

图6-12 散装或混合陈列

意外的酸奶

一、情景描述

一位女高中生在某连锁便利店中打工,由于粗心大意,在进行酸奶订货时多打了一个零,原本每天清晨只需要3瓶酸奶,变成了30瓶。按规矩应由那位女高中生自己承担损失,这意味着她一周的打工收入将付之东流。这就逼她只能想办法将这些酸奶赶快卖出去。她将装酸奶的冷藏柜移到盒饭销售柜旁边,并制作了一个POP,写上"酸奶有助于健康"。令她喜出望外的是,第二天早晨,30瓶酸奶销售一空。谁也没想到这个小女孩戏剧性的实践带来了连锁便利店新的销售增长点。从此,在该连锁便利店中酸奶的冷藏柜同盒饭销售柜摆在了一起。

二、案例分析

合理的产品陈列可以起到产品展示、刺激销售、方便购买、节约空间、美化销售环境的重要作用。

培训项目 5 财务管理

一、财务管理的定义

连锁企业财务管理是指连锁企业利用财务手段,对企业的各个部门,对企业经营的全过程,对产品进、销、存的每一个结算环节进行监督、检查与控制,并对企业的经济效益进行分析,进行财务决策和处理各种财务关系的综合性管理工作。

二、连锁企业财务管理的特点

1. 统一核算,分级管理

由连锁总部进行统一核算是连锁经营众多统一中的核心内容。区域性的连锁企业,由总部实行统一核算;跨区域且规模较大的连锁企业,可建立区域性的分总部,负责对本区域内的门店进行核算,再由总部对分总部进行核算。

连锁企业统一核算的主要内容包括对采购货款进行支付结算、对销售货款进行结算、进行连锁企业的资金筹集与调配等。

门店一般不设专职财务人员。门店与总部在同一区域内的,由总部统一办理纳税登记,就地缴纳各种税款;门店与总部分跨不同区域的,则由该区域的分总部或门店向当地税务机关办理纳税登记,就地缴纳各种税款。

区域分总部应定期向总部汇报该区域全部门店的经营情况、财务状况及各项制度执行情况。

原则上连锁企业在建立时就应实行统一核算,有特殊情况的企业在实行连锁初期,可以分阶段、分步骤地进行核算上的统一。

2. 票流、物流分开

由于连锁企业实行总部统一核算,因此由配送中心统一进货,统一对门店配送。从流程上看，票流和物流是分开的，这同单店式经营中资金与产品同步有着很大的不同。因此，在连锁企业中财务部门与采购部门保持紧密的联系是非常重要的。财务部门在支付货款以前，要对采购部门转来的税票和签字凭证进行认真核对。同时，在企业财务制度中要规定与付款金额数量相对应的签字生效权限。

3. 资产统一运作，资金统一使用，发挥规模效益

连锁经营的关键是发挥企业的规模效益，主要体现为：

（1）连锁企业表面上看是多门店的结合，但由于实行了统一的经营管理，企业的组织化程度大大提高，特别是统一进货、统一配送，使资产的规模优势充分发挥出来。

（2）由总部统一核算，实行资金的统一管理，提高企业资金的使用效率和效益，降低成本、减少费用、增加利润。

（3）实行资产和资金的统筹调配，统一调剂和融通。总部有权在企业内部对各门店的产品、资金和固定资产进行调动，以达到盘活资产、加快产品和资金周转、获取最大经济效益的目的。

4. 地位平等，利益均衡

连锁企业的利润是各个部门通力协作共同创造的，不存在谁地位比谁低、谁为谁服务的问题。各方都遵循利益均沾、风险共担、地位平等、协商共事的原则，不能靠牺牲对方利益获取自身利益。

三、不同类型连锁企业财务管理

1. 直营连锁企业财务管理

直营连锁企业财务管理实行统一核算制。同一地区或城市的连锁企业，实行"总部—分店"管理模式。跨地区的连锁企业，可在非总部所在地区或城市设置地区总部，实行"总部—地区总部—门店"的管理模式，地区总部在总部监督下严格按总部有关规定开展经营管理活动，并进行独立核算，从而形成总部和地区总部两级管理体制，门店的所有账目必须并入总部或地区总部账目。同时，门店应根据管理的需要设置必要的辅助账目，并定期与总部或地区总部对账。门店所有的资产、负债和损益，都归总部或地区总部统一核算。

2. 特许连锁企业财务管理

特许连锁企业的总部对加盟店拥有经营权和管理权，加盟店对门店拥有所有权和收益权。加盟店具备法人资格，实行独立核算。

加盟店根据合同，通常按不高于销售额（营业额）3%的比例支付给特许者与其生产经营有关的特许权使用费，计入管理费。特许者收到加盟店交来的特许权使用费之后，计入其他业务收入。

3. 自由连锁企业财务管理

自由连锁企业的各门店按规定支付给总部与生产经营有关的服务费，列入管理费用。总部收到后计入其他业务收入。

总部经营所得税后利润，可视情况部分返还各门店。具体返还比例和返还方式由总部和门店在协议中确定。

四、财务分析指标

1. 收益性指标

收益性指标反映经营的获利能力。收益性指标主要有营业收入达成率、毛利率、营业费用率、净利额达成率、净利率、总资产报酬率以及所有者权益率等。收益性指标的计算数据大多来自损益表。

（1）营业收入达成率。营业收入达成率指连锁企业各个门店的实际营业额与目标营业额的比率。其计算公式为：

$$营业收入达成率 = 实际营业额 / 目标营业额 \times 100\%$$

评估门店营业收入达成率的同时还应该评估门店各部门的营业收入达成率。比率越高，表示经营绩效越高；比率越低，表示经营绩效越低。一般来说，营业收入达成率为100%～110%比较理想。大于110%，说明目标制定得过低；小于100%，说明没有完成计划。

（2）毛利率。毛利率指毛利额与营业额的比率。它反映的是连锁企业门店的基本获利能力，其计算公式为：

$$毛利率 = 毛利额 / 营业额 \times 100\%$$
$$= （营业额 - 销售成本） / 营业额 \times 100\%$$

当经营多种产品时，总毛利率（即综合毛利率）的计算公式为：

$$总毛利率 = \Sigma（各类产品的毛利率 \times 该类产品的销售比重）$$

比率越高，表示获利空间越大；比率越低，表示获利空间越小。国外超市的毛利率可以达到16%～18%，便利店的毛利率可以达到30%以上。我国由于超市和便利店处于贴身竞争阶段以及总部的产品管理水平有限，目前毛利率普遍较低。

此外，各类产品的毛利率也并不相同。一般来说，生鲜产品的毛利率较高，平均在 20% 以上；一般食品、糖果饼干的毛利率较低，平均不到 18%；烟酒类产品的毛利率最低，为 8%。

（3）营业费用率。营业费用率指连锁企业门店营业费用与营业额的比率。它反映的是营业费用占营业额的比率。其计算公式为：

$$营业费用率 = 营业费用 / 营业额 \times 100\%$$

影响营运绩效最直接的因素就是营业费用，它是指维持运作所消耗的资金，一般包括租金、折旧费用、人事费用、营运费用等。一个营业额高的店如果营业费用也高，营业费用就会抵消它的利润。

中国连锁经营协会的资料显示，工资、房租、水电费是连锁企业主要的费用开支。便利店的房租最高，占其营业费用的 30%，占其营业额的 4%；水电费占其营业费用的 20%，占其营业额的 1.2%。

营业费用率比率越高，表示营业费用支出的效率越低；比率越低，表示营业费用支出的效率越高。如果毛利率为 16%~18%，则营业费用率应该控制在 14%~16%。实际上很多连锁门店的营业费用都超过了毛利额，主营业务利润为负数，利润的主要来源是通道费用、年终返利和其他收入。

（4）净利额达成率。净利额达成率指连锁企业门店税前实际净利额与税前目标净利额的比率。它反映的是门店的实际获利程度。其计算公式为：

$$净利额达成率 = 税前实际净利额 / 税前目标净利额 \times 100\%$$

净利额达成率应在 100% 以上。比率越高，说明目标利润额完成得越好。

（5）净利率。净利率指连锁企业门店税前净利润与营业额的比率。它反映的是门店的实际获利能力。其计算公式为：

$$净利率 = 税前净利润 / 营业额 \times 100\%$$

净利率的参考标准是 2% 以上。

（6）总资产报酬率。总资产报酬率指税后净利润与总资产的比率。它反映的是总资产的获利能力。其计算公式为：

$$总资产报酬率 = 税后净利润 / 总资产 \times 100\%$$
$$= 税后净利润 / [（期初总资产 + 期末总资产）/2] \times 100\%$$

总资产报酬率表示投入资产产生的报酬率，用来衡量经营者的经营绩效，测量总资产的获利能力。比率越高，表示资产产生的净利润越高；比率越低，表示资产产生的净利润越低。一般参考标准在 20% 以上。

（7）所有者权益率。所有者权益率指净利润与所有者权益的比率。其计算公式为：

$$所有者权益率 = 净利润 / 所有者权益 \times 100\%$$

所有者权益是所有者在企业资产中享有的经济效益，其数额为企业资产总额减去负债后的余额。所有者权益率是反映企业经营效益的重要指标，表明股东投资的收益率。所有者权益率越高，说明股东投资增值越多。

2. 安全性指标

经营的安全性主要是通过财务结构来反映的。评估的主要指标是流动比率、速动比率、负债比率、自有资产比率、固定比率。安全性指标的数据主要来自资产负债表。

（1）流动比率。流动比率指流动资产与流动负债的比率。它主要用来衡量连锁企业门店的短期偿债能力。其计算公式为：

$$流动比率 = 流动资产 / 流动负债 \times 100\%$$

流动比率参考标准为 100%～200%。流动比率越高，表明短期偿付能力越强；流动比率越低，表明短期偿付能力越低。流动比率太高，则产生闲置资金，影响资金使用效率。

（2）速动比率。速动比率指速动资产与流动负债的比率。它反映的是门店短期偿债能力的强弱。速动比率是对流动比率的补充，并且比流动比率反映得更加直观可信。其计算公式为：

$$速动比率 = 速动资产 / 流动负债 \times 100\%$$
$$= （流动资产 - 存货 - 预付费用）/ 流动负债 \times 100\%$$

速动比率的高低能直接反映企业的短期偿债能力强弱。如果流动比率较高，但流动资产的流动性很低，则表明企业的短期偿债能力仍然不高。在流动资产中，有价证券一般可以立刻在证券市场上出售，转化为现金，应收账款、应收票据、预付账款等可以在短时期内变现，而存货、待摊费用的变现时间较长，特别是存货，很可能发生积压、滞销等情况，其流动性较差。因此，流动比率较高的企业，偿还短期债务的能力并不一定很强，而速动比率更能准确反映短期偿债能力。速动比率一般应保持在 100% 以上。一般来说，速动比率与流动比率的比值在 1.5 左右最为合适。

（3）负债比率。负债比率指负债总额与资产总额的比率。其计算公式为：

$$负债比率 = 负债总额 / 资产总额 \times 100\%$$

负债总额指门店承担的各项负债的总和，包括流动负债和长期负债。资产总额指门店拥有的各项资产的总和,包括流动资产和长期资产。

负债比率越高,表示负债越高,风险越高;负债比率越低,表示负债越低,风险越低。负债比率若大于100%,则说明企业资不抵债。

一般来说,在经营情况好、门店发展稳定的情况下,适当举债有利于连锁企业开拓经营、增加利润。但如果经营状况不佳,门店经营不稳定,增加负债则会带来巨大的风险。

(4) 自有资产比率。自有资产比率指所有者权益与资产总额的比率,表示连锁企业自有资产占总资产的比率。它反映的是门店的长期偿债能力。其计算公式为:

$$自有资产比率 = 所有者权益 / 资产总额 \times 100\%$$

自有资产比率越高,表明门店举债数额越少,偿债能力越强,参考标准在50%以上。

(5) 固定比率。固定比率指固定资产与所有者权益的比率。其计算公式为:

$$固定比率 = 固定资产 / 所有者权益 \times 100\%$$

当固定比率小于100%时,说明连锁企业自有资产雄厚,全部固定资产由自有资产来保证还有余量;固定比率大于100%时,说明部分固定资产是由负债提供的,固定资产很难转化为现金,而负债必须以现金来偿还。因此,固定比率高,说明连锁企业的固定资产贡献不足,财务结构不合理。固定比率的参考标准是100%以下。

3. 效率性指标

效率性指标主要反映门店的经营水平。效率性指标又可以分为产品类效益指标和销售类效益指标。产品类效益指标包括动销率和售罄率、来客数和客单价、同比和环比、产品周转率、存销比以及销售金额(件数)占比。销售类效益指标包括交叉比率、人效和平效、劳动分配率、盈亏平衡点销售额、经营安全率、总资产周转率、固定资产周转率。

(1) 动销率。动销率也称动销比,是指门店有销售的产品品种数与门店经营产品品种总数的比率,是一定时间内考察库存积压情况或各类产品销售情况(即门店经营产品结构的贡献效率)的一个重要指标,从中可以看到整体库存的有效性。计算公式为:

$$动销率 = 动销品种数 / 门店经营总品种数 \times 100\%$$

它反映了进货品种的有效性。动销率越高,有效的进货品种数越多;反之,则无效的进货品种数越多。动销率一般按月度进行统计,比如某门店销售产品品种数总计为 2 900 种,某个月有销售的产品品种数为 2 850 种,则该门店的动销率为:

$$2\ 850/2\ 900 \times 100\% \approx 98.28\%$$

在实际操作中,如果需要了解某一单品的动销情况,一般会使用以下计算公式:

产品动销率 = 产品累计销售数量 / 产品期末库存数量

累计销售数量可以按会计年度或者产品的销售年度来累计。对动销率进行分析比较后,应重点关注那些动销率低的产品。

(2)售罄率。售罄率是指一定时期某种货品的销售数量与总进货数量的比率,根据时间范围的不同可分为周售罄率、月售罄率、季度售罄率、季末售罄率。其中季末售罄率是指整个产品销售期的销售数量和产品的总到货数量的比率。售罄率计算公式为:

售罄率 = 某时间段的销售数量 /(期初库存数量 + 期中进货数量)× 100%

分析售罄率可以及时了解产品的销售状况,检验产品的库存消化速度,对于采取期货制订货的连锁企业比较适用,如服装连锁企业,而对于随时补货的快速消费品则一般不用这个指标。

售罄率可用于确定一批货销售多少比例才能收回销售成本和费用,及货品销售到何种程度可以进行折扣销售或清仓处理。

(3)来客数。来客数是指一段时间内进入门店购物的顾客人数,其计算公式为:

来客数 = 通行人数 × 入店率 × 交易率(依据发票数目统计)

来客数越高,表明客源越广;来客数越低,表明客源越窄。

(4)客单价。客单价是指门店的每日平均营业额与每日平均来客数的比率,其计算公式为:

客单价 = 每日平均营业额 / 每日平均来客数

= 顾客的平均购买产品个数 × 单品平均价格

单品平均价格 = 所有单品价格之和 / 单品个数

客单价越高,表明顾客一次平均消费额越高;客单价越低,表明顾客一次平均消费额越低。营业额等于来客数乘以客单价,因此来客数和客单价会直接影响营业额。

（5）同比。同比是与历史同时期比较，就是与不同年份的同一时期做比较。比如，将2021年5月与2020年5月的数据进行对比。

$$同比增长率 =（本期数 - 同期数）/ 同期数 \times 100\%$$

如果计算值为正值，则称为增长率；如果计算值为负值，则称为下降率。如果本期指本日、本周和本月，则上年同期相应指上年同日、上年同周和上年同月。

比如，某门店今年3月份的销售额是60 000元，去年3月份的销售额是50 000元，则：

$$同比增长率 =（本期数 - 同期数）/ 同期数 \times 100\%$$
$$=（60\,000 - 50\,000）\div 50\,000 \times 100\% = 20\%$$

（6）环比。环比是指与前一个相邻的时期做比较，比如3月份与2月份相比较。环比包括环比增长率和环比发展率两种。

$$环比增长率 =（本期数 - 上期数）/ 上期数 \times 100\%$$

它反映本期比上期增长了多少。

$$环比发展率 = 本期数 / 上期数 \times 100\%$$

它反映前后两期的发展变化情况。

如果计算值为正值，则称为增长率；如果计算值为负值，则称为下降率。如果本期指本日、本周、本月和本年，则上期相应指上日、上周、上月和上年。

例如，某门店今年3月份的销售额是30 000元，4月份的销售额是40 000元，则：

$$环比增长率 =（本期数 - 上期数）/ 上期数 \times 100\%$$
$$=（40\,000 - 30\,000）/ 30\,000 \times 100\% \approx 33.3\%$$

$$环比发展率 = 本期数 / 上期数 \times 100\%$$
$$= 40\,000 / 30\,000 \times 100\% \approx 133.3\%$$

（7）产品周转率。产品周转率是指销售额与平均库存的比率，计算公式为：

$$产品周转率（次数）= 销售额 / 平均库存$$
$$= 销售额 / [（期初库存 + 期末库存）/ 2]$$

产品周转率反映的是产品的流动速度，其数值越大，流动速度越快，表明产品的销售情况越好。

例如，100元的产品一年周转12次，其价值就是1 200元；周转4次，那么该产品的价值就只有400元。该项指标的参考标准为30次/年以上。不同产品的产品周转率并不相同，一般来说，农产品的产品周转率最高，日用百货的产品周转率最低。产品周转率一般结合行业平均水平进行评价。

（8）存销比。存销比也称库销比，是指在一个周期内，产品库存与周期内销售额的比率。它是用天数来反映产品即时库存状况的相对数，反映的是多少个单位的库存实现1个单位的销售，反映资金利用效率。计算公式为：

$$存销比 = 月末库存 / 月总销售额 \times 100\%$$

例如，某门店10月份销售总金额为409 070元，截至10月末库存为1 852 904元，则：

$$存销比 = 1\,852\,904/409\,070 \times 100\% \approx 452.96\%$$

需要注意的是，越是畅销的产品，存销比就应越小，这样就能加快产品的周转效率；越是滞销的产品，其存销比就越大。

（9）销售金额（件数）占比。它是指所售产品的销售金额或件数占销售总金额或总件数的百分比。它反映的是所售产品对门店业绩的重要性以及是否与其他门店一致，以此为排列货品的先后次序提供依据。计算公式为：

$$销售金额（件数）占比 = 销售金额（件数）/ 销售总金额（件数）\times 100\%$$

一般来说，在门店产品的构成中，如果30%的产品创造了70%的销售金额，表明产品构成基本正常，这时应将工作重点放在引进新品、淘汰滞品上。偏离了30%的产品产生70%销售金额的现象均属不正常，例如，50%的单品实现了50%的销售金额，表明该门店的产品中什么都能卖一点，但什么都卖不好，这时采购部门、营运部门要深入分析并调整产品结构。

（10）交叉比率。交叉比率是指毛利率与产品周转率的乘积，反映的是连锁门店在一定时间内的获利水平。计算公式为：

$$交叉比率 = 毛利率 \times 产品周转率 \times 100\%$$

交叉比率融合了毛利率和产品周转率，可以更精确地对产品进行分析，从而更详实地反映产品的实质绩效。因此，这是一个衡量总体盈利能力的综合性指标，其经济意义是每投入1元的流动资金，在一定时期内可以创造多少元的毛利。交叉比率数值越大越好，因它同时兼顾产品的毛利率及产品周转率，表示毛利率高且周转又快。

（11）人效和平效。人效，也称人员绩效，是营业额与门店员工数的比率。它是一个生产力指标，反映门店的劳动效率，其计算公式为：

$$人效 = 营业额 / 门店员工数 \times 100\%$$

该比率越高,表示员工绩效越高;该比率越低,表示员工绩效越低。

平效,即卖场面积效率,也称卖场绩效,是指卖场单位面积的效率,是评估卖场实力的一个重要标准,其计算公式为:

$$平效 = 营业额 / 卖场面积 \times 100\%$$

该比率越高,表明卖场单位面积所创造的营业额越高;该比率越低,表明卖场单位面积所创造的营业额越低。一般小面积卖场的平效会比较高,例如百货商场内的专卖店。另外,不同种类产品的平效也不同。例如,烟酒的周转率高,单价高,所占面积小,故其平效就高,而食品的平效则较低。

(12)劳动分配率。劳动分配率是指连锁企业门店的人事费用与营业毛利的比率,反映的是人工费用对盈利的贡献程度。其计算公式为:

$$劳动分配率 = 人事费用 / 营业毛利 \times 100\%$$

人事费用包括员工工资、奖金、加班费、劳保费和伙食津贴等。

该比率越高,表明员工创造的毛利越低;该比率越低,表明员工创造的毛利越高。劳动分配率的一般参考标准在50%以下。

(13)盈亏平衡点销售额。盈亏平衡点销售额是指连锁企业门店盈亏达到平衡时的销售额。其计算公式为:

$$盈亏平衡点销售额 = 固定费用 / (毛利率 - 变动费用率)$$

盈亏平衡点销售额越低,表明获利时点越快;盈亏平衡点销售额越高,表明获利时点越慢。

(14)经营安全率。经营安全率是指连锁企业门店的安全销售额与实际销售额的比率。它反映的是门店的经营安全程度。其计算公式为:

$$经营安全率 = 安全销售额 / 实际销售额 \times 100\%$$
$$= (实际销售额 - 盈亏平衡点销售额) / 实际销售额 \times 100\%$$

经营安全率越大,表明该门店的经营状况越好。一般来说,经营安全率在30%以上为良好;经营安全率在10%以下则为危险。

(15)总资产周转率。总资产周转率是指连锁企业的年销售额与总资产的比率。它反映的是连锁企业总资产的利用程度,其计算公式为:

$$总资产周转率 = 年销售额 / 总资产$$
$$= (营业收入 + 非营业收入) / [(期初总资产 + 期末总资产) / 2]$$

该比率越高,表示资产利用程度越高,也就是资产经营效率越高;该比率越低,表示资产利用程度越低,即资产经营效率越低。一般来说,总资产周转率的参考标准是 2 次以上。

（16）固定资产周转率。固定资产周转率是指连锁企业的年销售额与平均固定资产的比率。它反映的是连锁企业利用固定资产的效果，其计算公式为：

$$固定资产周转率 = 年销售额 / 平均固定资产$$
$$= 年销售额 / [（期初固定资产 + 期末固定资产）/2]$$

该指标越高，表明固定资产的使用效果越好。一般来说，固定资产周转率的参考标准为每年 4 次。

4. 发展性指标

发展性指标主要反映企业成长速度，包括营业额增长率、开店速度、营业利润增长率、卖场面积增长率。

（1）营业额增长率。营业额增长率是指门店的本期营业额同上期相比的变化情况，反映的是门店的营业发展水平。其计算公式为：

$$营业额增长率 = （本期营业额 / 上期营业额 -1）\times 100\%$$

该比率越高，表明成长性越好；该比率越低，表明成长性越差。

（2）开店速度。开店速度是指连锁企业本期门店数目与上期门店数目相比的增长情况，反映的是连锁企业连锁化经营的发展速度。其计算公式为：

$$开店速度 = （本期门店数 / 上期门店数 -1）\times 100\%$$

开店速度取决于发展战略与发展目标是否恰当、开店的营运标准是否健全、有没有专业队伍以及资金条件，否则连锁化经营快速发展的风险是很大的。

（3）营业利润增长率。营业利润增长率是指门店本期营业利润与上期营业利润相比的变化情况。它反映的是连锁企业门店获得利润能力的变化情况。其计算公式为：

$$营业利润增长率 = （本期营业利润 / 上期营业利润 -1）\times 100\%$$

该比率越高，表明利润成长性越好；该比率越低，表明利润成长性越差。营业利润增长率至少要大于 0，最好要高于营业额增长率。

（4）卖场面积增长率。卖场面积增长率是指连锁企业门店本期卖场面积与上期卖场面积相比的变化情况。其计算公式为：

$$卖场面积增长率 = （本期卖场面积 / 上期卖场面积 -1）\times 100\%$$

新店铺的开拓或者门店卖场面积的扩大都会使得连锁企业门店的总卖场面积增加，从而扩大卖场面积增长率。一般来说，所增加的营业额的比率要高于卖场面积增加的比率，这样才能提高单位面积的营业额，从而提高效益。

连锁企业的经营者主要根据资产负债表、损益表、费用明细表等财务报表进行各项比率的分析,以收益性指标分析获利能力,以安全性指标分析财务状态是否良好及偿债能力的强弱,以效率性指标分析资本及人力的效率,以发展性指标分析企业的发展性。

培训项目 6 人力资源管理

一、人力资源管理概述

1. 人力资源管理的定义

人力资源管理，就是指运用现代化的科学方法，对与一定物力相结合的人力进行合理的培训、组织和调配，使人力、物力经常保持最佳比例，同时对人的思想、心理和行为进行恰当的诱导、控制和协调，充分发挥人的主观能动性，使人尽其才、事得其人、人事相宜，以实现组织目标。

2. 连锁企业人力资源管理的特点

（1）劳动密集性。连锁行业是直接与消费者打交道的行业，也是一个劳动密集型行业。这一特点使连锁企业内部人力资源管理较为复杂，主要表现在非熟练人员多、工作时间长、员工在顾客面前显现率高、顾客需求多样等。

连锁企业人力资源管理的劳动密集性这一特点，决定了它必须强调基层管理，加强企业文化建设。另外，这一特点也导致连锁企业在薪酬设计、培训开发等方面与其他行业的差异性。

（2）空间分散性。连锁经营的特征决定了其空间分散性的特点，连锁企业要完成目标市场的覆盖和品牌知名度的提升，就必须在尽可能远的地方建立尽可能多的网点。连锁企业空间分散性的特点决定了连锁经营人力资源管理的其他一些特点和难点，如管理的集中与分散、管理权向加盟点的倾斜、统一与多样性的平衡以及沟通手段的现代化等。

（3）顾客接触性。连锁经营大多分布在服务行业，需要与顾客有大量接触。顾客接触性这一特点决定了连锁模式下人力资源管理的其他环节，如人员选聘、培训、考评等环节的特殊性。在人员选聘方面，情感态度方面的特征可能要比智力水平更重要，热情勤恳的员工比思维敏捷的员工更符合企业的需要。在员工培训方面，除了一般的操作技能培训外，更应该强调心理情绪调节、沟通技巧方面的培训。在绩效考评方面，员工的情感态度、顾客的心理感受、操作过程的标准规范等成为考评的重要内容。

（4）管理主体多样性。在特许连锁模式下，还存在着管理主体多样性的特点。在特许连锁模式下，加盟店有加盟商和总部两个管理主体。尽管两个管理主体在总体利益上有一致性，而且有前期的加盟契约，两者在经营观念和管理行为上会大体一致，但二者在经营环境判断、未来预期、利益诉求上都可能会产生分歧，这些差异会影响其经营策略，进而会在人力资源管理策略上发生分歧。比如在人力资源开发投资上，加盟商可能会倾向于短期行为，而连锁总部更追求长期利益。就各加盟店员工而言，他们面临着双重管理主体，即加盟商和连锁总部。加盟店员工在面临双重管理者时的态度及行为选择也会增加管理的复杂性。

二、连锁企业人员配置的原则

根据连锁企业的管理需要，门店一般设有店长、部门主管、收银员、营业员、理货员等岗位。在进行人员配置时通常遵循以下原则：

1. 能级对应原则

合理的人员配置应使连锁企业员工团队的整体功能强化，使人的能力与岗位要求相对应。人员的配置应做到能级对应，就是说每一个人所具有的能力水平与所处的层次和岗位的能级要求相对应。

2. 优势定位原则

每个人都有自己的长处和短处，有其总体的能级水准，同时也有自己的专业特长及工作爱好。优势定位内容有两个方面：一是员工应根据自己的优势和岗位的要求，选择最有利于发挥自己优势的岗位；二是管理者也应将员工安置到最有利于发挥其优势的岗位上。

3. 动态调节原则

动态调节原则是指当连锁企业人员或岗位要求发生变化时，要适时地对人员配备进行调整，以保证始终使合适的人工作在合适的岗位上。如果搞一次定位，一职定终身，既影响工作，又不利于人的成长。

4. 内外兼顾原则

一般来说，企业在使用人才，特别是高级人才时，总觉得人才不够，抱怨本单位人才不足。其实每个单位都有自己的人才，问题是"千里马常有，而伯乐不常有"。因此，要在企业内部建立起人才资源的开发机制和使用人才的激励机制。

三、连锁企业培训的内容

培训既是员工掌握知识和技能、提高素质的重要途径，又是员工激励的重要形式，它能促进员工的职业发展。连锁门店应该按照企业的战略目标，有计划、有组织、有步骤地向员工灌输正确的经营观念，传授业务技能和相关专业知识，促进企业人力资源质量的提升。连锁企业培训管理一般包括培训内容的设计、培训方法的选择、培训项目的实施及培训效果的评价等。针对不同的培训对象，连锁企业的主要培训内容包括：

1. 新员工培训

新员工培训也称岗前培训或上岗培训。新员工虽然不再是企业的局外人，但还没有完全被企业所接纳。此时他们会感到一种心理压力，要减轻压力，培训是非常重要的手段。企业在这个阶段应向新员工传递各种信息，帮助他们完成由非员工向员工的转变。这一阶段的培训内容有：

（1）企业文化培训。首先是企业文化精神层次的培训。这类培训的目的是让新员工了解和认同企业的经营理念，了解企业发展史、企业宗旨、企业哲学、企业精神和企业作风。其次是企业文化制度层次的培训。企业应组织新员工认真学习企业的规章制度，如考勤、奖励、财务、福利、晋升制度等，以及与企业经营活动有关的业务制度和行为规范，如站姿、礼貌用语、服务禁忌等。最后是企业文化物质层次的培训。企业应让新员工了解门店的内外部环境、各部门和单位的地点和性质、本企业的经营范围、各种视觉识别物及含义等。总之，通过企业文化培训，应使新员工形成一种与企业文化相一致的心理定式，较快地与企业的共同价值观相协调。

（2）业务培训。新员工的业务培训内容主要有：参观门店运营的全过程，请业务熟练的老员工讲解主要工作流程；请企业的业务经理给新员工上课，讲解企业中最基本的业务知识；根据不同岗位，分别学习本部门有关的业务知识、工作流程、工作要求及操作要领；由专业培训师以案例形式讲解本企业在经营活动中的经验和教训，使新员工掌握工作原则和工作要求。此外，新员工可进行有针对性的模拟实习，也可以开展老员工对新员工的"传、帮、带"活动。无论是销售、服务岗位还是职能部门的管理岗位，都应派素质高、有经验的老员工，以师徒的形式对新员工进行具体、细致、系统的辅导和指导，如服务技巧、办事方法等，帮助新员工顺利走上工作岗位。

2. 在职员工培训

对在职员工进行培训也是企业提高员工素质的基本途径。它通常有以下两种形式：

（1）在岗培训。在岗培训是对在职员工进行的以提高本岗位工作能力为主的不脱产培训。新员工经过岗前培训并经考核合格上岗后，虽已具备了单独投入工作、正式服务的能力，但还应不断进行持续的培训。在岗培训的内容比新员工培训层次更深，是岗前培训的继续和发展并且贯穿于员工工作的全过程。在岗培训可按培训对象、内容的不同来组织，具体方式有岗位训练、专题讲座、业务教育等。

（2）转岗培训。转岗培训是指员工由于工作需要或其他原因转换岗位而进行的培训。为使转岗人员尽快适应新的环境，取得新岗位上岗资格，必须进行转岗培训。培训内容主要是根据新岗位要求补充必要的新知识、新技术和新能力，以适应新环境的要求。

四、连锁企业绩效考评的作用

绩效考评就是对人与事进行评价，即对人及其工作状况进行评价，要通过评价体现人在组织中的价值或贡献程度。它包括三层含义：一是从企业经营目标出发进行评价，并使评价以及评价之后的人力资源管理有助于企业经营目标的实现；二是作为人力资源管理系统的组成部分，运用一套系统的制度性规范工作程序和方法进行评价；三是对组织成员在日常工作中所显现出来的工作能力、工作态度和工作成绩，进行以事实为依据的评价。

1. 人员培训与开发

绩效考评信息的重要用途是向员工提供反馈，让他们了解自己的工作情况，从而改进工作中由于个人的原因而产生的缺陷和不足，为人员的培训提供可靠的依据。因此，绩效考评可以说是一种诊断手段，通过科学的、公正的、积极可靠的考核评价，使人们了解和发现自己的缺点。

2. 劳动工资与报酬

绩效考评能够根据"效率优先、兼顾公平、按劳付酬"的分配原则，用考核评价的结果公平合理地确定员工的工资报酬。连锁企业应该尽可能使绩效考评结果与报酬升降之间有比较直接的联系，即按照考评结果决定工资报酬的升降幅度，从而充分调动员工的积极性。在实际工作中，可以从以下两个方面运用考评手段：

（1）在全面调整工资时，由人力资源部门对员工的绩效进行全面的考核与评定，并结合薪资调整的政策与其他具体要求（如工龄、职务等），确定其应调整的幅度。

（2）在日常工作中，定期进行考核与评定，用以确定奖金的数额。这种考评已被企业普遍使用。

3. 员工的岗位调配

绩效考评是员工工作岗位调配决策的重要前提和依据。例如，许多连锁企业对聘用或选拔的人员实行试用期的制度，建立试用期的目的是十分明确的，即通过不同岗位工作的锻炼，以考察评估其综合素质状况，以及工作的适应性、岗位的适合度。比如让员工在几个部门或岗位分别干几个月，承担不同的工作任务，然后对员工的绩效做出全面的考核评价，根据评估结果，将员工安排到最能发挥其能力的岗位。

4. 员工提升与晋级

绩效考评还可以作为员工提升与晋级的依据。在连锁企业中，每一个工作岗位所要求的专业知识和技能水平都不同，而每个员工又都各具特色，既有自己的长处和优势，又有自己的不足和劣势。连锁企业用人就要扬长避短，不能大材小用，也不能小材大用。对于工作岗位的客观要求，可以通过工作岗位分析来衡量和确定。通过绩效考评，可以掌握员工各种相关的工作信息，如劳动态度、岗位适合度、工作成就、知识和技能的运用程度等。根据这些信息，连锁企业可以正确地做出人事决策，有效地进行员工提升、晋职、降职、降级等人力资源管理工作。

五、绩效管理的流程

1. 确定绩效目标

绩效目标是员工在一个绩效周期内要达到的工作目标。绩效目标可以帮助员工关注对企业更为重要的工作任务，鼓励较好的计划以分配关键资源，并激发为达到目标而做的行动准备。员工个人绩效目标来源于企业、部门的总体目标的分解，即通过一种专门设计的过程使目标具有可操作性。

2. 制订绩效计划

绩效计划制订的及时性与合理性，很大程度上决定着绩效目标达成的可能性。

在绩效计划制订过程中，主管与员工根据企业的战略经营计划、本部门目标、员工所在岗位的职责共同分析、探讨员工下一个绩效周期的工作任务、应达到的程度、衡量的标准以及工作完成的实现，达成共识并签订绩效合约。绩效计划不仅使员工清楚地知道工作的努力方向，也将成为绩效考核的指标。

3. 绩效的实施与管理

绩效实施是绩效目标达成与否的关键阶段，贯穿于整个绩效周期。主管在过程中需要根据绩效计划，随时对员工绩效的执行情况进行管理，确保按计划达成绩效目标。绩效计划顺利进行的有效手段是绩效沟通，即在计划实施的过程中，主管与员工既要解决员工在完成指标过程中遇到的问题，同时要对客观环境或条件的变化导致的异常指标进行合理的调节和完善。

4. 绩效评价

绩效评价讲求用数据和事实说话，因此主管需要在平时做好工作完成情况的收集工作。需要注意的是，主管首先要汇总和检查员工的相关绩效数据是否准确、完整，如发现有不符的数据应加以证实，或通过与其他渠道收集的数据进行对比，判断原始信息的可信度。在确认数据无误后，依据绩效数据对员工绩效完成情况进行评价。

常见的评价方式包括工作标准法、叙述评价法、量表评价法、关键指标考核法、关键事件记录评价法、目标管理法、360度考核法等。

5. 绩效面谈

绩效管理不是以分数为结果的。通过绩效面谈，主管与员工可以实现以下目的：一是员工汇报工作进展情况，或就工作中遇到的困难向主管进行反馈，寻求解决方法；二是主管对员工的工作与目标计划之间的偏差进行原因分析，找到改进措施。

6. 绩效评价结果的应用

绩效评价结果可作为员工报酬的分配和调整、人员奖励与处罚、岗位调整、培训与职业生涯管理、招聘计划等决策的重要依据。

培训模块 七
连锁经营信息管理

培训项目 1　连锁企业信息管理
培训项目 2　连锁企业信息系统

培训项目 1 连锁企业信息管理

一、信息与信息管理

1. 信息的定义

信息是指通过语言、文字、声音、图形、图像以及其他一些方式传送的内容。

2. 信息的特点

企业的信息资源是指产生于企业内外部、企业可能得到和利用的与企业生产活动有关的各种信息，具有以下特点：

（1）时效性。企业信息资源具有生命周期。在生命周期内，信息资源有效，否则信息资源无效。信息资源的有效性要求企业的信息应尽可能地被得到并被使用。因此，企业在收集、处理和利用信息资源时，必须保证信息传递通道的畅通和快速。

（2）有序性。有序性是指相关信息的发生在时间上具有连贯性、相关性和动态性，根据信息资源的过去可以分析现在，进而推测未来。为了保证企业信息资源的有序性，企业要连续收集信息，利用先进的存储设备建立数据库并开发高效、便捷的检索方法。

（3）共享性。共享性表现为同一信息可供多人使用。在企业信息资源中，这种共享性表现在两个方面：一是企业内部的许多信息可以被各个部门使用，从而保证决策的一致性和行为的可协调性；二是企业与外部之间的信息能够互相交换、共同利用。共享性并不排斥企业信息资源中的一部分尤其是产生于企业内部的信息资源由于某些原因而不能广泛地共享，只能由某些人专用。

（4）可存储性。企业的信息资源可以以文字、图形、声音、符号等形式存在，一种信息资源必须借助于各种媒体才能存在和传输，并由此产生各种存储方式。

信息资源的可存储性要求存储的信息内容真实、安全。

3. 信息管理的定义

连锁企业信息管理主要是指通过信息技术，以合理化、制度化、规范化的观念，提高产品的流通效率，使物流、资金流和信息流等通畅无阻，从而改善经营环境、降低中间成本、提高产品竞争力，同时，更好地掌握市场趋势，创造更多的商业机会，快速、便利地适应消费者，满足消费者需求。

4. 信息管理的主要内容

信息管理的主要内容包括建立业务与管理流程、建设企业总体数据库、建立自动化及管理系统、建立企业内部网、建立企业外部网。

二、连锁企业的信息构成

企业信息按其来源可分为内部信息和外部信息两大类。

1. 企业内部信息

企业内部信息是指企业内部产生的各种信息，它是反映企业目前的基本状况和企业经济活动的信息。企业状况信息包括企业的基本情况，如人、财、物的构成，企业规模等。企业经济活动信息包括供、产、销等生产经营信息，以及财务、新产品开发等信息。具体内容如下：

（1）生产信息。生产信息是指反映生产过程的信息，如生产计划、工序管理、工业流程、库存、在制品等信息。

（2）财务信息。财务信息主要是指资金流动信息，包括资产、负债、权益、收入、费用和利润及其相互关系。

（3）营销信息。营销信息主要包括订单、装运、应收账款、销售报告等一系列销售信息。它是企业信息结构最重要的组成部分。

（4）技术信息。技术信息反映的是本企业产品是基于何种技术条件产生的，以及企业的技术手段、科技开发能力、知识产权、技术经费和组织情况等。

（5）人才信息。人才信息反映企业各种人才的基本情况，如专长、教育背景等，是企业经营者了解企业人才结构的依据。

2. 企业外部信息

（1）宏观社会环境信息。宏观社会环境信息包括国内政治经济形势、社会文化状况、法律环境等信息。

（2）科学技术发展信息。科学技术发展信息包括与企业经营相关的科学技术发展的信息。这些信息往往展示产品发展的方向，在新产品研发中发挥重要作用。

（3）生产资料信息。生产资料信息主要包括企业正常生产所需要的设备、原料等物资的供应和来源信息。

（4）市场信息。市场信息是营销信息的主体，它反映产品的供需关系和发展趋势，主要包括市场需求信息、竞争信息和用户信息。

三、连锁企业信息采集

连锁企业信息采集是指连锁企业管理者根据一定的目的，将连锁企业内外各种形态的信息采集并汇聚起来，供自身系统使用的过程。它是连锁企业信息管理过程的起点，并且贯穿信息管理工作的全过程。

1. 信息采集的要求

（1）真。真包括真实、准确、完整。真实，指的是采集的信息必须是真正已经发生的，或者是真正可能发生的。准确，指的是对信息内容表述的程度，要求对采集到的真实信息的表述是准确无误的。完整，指的是信息内容组成的程度，要求采集到的信息是完整无缺的。

（2）快。快包括三层含义：一是指信息自产生到被采集的时间间隔短，即采集刚刚发生的信息；二是指在执行某一任务急需某一信息时能够很快采集到该信息，即及时；三是指连锁企业采集某一任务所需的全部信息花的时间越少则越快。

（3）多。多指所采集信息的"量"，也指所采集到的信息内容系统、连续。"量"是相对值，指相对于具体的采集目的，用较少的时间采集到比较多的信息，效率高。"系统"是信息围绕某个问题在空间范围上的横向延伸。"连续"是信息围绕某个问题在时间范围上的纵向延伸。信息采集工作要尽可能与事物的发展变化同步，信息采集工作的系统性和连续性，是保证采集到的信息系统、连续的前提。

（4）准。准又称针对性。它包括两层含义：一是指信息具有适用性，即所采集信息的内容与采集目的和信息管理工作的需求是一致的，具有使用价值；二是指信息与采集目的相关，只要与采集目的有一定的相关度，就可以先采集下来。

2. 信息采集的准备

在采集目的、采集范围、信息源、采集技术和采集方法等方面有所准备才能把信息采集工作做好。

（1）采集目的的准备。连锁企业信息管理工作的目的，就是实现连锁企业的战略目标和阶段目标。信息采集的目标是从战略目标、阶段目标派生出来的，是为了实现连锁企业战略目标和阶段目标而产生的信息需求。

（2）采集范围的准备。这是指在信息采集之前恰当地划定信息采集的范围，包括内容范围、时间范围、地域范围。

（3）信息源的准备。社会可以提供的信息源十分丰富，有文献型信息源、口头型信息源、电子型信息源、实物型信息源和内潜型信息源五大类。在采集之前应根据采集目的和信息源特征选择好信息源。

（4）采集技术的准备。信息采集技术包括磁卡、智能卡、条码等。

（5）采集方法的准备。信息采集方法主要有四大类，即自我总结法、直接观察法、社会调查法和文献阅读法。实际采集之前应根据采集目的进行选择和组配。

四、连锁企业信息处理

连锁企业信息处理通常按照"鉴别—筛选—整序—初步激活—编写"的程序进行。

1. 鉴别

鉴别是确认信息内容可靠性的过程。可靠性，包括信息本身真实存在，信息内容正确，对信息的表述准确，数据确切无误，无遗漏、失真、冗余等情况。

2. 筛选

筛选是在鉴别的基础上，对采集到的信息做出弃取决定的工作过程。筛选和鉴别的区别在于：鉴别是确认信息的可靠性，依据的标准是信息的客观事实本身；筛选是确认信息的适用性，依据的是信息管理者的主观需求。

3. 整序

整序是对筛选后保留下来的信息进行归类整理的工作。在企业内已经有了同类信息，并且已经有了整序方式和体系的，则对采集到的信息进行分析，判断采集到的信息可以归入已有的整序体系中的哪一部分，即"归类"。如果在企业已有的整序方式和体系中找不到新采集信息的具体位置，则需要给予新的整序，如分类整序、主题整序。

4. 初步激活

初步激活是对筛选后所保留的信息进行开发、分析和转换，实现信息的活化。

5. 编写

编写是指把经过加工后获得的新信息编写成新的信息资料。

以上信息处理的五个环节一般是顺序进行的,但在实际操作中,并无明显界限,有时几乎是同步进行的。

培训项目 2

连锁企业信息系统

一、信息系统概述

1. 信息系统的定义

信息系统是指依据系统的观点,通过计算机、网络等现代化工具和设备,运用数学的方法,服务于管理领域的人机相结合的信息处理系统。它通过对信息进行采集、处理、存储、管理、检索和传输,向有关人员提供有用信息。

信息系统包括信息处理系统和信息传输系统两个部分。信息处理系统对数据进行处理,使数据获得新的结构与形态或产生新的数据。信息传输系统不改变信息本身的内容,其作用是把信息从一处传到另一处。

2. 信息系统的功能

信息系统被应用于管理领域后,其所实现的功能应该是多方面的。信息系统的不同阶段和不同层次之间是通过信息流紧密地联系在一起的。一个完整的信息系统的功能通常包括信息采集、信息处理、信息存储、信息传输、信息输出等。

3. 信息系统的分类

信息系统按照功能和解决问题侧重点的不同,可以分为电子数据处理系统(electronic data processing system,EDPS)、管理信息系统(management information system,MIS)、办公自动化系统(office automation system,OAS)、决策支持系统(decision support system,DSS)、企业资源规划(enterprise resource planning,ERP)、电子商务系统。

4. 信息系统的作用

(1)建立高效信息传递通道。信息系统,借助于计算机和现代通信网络,可以实现采集市场、销售、库存等方面的信息,进行快速处理,及时传递给产品生产者、中间批发商、连锁企业以及产品的消费者。这种信息采集处理传输渠道，可以保证提供的信息及时性强、错误少、比较详细，使连锁企业按需进货，及时调整库存结构，供应商按照销售需要组织生产。同时，消费者也可以根据市场信息决定如何购买产品，及时得到产品的性能、使用、保养知识，以及较快的售后服务。

（2）实现高效率、低成本运作。先进的信息系统对运营过程进行全面、及时的监控，可以帮助企业实现高效率、低成本运作。通过信息系统可以掌握产品进、销、存的全部动态，当产品数低于安全库存时，计算机可以自动产生订单，向供货商发出订货通知，从而将存货控制在最合理的水平，保证产品持续供应和低成本经营。

（3）促进经营方式和管理转变。信息系统采用计算机，极大地提高了信息处理的速度，达到了提高经营管理效率的目的。通信网络改变了信息传递的方式，使信息采集、传递更加及时，可以实现实时传输。网络广告、网上贸易、网上购物、网络银行和结算，则改变了产品流通的方式和经营方式，使管理者的观念发生变化。

二、连锁企业信息系统的构成

连锁企业信息系统主要包括总部管理系统、门店管理系统、配送中心管理系统、物流管理系统四个组成部分。

1. 总部管理系统

总部管理系统可以监视各个部门和门店的营运情况，并享有最高的决策权。总部管理系统主要是为高层管理者及业务主管提供有力的决策支持，主要涵盖决策管理、门店开发、门店督导、订货管理、进货管理、库存管理、销售管理、财务管理等内容。总部管理系统通常由经营效果评估系统、财务会计系统等构成。

2. 门店管理系统

门店管理系统是连锁企业信息系统的基础，主要功能是整个门店经营过程中产品的销售、补货以及库存全过程信息的管理与控制，完成系统一定范围内的信息采集，为高层经营分析与决策奠定基础。门店管理系统主要包括收银管理、进货管理、要货/订货管理、盘点管理、货位管理、顾客管理、财务管理、数据统计和综合查询等内容，通常由产品供应系统、终端销售系统、人员管理系统、经营管理系统等构成。

3. 配送中心管理系统

在整个连锁企业信息系统中，配送中心管理系统是物流枢纽。配送中心管理系统可分为销售出库管理系统、采购入库管理系统、财务会计系统与经营效果评估系统。

4. 物流管理系统

连锁经营中的物流主要是指在总部统一指导下进行的运输、保管、装卸、包装、库存管理、流通加工等各种物流活动。利用信息技术将这些活动有机地结合起来成为有效达成物流目的的机制，形成物流管理系统。连锁企业的物流管理系统必须要保证连锁企业各门店的订货需求能够得到及时满足，同时要使配送中心的配货成本达到最小。

三、主要信息系统的功能

连锁企业的信息系统，通常以通信联网系统为中心，采用客户机/服务器结构，并运用各种技术手段连接连锁企业、供应商和消费者，构成了全面的信息管理系统。

1. 销售时点系统

销售时点系统（point of sale，POS）是采用条形码技术、设备与收款机联合进行销售数据的实时输入，采用信用卡技术、刷卡设备与收款机联合进行产品销售的实时结算，能够及时跟踪、处理销售与结算支付业务，并根据这些数据对销售进行详细、正确、迅速的分析，为产品的补货和管理提供依据的信息系统。利用POS系统可以及时了解产品的销售动态和周转情况以及库存信息，还可以帮助企业进行产品结构分析，实现对产品的单品管理。

2. 电子数据交换系统

电子数据交换系统（electronic data interchange，EDI）是按照协议在数据通信网络上将具有一定结构特征的标准数据资料在贸易伙伴的计算机系统之间进行交换和自动处理的电子化工具。它将与商贸活动相关的运输、保险、海关等行业信息，用一种标准化的格式进行代码描述，然后通过计算机通信网络，实现企业内部、企业与其他企业或相关机构之间的电子数据传输、处理与交换等。

 **相关链接**

电子数据交换系统在连锁企业中的作用

1. 提高交易频率。由于交易双方的信息通过计算机通信网络传输，可以实时到达，大大缩短业务运作时间。

2. 降低出错的处理成本。信息处理是在计算机上自动完成的，无须人工干预，所以除节约时间外也可以大幅度降低业务处理过程中的差错率，从而降低资料出错的处理成本。

3. 节约库存费用。由于使用EDI后可大幅缩短供需双方的业务处理时间，因而需方可以减少库存，从而降低库存资金占用。

4. 节省人工成本。由于使用EDI后不再需要人工填表、制单、装订、打包、邮寄等一系列过程，可节省人力成本。

5. 降低贸易文件成本。实现贸易无纸化，大幅度节省纸张、印刷、储存及邮寄的费用。

3. 电子订货系统

电子订货系统（electronic ordering system，EOS）是指企业间利用通信网络和终端设备，以在线连接方式进行订货作业和订货信息交换的系统。它是连接供应商、连锁企业总部、配送中心和连锁门店等的整体订货–供货系统。

使用EOS时，订货人员先通过扫描将欲订货产品的条码扫入接收设备，并同时输入订货数量进行订货操作，然后再通过计算机和网络系统将订货信息输送给供应商或配送中心，完成连锁企业与供应商之间的产品订购、运输、调配以及订货、接单、处理、供货指示和结算等作业控制，以最大限度发挥电子订货系统的各种功能。通过与供应商之间建立的EOS系统，连锁企业可以有效减少产品缺货现象，加强采购管理。

4. 管理信息系统

管理信息系统（management information system，MIS）是对一个组织进行全面管理的人和计算机相结合的系统，综合运用网络技术、信息技术、管理技术和决策技术，与现代化的管理思想、方法和手段结合起来，辅助管理人员进行管理和决策。连锁企业管理信息系统是对连锁经营的信息进行收集、加工、传递、存储等的组织体系,为企业进行决策、设计、组织、控制、协调等管理职能提供信息服务。

5. 价值增值网络系统

价值增值网络系统(value added network,VAN)是连锁企业与其战略联盟企业之间实现信息资源共享的网络系统。战略联盟企业之间可以相互传递信息或了解对方的信息,但对联盟外部保密。它可以减少搜寻成本等交易费用和一些中间环节,能实现各个企业在原有基础上的价值增值。

上述各信息系统不是独立存在的,而是整合起来形成一个有机的网络,以消除信息收集的重复和各功能系统的局限性。在此基础上,一些新的网络信息技术层出不穷,如供应链管理系统、物流配送系统、人力资源管理系统等。连锁企业要根据自身发展需要建设相应的信息网络,帮助企业提高运营效率。

典型案例

沃尔玛的信息化

一、情景描述

将信息化提到战略高度正是沃尔玛迈向成功的重要原因之一。沃尔玛早已在全球4 000多家门店配备了包括卫星监测系统、顾客信息管理系统、配送中心管理系统、财务管理系统、人事管理系统等多种技术手段在内的信息化系统。

整个公司的计算机网络配置在1977年完成,可处理工资发放、顾客信息和订货—发货—送货,并达成了公司总部与各分店及配送中心之间的快速直接通信。1981年,沃尔玛开始试验利用产品条码和电子扫描器实现存货自动控制,便于利用计算机跟踪产品从进货到库存、配货、送货、上架、售出的全过程。据沃尔玛方面说,在对产品的整个处置过程中总计节约了60%的人工。沃尔玛在全球的4 000多家门店通过它的网络可在1小时之内对每种产品的库存、上架、销售量全部盘点一遍。

20世纪80年代,沃尔玛还开始利用电子数据交换系统(EDI)与供应商建立自动订货系统。到20世纪80年代末期,沃尔玛配送中心的运行完全实现了自动化。每个配送中心面积约10万平方米。每种产品都有条码,由十几公里长的传送带传送产品，由激光扫描器和计算机追踪每件产品的储存位置及运送情况。到 20 世纪 90 年代，整个公司销售 8 万种产品，85% 由这些配送中心供应，而竞争对手只有 50%~65% 的产品集中配送。沃尔玛通过供应链信息化系统实现了全球统一采购及供货商自己管理上架产品，使得产品进价比竞争对手降低 10% 以上。

二、案例分析

1. 沃尔玛通过信息化系统实现产品管理自动化，提高效率、节约成本。

2. 沃尔玛利用电子数据交换系统（EDI）与其供应商实现电子数据交换，优化供应链资源，增强竞争力。

3. 零售业态的发展复杂多变，连锁企业的发展必须依靠强有力的信息系统战略，才能满足市场需求，提升竞争力。

培训模块 八
安全与环保知识

培训项目 1　安全知识
培训项目 2　环保知识

培训项目 1 安全知识

一、安全管理概述

安全管理,是指连锁企业以及进店顾客、本店员工的人身和财物,在门店所控制的范围内不受侵害,保持门店内部良好的生活秩序、工作秩序、公共场所秩序。

1. 安全管理的重要性

(1)确保消费者购物的安全。连锁企业在满足消费者购物需求的同时,还必须为消费者提供一个安全舒适的购物环境。一个安全管理良好的门店,可以让消费者以轻松的心情购物和休闲。

(2)为员工提供安全的工作环境。良好的门店安全管理,除了可以为员工提供安全的工作环境,减少工作上的焦虑和压力,进而提高员工的工作效率,还可以借此使员工树立正确的安全管理观念,确保门店安全。

(3)减少门店财产损失。发生任何意外和灾难,连锁企业除了必须面对门店装潢、设备、产品被破坏所带来的财物损失外,可能还必须支付员工、顾客等众多直接受害者的巨额赔偿金。

(4)维持良好的社区关系。由于连锁企业进出货的作业不仅规模较大,而且次数较多,加之人员出入复杂,使得门店的各项活动直接或间接地影响着门店四周的居民及过往行人。良好的安全管理可以达到建立良好的社区关系、维持自身良好形象的效果。

2. 安全管理作业

门店安全管理不但涉及各店建筑物、人员、资金、产品、设备,还涉及顾客。为了有效预防安全管理上的疏忽,安全管理作业应着重做好事前预防、事中处理、事后检讨改善三个阶段的工作。

(1)事前预防。事前预防通常要做到:妥善规划,即根据各项安全管理项目,制定事故预防、处理及善后作业的详细步骤和注意事项；日常定期进行安全管理教育，加强防范意识；定期举办消防演习，增加临场的应变经验，培养员工的警觉性。

（2）事中处理。事中处理应做到沉着冷静，根据事先所做的各项安全作业安排，迅速而适当地处理。

（3）事后检讨改善。事后检讨改善应做到：仔细分析事故发生的真正原因；追查相关的责任人和责任单位；做好善后工作；建立各项补救措施，以免日后发生类似的事件。

二、消防安全

消防是指防止火灾、水灾和其他灾情处理的专门工作。我国现执行的消防方针是"预防为主，防消结合"。

1. 消防系统及消防设备

（1）消防系统

1）消防标识。消防标识一般为国家统一标识，如"危险品""禁止吸烟""紧急出口"等。紧急出口的消防标识如图8-1所示。这些标识必须让员工熟记。

图8-1 紧急出口的消防标识

2）消防通道。消防通道是指建筑物在设计时留出的供消防、逃生用的通道。通道应保证通畅、干净、不堆放杂物，同时要让员工熟悉离自己最近的通道。

3）紧急出口。紧急出口是指当门店发生火灾或意外事故时让紧急疏散人员以最短时间离开而使用的出口。紧急出口同样必须保持通畅，不能锁死，平时也不能使用。

4）疏散指引图。疏散指引图是表示门店各个楼层消防通道、紧急出口和疏散方向的标识图，如图8-2所示。它提供给顾客与员工逃生的方向，必须悬挂在门店明显的位置。

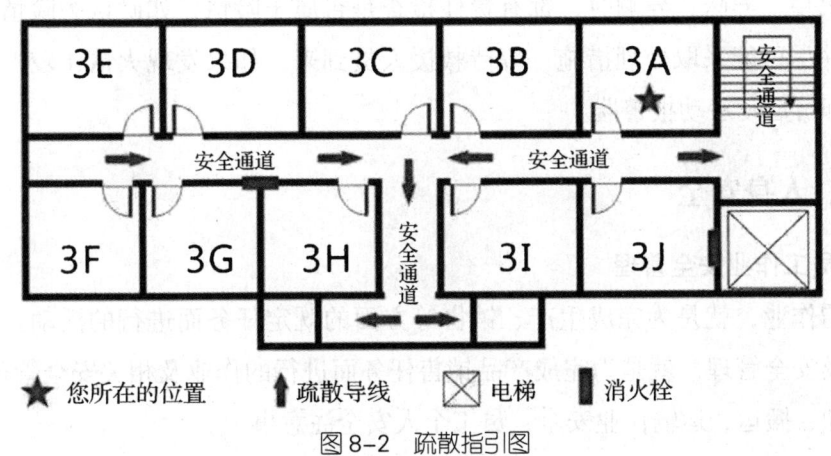

图8-2　疏散指引图

5）消防设施。消防设施是指用于防火排烟、灭火及火灾报警的所有设备。门店主要的消防设施有火灾警报器、烟感温感系统、喷淋系统、消火栓、灭火器、防火卷帘门、内部火警电话、监控中心、紧急照明、火警广播。

（2）消防设备。常用的灭火器材有泡沫灭火器、二氧化碳气体灭火器、干粉灭火器及消火栓等。

1）泡沫灭火器。泡沫灭火器有两种，一种为手提式，另一种为推车式。泡沫灭火器适用于扑灭由食用油、汽油、煤油、香蕉水等引起的火灾，也适用于竹、木、棉、纸等引起的初期火灾。

2）二氧化碳气体灭火器。二氧化碳气体灭火器同样也有两种，一种为手提式，另一种为推车式。二氧化碳气体灭火器适用于扑灭电气设备、精密仪器、图书等引起的火灾。

3）干粉灭火器。干粉灭火器适用于扑灭石油产品、涂料、可燃气体、电气设备等引起的火灾。

4）消火栓。消火栓适用于扑灭多种类型的火灾，水是分布最广、使用最方便、补给最容易的灭火剂。它不能用于扑灭与水能发生化学反应的物质引起的火灾，以及高压电气设备和档案、资料等引起的火灾。

2. 消防安全现场管理

为确保门店在发生火灾时能够得到迅速准确的处理，各部门员工在紧急情况下，应按照自己的职责有条不紊地做好灭火、疏散和抢险等安全工作。报警时，应用消防电话，因为消防电话不用拨号，拿起电话就直通消防控制中心，确保及时报警。如果附近没有消防电话，可用普通电话报警，讲清报警内容。每个员工在发现火星、异味、异响时，都有责任检查是否属于险情，如确认为险情则立即报警，并尽可能采取处理措施，等待救援人员到来。如果发现火情比较严重不能控制，即可启动手动报警器。

三、人身安全

1. 员工作业安全管理

所谓作业，就是为完成生产、销售等方面的既定任务而进行的活动。连锁企业作业及安全管理，就是为完成产品销售任务而进行的作业及相关安全管理活动，包括装卸、搬运、运输作业安全，员工个人安全注意事项。

（1）装卸作业安全。装卸作业安全是指保证装卸过程中员工自身安全、产品安全、顾客安全以及环境设施安全。主要注意以下几点：

1）装卸的员工必须保持正确的操作姿势，以免造成自身的伤害；装卸的员工必须使用必要的个人防护用品，以保证人身安全。

2）装卸后产品应正确摆放在安全的区域内。如果将拆卸的设施随便放在通道上，可能会伤及过往的人员。

3）员工在装卸时，必须有保护产品不被损坏的意识，以恰当的方式进行装卸，坚决避免野蛮装卸。

（2）搬运作业安全。搬运作业安全是指确保搬运过程中员工自身安全、产品安全、顾客安全以及环境设施安全。主要注意以下几点：

1）搬运时必须正确使用搬运工具，专业的工具必须由取得上岗证的人员或专业人员操作。员工必须具有保护产品不被损坏的意识，以适当的方式进行搬运。

2）搬运时必须使用必要的个人防护用品，以保证人身安全。搬运时员工必须采用正确的姿势并严格遵守操作规程，以避免造成自身的伤害。

3）搬运时必须注意周围的环境，既要避免伤及周围顾客、同事或设施等，又要避免危险因素的侵害。

（3）运输作业安全。运输作业安全是指保证运输过程中员工自身安全、产品安全、顾客安全以及环境设施安全。主要注意以下几点：

1）对于高空货架的作业，产品必须使用安全皮筋或缠绕膜进行捆绑。员工必须正确使用运输工具，如手动叉车、运输车等，电力叉车必须由叉车司机来操作。安全运输必须保证产品的摆放符合安全标准，产品摆放整齐、稳固。

 小贴士

人字梯安全使用准则

1. 上下货架时应使用人字梯，严禁攀爬（货架本身附有梯子的除外）。

2. 搬梯时用单掌托起与肩同高的梯子，保持梯子与身体平行，另一只手扶住梯子以防摆动，不允许横向搬梯或将梯子放在地上拖行。

3. 使用前应把梯子完全打开，将中间的连接横条放平，保证梯子四脚完全接触地面。

4. 不能将未打开的人字梯斜靠在货架上作单梯使用。

5. 使用人字梯在货架上取（放）重物时，需有人扶稳梯子。

6. 从货架上下梯时，要先确定梯子放稳后再下梯。

7. 梯子外借后，借出人应负责收回，并检查梯子是否完好。

8. 应每周检查梯子的安全状况，如出现下列情形，梯子应暂停使用并进行维修：

（1）连接处螺钉断落、松脱。

（2）四脚防滑垫脱落或底部磨平，失去防滑功能。

2）运输作业安全包括空车作业过程的安全，例如空车时不能载人等。

3）运输作业中，环境安全是最重要的，必须随时注意通道的畅通，经过营业区域时应注意顾客、儿童、购物车、产品等。

（4）员工个人安全注意事项。员工在上班时，除了招呼顾客外，也必须处理例行工作或整理仓库，其个人安全也很重要。其遵守的原则如下：

1）柜台区不要放置尖锐物品，避免割伤。

2）使用电气设备时，禁止用潮湿手去接触开关或插座。遇有插座漏电时，应立即叫人修理或先将电源切断。

3）棚板或角钢边缘、棱角处易造成刮伤、擦伤，在整理产品时要小心并将棚板固定，不要让棚板滑动、松动。

4）在仓库搬运时，应由上而下搬运，同时注意下方堆置的产品是否稳固，以免物品由高处掉落。

5）在悬挂海报或吊饰时，必须注意高度及安全性。

2. 消费者购物安全管理

连锁门店易导致消费者安全危害之处主要有以下方面：

（1）设备漏电。连锁门店电气设备使用普遍，且部分属于消费者直接接触的范围。比如超市的收银台、冷藏柜，美容美发店的美容仪、电吹风，火锅店的电磁炉、插线板等。这些设备线路老化、使用不当以及意外触碰都有可能导致消费者触电或者烫伤等安全事故。连锁门店应定期对设备进行检查与保养，保持用电环境安全，及时关闭电源；需要清洁的电器用后应及时清洁，避免油渍、污水造成电器短路，避免带电清洁；消费者使用时应尽到提示义务，并留意消费者操作的安全性。

（2）产品或设备放置不牢固。连锁门店的产品经常堆叠摆放，易导致高处产品掉落，砸到消费者。临时设置的促销台、上货时临时放置的产品有可能绊倒消费者。门店内墙面、顶面常会悬挂广告或装饰物，未妥善固定的悬挂物掉落也可能导致消费者受伤。连锁门店在放置各类设备和陈列产品时，应注意牢固固定；各类电源线等应隐蔽放置；临时性放置应妥善选择位置，并做好警示标志。

（3）作业不当。连锁门店的很多消费者安全事故是由于未按规程操作导致的。例如火锅店在不通风的包间使用未完全燃烧的炭火锅，导致消费者一氧化碳中毒。再如超市购物车运送过程中未有效控制数量且未采取有效牵引措施，导致购物车撞伤消费者。连锁门店应严格执行作业规范，并确保作业时周围环境安全，避免出现安全事故。

（4）电梯使用不当。电梯使用不当一般有以下几种情况：自动扶梯夹伤消费者；自动扶梯上购物车失控；直梯超载超重等。在消费者使用自动扶梯时，应通过语音提示、警示标志、人员巡视减少安全事故发生。

（5）人员拥挤。连锁门店在促销活动时，易吸引大量消费者，在营业开始前和重点的促销时段易造成人流过于集中，出现拥挤或踩踏事件。由于促销占用了通道，增加了人员拥挤的可能性，连锁门店在活动安排及空间布局上应合理选择。

（6）地面湿滑。连锁门店难免出现液体洒落，尤其是餐饮行业和雨天情况下极易发生消费者滑倒事件。连锁门店应及时清理地面，增加雨天防滑措施，并设置警示标志，尽可能避免发生安全事故。

四、食品安全

1. 食品安全的概念

食品安全是指食品的种植、养殖、加工、包装、储存、销售、消费等活动符合国家强制标准和要求，不存在可能损害或威胁人体健康的有毒有害物质。

2. 食品采购安全管理

为了保证食品安全，根据相关法律法规的规定，连锁企业应该做到食品采购流程规范化。

（1）制订食品采购计划。确定采购食品的品种、品牌、数量等。

（2）选择供应商。认真查验供应商的资格证明，保证食品的来源合法。

（3）签订供货合同。与供应商签订供货合同，明确双方的权利和义务，特别是出现食品质量问题时双方的责任和义务。

（4）索取食品的相关资料。向供应商索取食品的相关许可证、质量安全认证证书、商标证明、进货发票等证明材料，采用扫描、拍照、数据交换、电子表格等手段建立供应商档案备查。

（5）对食品进行查验。条件具备时设立食品检测室，对供应商提供的食品进行检测并做好详细记录。对于经查验不合格的食品，通知供应商做退货处理。

（6）详细记录进货情况。对每一批次的进货情况进行详细记录，建立进货台账。

3. 食品储存安全管理

（1）设立食品储存仓库，专门用于存放查验合格的食品。

（2）详细记录食品入库信息。食品入库时要详细记录产品的名称、商标、生产商、进货日期、生产日期、保质期、进货数量、供货商、联系电话等信息。

（3）按照食品储存的要求进行存放。食品要离墙离地，按入库的先后次序、生产日期、生熟情况等摆放整齐并挂牌存放。严禁存放变质、有异味或超过保质期的食品。

（4）储存直接入口的散装食品时，应当采用封闭容器。在储存位置标明食品的名称、生产日期、保质期、生产者名称及联系方式等内容。

（5）食品出库时要详细记录产品流向。批发销售的情况应建立销售台账，详细记录购买方的信息，以备查验。

（6）每天对库存食品进行查验。如果发现食品有腐烂、变质、超过保质期等情况，要立即进行清理。

（7）每周对仓库进行一次卫生检查。仓库应通风良好，干净整洁，符合食品储存要求。

（8）对变质食品设立专门的仓库或窗口进行保管。

4. 食品销售安全管理

（1）销售人员要按照食品标签上的警示标志、警示说明或者注意事项的要求销售食品，确保食品质量合格和食品安全。

（2）对即将到保质期的食品，集中进行摆放，并明确标识。

（3）用于食品销售的容器、工具必须符合卫生要求。

（4）销售散装食品时，应当在散装食品的容器、外包装上标明食品的名称、生产日期、保质期、生产经营者名称及联系方式等内容。

（5）销售散装、裸装食品时，必须有防蝇防尘设施，防止食品被污染。

（6）对批发销售的情况应当建立销售台账备查。

5. 不合格食品退市管理

（1）发现经营的食品不符合食品安全标准或接到执法部门、生产企业的召回通知时，应当立即将食品下架封存、做好登记，并及时通知政府监管部门。

（2）通知相关生产经营者或供货商，并记录停止经营和通知情况。

（3）在经营场所向消费者公示召回食品的名称、批号等信息，并安排专人处理消费者退货事宜。

（4）对被召回食品，食品安全管理人员应当进行无害化处理并予以封存，做好记录，严禁再次流入市场。

（5）将召回食品的情况及时通知供货商及政府监管部门。

（6）对不合格食品的处置，与供货商有合同约定的，按照约定执行；政府监管部门有明确要求的，按照政府部门的要求执行。

（7）对政府部门命令召回的不合格食品，其召回和销毁处理流程依照《中华人民共和国食品安全法》等法律法规的规定及监管部门的要求执行。

（8）对不合格食品退换货、下架封存、召回等处置的资料，要建立专门的档案进行保管，以备查验。

培训项目 2 环保知识

一、连锁企业节能减排的主要方向和要求

《绿色商场》（GB/T 38849—2020）中对商业设施给排水、供配电、中央空调、照明、电梯和涉及安全、环境等设备设施等提出了要求。

1. 基本要求

绿色商场的基本要求：应遵守商场建设和运营中涉及的安全、环保、卫生、节能、防疫、规划、排水等法律法规要求；应有绿色商场创建、运营、管理的组织机构和责任分工，制定系统的培训工作计划并组织实施；制度文件应包含节能减排、环保、健康、安全、持续改进、环境绩效等内容，且健全适用；单位建筑面积耗电量/耗水量、万元营业额耗电量/耗水量等运营能效指标应居于行业领先水平；应有计划地安排设备、环境维护保养资金或节能技改专项资金（包括节能宣传费用）。

2. 建筑及结构维护

新建物业应符合《绿色建筑评价标准》（GB/T 50378—2019）的基本规定或其他相应认证要求。商场建筑场地内人行通道应采用无障碍设计，且与商场外人行通道无障碍连通。应有促进自然采光、自然通风和遮阳等措施。装修时宜采用灵活隔断，减少重新装修时的材料浪费和建筑垃圾。卫生间设计、建设、改造或装修应符合相关要求，管理规范，环境卫生整洁，便于各类消费人群使用。

3. 空调暖通设备

空调采暖系统的冷热源机组能效均应符合《公共建筑节能设计标准》（GB 50189—2015）中的规定值的要求。应制定适宜的空调系统运行方案。循环水泵应采取适宜的节能措施。通风空调系统风机应采取适宜的节能措施。集中空调系统应采用智能化控制，采取措施降低商场在过渡季节以及部分冷热负荷和

部分空间使用下的供暖、通风与空调系统能耗，达到《空气调节系统经济运行》（GB/T 17981—2007）的相关要求。冷热源宜安装集中优化控制系统和余热、余冷回收装置。

4. 照明设备

照明应符合《建筑照明设计标准》（GB 50034—2013）的相关要求，采用 LED 等能效较高的照明设备。照明应回路清晰，并根据使用场景设置多种照明模式，并配备智能控制系统。

5. 电梯设备

扶手电梯应根据人流状况优化运行管理，如加装变频变载感应装置等。商场高悬扶手电梯宜安装安全防坠落装置。

6. 冷链设备

冷冻冷藏保鲜系统应采用高能效的节能设备和环保型制冷剂。冷库、冷柜的使用和管理应合理、规范。

7. 水资源设备

卫生器具和配件应符合《节水型生活用水器具》（CJ/T 164—2014）的有关规定，并采取适宜的节水措施。宜采用非传统水源或节水的绿化灌溉方式。

8. 环保设备

应在必要位置安装油污分离设备和油烟排放净化装置。宜使用太阳能等绿色清洁能源。

9. 综合管理

应按照《用能单位能源计量器具配备和管理通则》（GB 17167—2006）的要求，配备相应的能源计量器具。应建立能耗分项计量系统，保证能源消费利用统计台账真实完整，并定期进行能源审计或能耗状况分析。应有明确有效的能源管理方法和措施，且包含激励机制或采用合同能源管理模式。商场应对照明光源、空调滤网/风管、冷却塔、油烟净化设备等及时进行检查、清洗、维修和更换。宜建立进行能耗实时监控和分析的能源管控平台。根据国家标准的要求，建立企业质量、能源、环境和职业健康安全管理体系，并保持良好运行。

二、资源循环利用

1. 垃圾分类

垃圾分类是指按一定规定或标准将垃圾分类储存、投放和搬运，从而转变成公共资源的一系列活动的总称。

垃圾分类的目的是提高垃圾的资源价值和经济价值,力争物尽其用,减少垃圾处理量和处理设备的使用,降低处理成本,减少土地资源的消耗。垃圾分类是对垃圾收集处置传统方式的改革,是对垃圾进行有效处置的一种科学管理方法。

连锁企业应根据门店面积、客流量等因素合理设置垃圾分类回收装置。

 小贴士

废弃物管理

连锁企业废弃物分为可回收废弃物、有害废弃物、有机废弃物、废油和其他废弃物。废弃物处理的执行情况应当有专人检查、监督和记录。

1. 可回收废弃物。门店将一段时间内所收集的废弃包装材料送至废弃物回收区。废弃物分类操作人员按确定的分类要求,在相关负责人的监视下,将各类可回收废弃物投入对应的回收桶。

2. 有害废弃物。应在门店工作人员接触少且安全的地方,划出专用暂存有害废弃物的区域,并按照国家相关要求标注清楚,分类放置相应废弃物暂存设备。当有害物积存到一定量后,联系废弃物管理处等相关部门进行回收处理。

3. 有机废弃物。在食品加工区进行废弃物分类,并投到不同(食品、非食品)废物的垃圾桶。对于含水量大,容易腐烂变质,并带有异味的垃圾,必须装入垃圾袋,加盖或者密封存放,严禁裸露放置。

4. 废油。定时对废油进行油水分离处理,并将处理后的废油暂存在食品加工区专设的废油桶中。根据门店所在城市或地区关于餐厨废油管理的相关要求进行废油的处理、运输及登记。

5. 其他废弃物。门店维修时产生的其他废弃物,如砖瓦、陶瓷、渣土、电子垃圾,应运至门店后场垃圾站暂存,每天由门店所在区域的清运单位进行清运。

2. 再生资源回收

再生资源是指在社会生产和消费过程中产生的,已经失去原有全部或部分使

用价值，经过回收、加工、处理，能够重新获得价值和使用价值的各种废弃物。

与使用原生资源相比，使用再生资源可以大量节约能源、水资源和生产辅料，降低生产成本，减少环境污染。连锁企业应设有再生资源回收装置或回收点，并规范运营，同时开展以旧换新、积分兑换等活动，以提高再生资源的回收利用率。

 **相关链接**

限塑的主要要求

《国家发展改革委 生态环境部关于进一步加强塑料污染治理的意见》由国家发展改革委和生态环境部于2020年1月16日联合发布，主要内容如下：

1. 禁止、限制使用的塑料制品

（1）不可降解塑料袋。到2020年底，直辖市、省会城市、计划单列市城市建成区的商场、超市、药店、书店等场所以及餐饮打包外卖服务和各类展会活动，禁止使用不可降解塑料袋，集贸市场规范和限制使用不可降解塑料袋；到2022年底，实施范围扩大至全部地级以上城市建成区和沿海地区县城建成区。到2025年底，上述区域的集贸市场禁止使用不可降解塑料袋。鼓励有条件的地方，在城乡接合部、乡镇和农村地区集市等场所停止使用不可降解塑料袋。

（2）一次性塑料餐具。到2020年底，全国范围餐饮行业禁止使用不可降解一次性塑料吸管；地级以上城市建成区、景区景点的餐饮堂食服务，禁止使用不可降解一次性塑料餐具。到2022年底，县城建成区、景区景点餐饮堂食服务，禁止使用不可降解一次性塑料餐具。到2025年，地级以上城市餐饮外卖领域不可降解一次性塑料餐具消耗强度下降30%。

（3）宾馆、酒店一次性塑料用品。到2022年底，全国范围星级宾馆、酒店等场所不再主动提供一次性塑料用品，可通过设置自助购买机、提供续充型洗洁剂等方式提供相关服务；到2025年底，实施范围扩大至所有宾馆、酒店、民宿。

（4）快递塑料包装。到2022年底，北京、上海、江苏、浙江、福建、广东等省市的邮政快递网点，先行禁止使用不可降解的塑料包装袋、一次性塑料编织袋等，降低不可降解的塑料胶带使用量。到2025年底，全国范围邮政快递网点禁止使用不可降解的塑料包装袋、塑料胶带、一次性塑料编织袋等。

2. 推广应用替代产品和模式

（1）推广应用替代产品。在商场、超市、药店、书店等场所，推广使用环保布袋、纸袋等非塑制品和可降解购物袋，鼓励设置自助式、智慧化投放装置，方便群众生活。推广使用生鲜产品可降解包装膜（袋）。建立集贸市场购物袋集中购销制。在餐饮外卖领域推广使用符合性能和食品安全要求的秸秆覆膜餐盒等生物基产品、可降解塑料袋等替代产品。在重点覆膜区域，结合农艺措施规模化推广可降解地膜。

（2）培育优化新业态新模式。强化企业绿色管理责任，推行绿色供应链。电商、外卖等平台企业要加强入驻商户管理，制定一次性塑料制品减量替代实施方案，并向社会发布执行情况。以连锁商超、大型集贸市场、物流仓储、电商快递等为重点，推动企业通过设备租赁、融资租赁等方式，积极推广可循环、可折叠包装产品和物流配送器具。鼓励企业采用股权合作、共同注资等方式，建设可循环包装跨平台运营体系。鼓励企业使用产品和物流一体化包装，建立可循环物流配送器具回收体系。

（3）增加绿色产品供给。塑料制品生产企业要严格执行有关法律法规，生产符合相关标准的塑料制品，不得违规添加对人体、环境有害的化学添加剂。推行绿色设计，提升塑料制品的安全性和回收利用性能。积极采用新型绿色环保功能材料，增加使用符合质量控制标准和用途管制要求的再生塑料，加强可循环、易回收、可降解替代材料和产品研发，降低应用成本，有效增加绿色产品供给。

三、绿色物流

根据《物流术语》（GB/T 18354—2021），绿色物流是指通过充分利用物流资源、采用先进的物流技术，合理规划和实施运输、储存、装卸、搬运、包装、流通加工、配送、信息处理等物流活动，降低物流活动对环境影响的过程。从物流活动的作业环节来看，一般包括绿色运输、绿色包装、绿色仓储、绿色装卸搬运、绿色流通加工五个环节。

1. 绿色运输

运输是物流系统最基本的功能,也是国民经济的动脉。随着经济全球化的发展,生产原料、产品及其相关信息的跨地区、跨国界的流动已成为推动经济发展的动力和必然趋势。运输成本占全社会物流总成本的比例高达40%~50%。因此,进行有效的运输系统优化和管理,对于降低物流成本及提高物流效率具有重要的意义。

(1)对流动污染源的强化管理。货物运输是一种流动的污染源,其污染的危害性不仅与车辆的技术性能和环境性能有关,而且与排放源的位置和排放的时间有关。通过限制行车路线和行车时间、限制城区运行货车的种类、限制空载行驶等行政控制措施进行强化管理。

(2)大力发展第三方物流。第三方物流是由供方与需方以外的物流企业提供物流服务的业务方式。发展第三方物流,由这些专门从事物流业务的企业为供方或需方提供物流服务,可以简化配送环节,进行合理运输,有利于在更广泛的范围内对物流资源进行合理的利用和配置,可以避免自有物流带来的资金占用、运输效率低、配送环节烦琐、企业负担加重、城市污染加剧等问题。

(3)采取复合一贯制运输方式。复合一贯制运输是指将铁路、汽车、船舶、飞机等基本运输方式有机地结合起来,实现多环节、多区段、多种运输工具相互衔接的产品运输。几种交通工具的结合,不仅能降低运输成本与包装成本,还能减少单种交通工具所带来的环境污染问题。

2. 绿色包装

根据《物流术语》(GB/T 18354—2021),绿色包装是指满足包装功能要求的对人体健康和生态环境危害小、资源能源消耗少的包装。绿色包装一般应具有以下五个方面的内涵:

(1)实行包装减量化。包装在满足保护、方便携带、利于销售等功能的条件下,应用量最少。

(2)包装应易于重复利用或易于回收再生。已用的包装通过生产再生制品、焚烧利用热能、堆肥改善土壤等措施,达到再利用的目的。

(3)包装废弃物可以降解腐化,最终不形成永久垃圾,进而达到改良土壤的目的。

(4)包装材料对人体和生物应无毒无害。包装材料中不应含有有毒性的元素、病菌、重金属。

（5）包装制品从原材料采集、材料加工、产品制造、产品使用、废弃物回收再生，直到其最终处理的生命全过程均不应对人体及环境造成公害。

3. 绿色仓储

仓储是指通过仓库对产品进行储存和保管。在现代物流系统中，仓储是非常重要的构成要素之一。由于库存产品在储存过程中都会发生质量变化，因此要对产品进行科学养护，加强质量管理。一般的工作是检查、防锈、防霉、防虫、防火等，但特殊的情况就要进行环境管理，如化学品、危险品的养护和管理。

要实施绿色仓储策略，合理布局仓库，并建立仓储环境影响评价。仓库布局合理可以减少交通里程、节约交通成本。如果仓库布局过密，会增加运输次数，增加能耗和废弃物排放；如果仓库布局过疏，会降低运输效率，增加空载率。此外也要对仓库进行相应的环境影响评价，充分考虑仓库建设和运营对当地环境的影响。

4. 绿色装卸搬运

装卸搬运作业在整个物流供应链中占有较大比例，并且投入大量的人力、物力和财力。

装卸搬运污染主要是由于不恰当的作业方式造成的。因此，应做好整个装卸搬运规划，合理分配人力、物力资源，防止无效的、不合理的作业流程。而且，在集散物资的所有装卸搬运基地采用除尘装置，制定最高容许浓度标准，实行统一的环境监测和监督制度，做到以防为主，最大限度地减少污染物的排放。

5. 绿色流通加工

流通加工是指为提高物流速度、降低物流成本、提高物品的利用率，在物品进入流通领域后，为满足销售要求而进行的包装、分割、计量、分拣、组合、价格贴附、标签贴附、产品检验等作业的总称。流通加工可以充分利用原材料，提高它们的利用率；降低物品在流通过程中的损耗，弥补其在物流过程中的缺陷。而且流通加工针对消费者对产品规格型号的多样性需求，可以进行简单加工，弥补生产加工的不足。总之，流通加工可以使产品的使用价值更加完善，使产品产生增值；还可以节约资源，避免物流中的损失。但是，流通加工和生产加工一样，不合理的流通加工方式也会对环境造成负面影响。流通加工中心的选址不当，会造成运输等费用的增加，能源消耗过多，新的污染增加。

绿色流通加工实施的途径有以下两个方面：

（1）专业化集中式流通加工。

（2）与废弃物物流对接，减少废弃物污染。

永辉超市推进物流托盘和周转箱应用

一、情景描述

近几年,通过物流标准化建设,永辉超市致力于减少物流运输过程中的材料使用,并大力进行托盘标准化、托盘回购返租改革。

目前,循环包装材料主要有折叠周转筐、铁筐、标准托盘,以代替纸箱、编织袋、塑料袋、泡沫箱等。

总体看,可回收折叠周转筐的月均使用量约200万个,已经应用于整个供应链环节,减少了单次包装成本并减少了污染,实现了"一触式"作业。中途不更换周转筐,提高了产品鲜度,降低了产品损耗,同时也提升了上下游收货、装卸、理货的效率。

二、案例分析

1. 绿色包装材料的应用有效减少了不可回收物的使用,通过可回收循环包装降低对生态资源的破坏。

2. 通过物流标准化的实施,提高物流周转效率,降低物流成本,提升产品品质。

培训模块 九
相关法律法规知识

培训项目1 《中华人民共和国劳动法》
培训项目2 《中华人民共和国劳动合同法》
培训项目3 《中华人民共和国民法典》合同编
培训项目4 《中华人民共和国公司法》
培训项目5 《中华人民共和国产品质量法》
培训项目6 《中华人民共和国价格法》
培训项目7 《中华人民共和国反不正当竞争法》
培训项目8 《中华人民共和国广告法》
培训项目9 《中华人民共和国消费者权益保护法》
培训项目10 《中华人民共和国商标法》
培训项目11 《中华人民共和国食品安全法》
培训项目12 《商业特许经营管理条例》

培训项目 1 《中华人民共和国劳动法》

一、《中华人民共和国劳动法》概述

《中华人民共和国劳动法》（以下简称《劳动法》）自 1995 年 1 月 1 日起施行。2018 年 12 月 29 日第十三届全国人民代表大会常务委员会第七次会议通过对《劳动法》作出修改。

1.《劳动法》的立法目的

为了保护劳动者的合法权益，调整劳动关系，建立和维护适应社会主义市场经济的劳动制度，促进经济发展和社会进步，根据宪法，制定《劳动法》。

2.《劳动法》的适用范围

在中华人民共和国境内的企业、个体经济组织（以下统称用人单位）和与之形成劳动关系的劳动者，适用《劳动法》。国家机关、事业组织、社会团体和与之建立劳动合同关系的劳动者，依照《劳动法》执行。

二、《劳动法》的主要内容

1. 劳动者的权利与义务

劳动者享有平等就业和选择职业的权利、取得劳动报酬的权利、休息休假的权利、获得劳动安全卫生保护的权利、接受职业技能培训的权利、享受社会保险和福利的权利、提请劳动争议处理的权利以及法律规定的其他劳动权利。

劳动者应当完成劳动任务，提高职业技能，执行劳动安全卫生规程，遵守劳动纪律和职业道德。

2. 劳动合同和集体合同

劳动合同是劳动者与用人单位确立劳动关系、明确双方权利和义务的协议。建立劳动关系应当订立劳动合同。

《劳动法》就劳动合同的订立和变更的原则与条件、劳动合同解除的情形、集体合同的签订与效力进行了明确的规定。

3. 工作时间和休息休假

（1）工作时间。国家实行劳动者每日工作时间不超过八小时、平均每周工作时间不超过四十四小时的工时制度[①]。用人单位应当保证劳动者每周至少休息一日。

同时，《劳动法》就特殊工时与延长工作时间进行了明确规定。

（2）休假。我国实行带薪年休假制度。用人单位在法定节假日期间应当依法安排劳动者休假。《劳动法》明确了高于劳动者正常工作时间的工资报酬支付标准。

4. 工资

工资分配应当遵循按劳分配原则，实行同工同酬。

《劳动法》就工资支付形式、最低工资保障进行了明确规定。

5. 劳动安全卫生

《劳动法》就劳动者的安全卫生条件和必要劳动防护用品、特种作业资格、安全操作规程进行了明确规定。

6. 女职工和未成年工特殊保护

未成年工是指年满十六周岁未满十八周岁的劳动者。

《劳动法》就女职工在经期、孕期和哺乳期禁忌从事的劳动进行了明确规定。

7. 职业培训

国家确定职业分类，对规定的职业制定职业技能标准。用人单位应当建立职业培训制度，有计划地对劳动者进行职业培训。从事技术工种的劳动者，上岗前必须经过培训。

8. 社会保险和福利

用人单位和劳动者必须依法参加社会保险，缴纳社会保险费。劳动者在退休、患病、负伤、因工伤残或者患职业病、失业、生育的情形下，依法享受社会保险待遇。

9. 劳动争议

用人单位与劳动者发生劳动争议，当事人可以依法申请调解、仲裁、提起诉讼，也可以协商解决。

---

① 《国务院关于职工工作时间的规定》第三条明确职工每日工作 8 小时，每周工作 40 小时。

培训项目 2 《中华人民共和国劳动合同法》

一、《中华人民共和国劳动合同法》概述

《中华人民共和国劳动合同法》(以下简称《劳动合同法》)自 2008 年 1 月 1 日起施行。2013 年 7 月 1 日起修订后的《劳动合同法》施行。

1.《劳动合同法》的立法目的

为了完善劳动合同制度,明确劳动合同双方当事人的权利和义务,保护劳动者的合法权益,构建和发展和谐稳定的劳动关系,制定《劳动合同法》。

2.《劳动合同法》的适用范围

中华人民共和国境内的企业、个体经济组织、民办非企业单位等组织(以下称用人单位)与劳动者建立劳动关系,订立、履行、变更、解除或者终止劳动合同,适用《劳动合同法》。

国家机关、事业单位、社会团体和与其建立劳动关系的劳动者,订立、履行、变更、解除或者终止劳动合同,依照《劳动合同法》执行。

二、《劳动合同法》的主要内容

1. 劳动合同的订立

订立劳动合同,应当遵循合法、公平、平等自愿、协商一致、诚实信用的原则。依法订立的劳动合同具有约束力,用人单位与劳动者应当履行劳动合同约定的义务。

《劳动合同法》就劳动合同订立时间、用人单位招用劳动者时双方应尽的义务、劳动合同形式、劳动合同生效的条件、劳动合同应当具备的条款、试用期、培训服务期、保密义务与竞业限制、劳动合同无效的情形进行了明确规定。

 小贴士

竞业限制

竞业限制的人员限于用人单位的高级管理人员、高级技术人员和其他负有保密义务的人员。竞业限制的范围、地域、期限由用人单位与劳动者约定，竞业限制的约定不得违反法律、法规的规定。

在解除或者终止劳动合同后，前款规定的人员到与本单位生产或者经营同类产品、从事同类业务的有竞争关系的其他用人单位，或者自己开业生产或者经营同类产品、从事同类业务的竞业限制期限，不得超过两年。

2. 劳动合同的履行和变更

用人单位应当按照劳动合同约定和国家规定履行义务。用人单位与劳动者协商一致，可以变更劳动合同约定的内容。

3. 劳动合同的解除和终止

《劳动合同法》就劳动者解除劳动合同、用人单位解除劳动合同、裁员、不得解除劳动合同的情形、终止、用人单位应当向劳动者支付经济补偿的情形等进行了明确规定。

4. 集体合同

企业职工一方与用人单位通过平等协商，可以就劳动报酬、工作时间、休息休假、劳动安全卫生、保险福利等事项订立集体合同，也可以订立劳动安全卫生、女职工权益保护、工资调整机制等专项集体合同。集体合同草案应当提交职工代表大会或者全体职工讨论通过，经劳动行政部门认可后生效。

5. 劳务派遣

劳动合同用工是我国的企业基本用工形式。劳务派遣用工是补充形式。劳务派遣单位派遣劳动者应当与接受以劳务派遣形式用工的单位订立劳务派遣协议。

6. 非全日制用工

非全日制用工，是指以小时计酬为主，劳动者在同一用人单位一般平均每日工作时间不超过四小时，每周工作时间累计不超过二十四小时的用工形式。

加盟店职工的劳动关系认定

一、情景描述

几年前,原本在某市某火锅加盟店打工的 38 名员工,被毫无征兆地挡在店门外,而已经有新来的员工干着他们原来干的活。他们上个月的工资也悬而未决。

店里的特许经营合同显示,这家加盟店是某集团有限公司的特许经营分店,合同条款中约定甲方(总公司)向乙方(加盟店)提供厨房人员及管理体系,乙方开业前派送前厅有关人员接受甲方的培训和考核等内容。加盟店有关负责人表示,他们已经脱离总公司不再合作。这些员工是由总公司派人管理的,工资虽由加盟店支付,但是经总公司管理人员发放,加盟店并不是他们的"东家"。对此,总公司管理人员并不认同。劳动监察大队的工作人员了解到,这些员工同总公司和加盟店都未签订劳动合同。要解决纠纷,最重要的是要明确员工的身份。

二、案例分析

1. 加盟店的厨房人员是总公司派驻加盟店并直接管理的,他们的劳动关系属于总公司,劳动合同应与总公司签订,社保也应由总公司缴纳。而加盟店的前厅有关人员是加盟店招用的,尽管接受总公司的培训,但他们的劳动关系仍属于加盟店,劳动合同应与加盟店签订,社保也应由加盟店缴纳。

2. 总公司和加盟店均违反了《劳动合同法》"用人单位自用工之日起即与劳动者建立劳动关系"的规定。

3. 总公司和加盟店均违反了《劳动法》"工资应当以货币形式按月支付给劳动者本人,不得克扣或者无故拖欠劳动者的工资"的规定。

4. 总公司和加盟店均违反了《劳动法》"用人单位和劳动者必须依法参加社会保险,缴纳社会保险费"的规定。

培训项目 3 《中华人民共和国民法典》合同编

一、《中华人民共和国民法典》合同编概述

《中华人民共和国合同法》于 1999 年 10 月 1 日起施行。2020 年 5 月 28 日，十三届全国人大三次会议表决通过了《中华人民共和国民法典》，自 2021 年 1 月 1 日起施行，《中华人民共和国合同法》同时废止。《中华人民共和国民法典》由七编组成，其中第三编为合同编，一共 3 个分编，29 章，526 条。

1. 重要变化

《中华人民共和国民法典》（以下简称《民法典》）合同编完善了电子合同订立规则，完善了格式条款制度等合同订立制度，增加了规定情势变更制度，增加了预约合同的具体规定，明确了情势变更制度等与连锁企业相关的内容。

2. 合同的界定

合同是民事主体之间设立、变更、终止民事法律关系的协议。

3.《民法典》合同编的适用范围

（1）依法成立的合同，受法律保护，仅对当事人具有法律约束力，但是法律另有规定的除外。

（2）《民法典》合同编或者其他法律没有明文规定的合同，适用本编通则的规定，并可以参照适用本编或者其他法律最相类似合同的规定。

在中华人民共和国境内履行的中外合资经营企业合同、中外合作经营企业合同、中外合作勘探开发自然资源合同，适用中华人民共和国法律。

（3）非因合同产生的债权债务关系，适用有关该债权债务关系的法律规定；没有规定的，适用本编通则的有关规定，但是根据其性质不能适用的除外。

二、合同的订立

1. 合同的形式

当事人订立合同，可以采用书面形式、口头形式或者其他形式。书面形式是合同书、信件、电报、电传、传真等可以有形地表现所载内容的形式。以电子数据交换、电子邮件等方式能够有形地表现所载内容，并可以随时调取查用的数据电文，视为书面形式。

2. 合同的内容

合同的内容由当事人约定，一般包括当事人的姓名或者名称和住所、标的、数量、质量、价款或者报酬、履行期限与地点和方式、违约责任等。

3. 合同订立方式

当事人订立合同，可以采取要约、承诺方式或者其他方式。

（1）要约是希望与他人订立合同的意思表示。

（2）承诺是受要约人同意要约的意思表示。

4. 合同成立

《民法典》合同编就采取不同合同订立方式的合同成立条件、成立时间、成立地点进行了明确规定。

5. 国家订货

国家根据抢险救灾、疫情防控或者其他需要下达国家订货任务、指令性任务的，有关民事主体之间应当依照有关法律、行政法规规定的权利和义务订立合同。

6. 预约合同

当事人约定在将来一定期限内订立合同的认购书、订购书、预订书等，构成预约合同。

7. 格式条款

格式条款是当事人为了重复使用而预先拟定，并在订立合同时未与对方协商的条款。

采用格式条款订立合同的，提供格式条款的一方应当遵循公平原则确定当事人之间的权利和义务，并采取合理的方式提示对方注意免除或者减轻其责任等与对方有重大利害关系的条款，按照对方的要求，对该条款予以说明。

 小贴士

格式条款无效的情形

1. 具有民事法律行为无效的情形。
2. 提供格式条款一方不合理地免除或者减轻其责任、加重对方责任、限制对方主要权利。
3. 提供格式条款一方排除对方主要权利。

8. 赔偿责任

《民法典》合同编就当事人在订立合同过程中造成对方损失的，应当承担赔偿责任的情形进行了明确规定。

三、合同的效力

1. 合同有效

（1）依法成立的合同，自成立时生效，但是法律另有规定或者当事人另有约定的除外。

（2）无权代理人以被代理人的名义订立合同，被代理人已经开始履行合同义务或者接受相对人履行的，视为对合同的追认。

（3）法人的法定代表人或者非法人组织的负责人超越权限订立的合同，除相对人知道或者应当知道其超越权限外，该代表行为有效，订立的合同对法人或者非法人组织发生效力。

2. 合同无效

（1）当事人超越经营范围订立的合同的效力，应当依照《民法典》的有关规定确定，不得仅以超越经营范围确认合同无效。

（2）合同中的下列免责条款无效：造成对方人身损害的；因故意或者重大过失造成对方财产损失的。

（3）合同不生效、无效、被撤销或者终止的，不影响合同中有关解决争议方法的条款的效力。

四、合同的履行

1. 履行原则

（1）当事人应当按照约定全面履行自己的义务。

（2）当事人应当遵循诚信原则，根据合同的性质、目的和交易习惯履行通知、协助、保密等义务。

（3）当事人在履行合同过程中，应当避免浪费资源、污染环境和破坏生态。

2. 没有约定或约定不明确的履行

合同生效后，当事人就质量、价款或者报酬、履行地点等内容没有约定或者约定不明确的，可以协议补充；不能达成补充协议的，按照合同相关条款或者交易习惯确定。

3. 电子合同的履行

（1）通过互联网等信息网络订立的电子合同的标的为交付商品并采用快递物流方式交付的，收货人的签收时间为交付时间。电子合同的标的为提供服务的，生成的电子凭证或者实物凭证中载明的时间为提供服务时间；前述凭证没有载明时间或者载明时间与实际提供服务时间不一致的，以实际提供服务的时间为准。

（2）电子合同的标的物为采用在线传输方式交付的，合同标的物进入对方当事人指定的特定系统且能够检索识别的时间为交付时间。

4. 政府定价或者政府指导价调整的履行

执行政府定价或者政府指导价的，在合同约定的交付期限内政府价格调整时，按照交付时的价格计价。

5. 债权债务的履行

《民法典》合同编就标的、连带债权或连带债务、第三人履行债务的违约责任、互负债务、中止履行、提前履行债务的情形进行了明确规定。

6. 名称变更、人员变动的履行

合同生效后，当事人不得因姓名、名称的变更或者法定代表人、负责人、承办人的变动而不履行合同义务。

7. 无法预见情形的履行

合同成立后，合同的基础条件发生了当事人在订立合同时无法预见的、不属于商业风险的重大变化，继续履行合同对于当事人一方明显不公平的，受不利影响的当事人可以与对方重新协商；在合理期限内协商不成的，当事人可以请求人民法院或者仲裁机构变更或者解除合同。

五、合同的变更和转让

1. 变更

（1）当事人协商一致，可以变更合同。

（2）当事人对合同变更的内容约定不明确的，推定为未变更。

2. 转让

《民法典》合同编就债权人转让债权、债务人转让债务、合同的权利和义务一并转让的情形进行了明确规定。

六、合同的权利义务终止

1. 债权债务终止

有下列情形之一的，债权债务终止：

（1）债务已经履行。

（2）债务相互抵销。

（3）债务人依法将标的物提存。

（4）债权人免除债务。

（5）债权债务同归于一人。

（6）法律规定或者当事人约定终止的其他情形。

合同解除的，该合同的权利义务关系终止。

2. 债务履行

（1）债务人对同一债权人负担的数项债务种类相同，债务人的给付不足以清偿全部债务的，除当事人另有约定外，由债务人在清偿时指定其履行的债务。

（2）债务人在履行主债务外还应当支付利息和实现债权的有关费用，其给付不足以清偿全部债务的，除当事人另有约定外，应当按照下列顺序履行：

1）实现债权的有关费用。

2）利息。

3）主债务。

3. 解除合同

《民法典》合同编就可以解除合同的情形、解除权行使期限、解除时间、解除后合同的履行及违约责任进行了明确规定。

4. 互负债务的抵消

当事人互负债务，该债务的标的物种类、品质相同的，任何一方可以将自己的债务与对方的到期债务抵销；标的物种类、品质不相同的，经协商一致，也可以抵销。

5. 债权人免除债务

债权人免除债务人部分或者全部债务的，债权债务部分或者全部终止，但是债务人在合理期限内拒绝的除外。

6. 债权债务同归于一人

债权和债务同归于一人的，债权债务终止，但是损害第三人利益的除外。

培训项目 4 《中华人民共和国公司法》

一、《中华人民共和国公司法》概述

《中华人民共和国公司法》(以下简称《公司法》)于1993年12月29日通过，2018年10月26日根据《关于修改〈中华人民共和国公司法〉的决定》进行第四次修正。

1.《公司法》的立法目的

为了规范公司的组织和行为，保护公司、股东和债权人的合法权益，维护社会经济秩序，促进社会主义市场经济的发展，制定《公司法》。

2.《公司法》的适用范围

公司是指依照本法在中国境内设立的有限责任公司和股份有限公司。

3.《公司法》的主要内容

《公司法》明确了有限责任公司的设立、组织机构及股权的转让，和股份有限公司的设立、组织机构及股份的发行和转让，以及公司合并、分立、增资、减资、解散和清算的程序和要求；规定了公司董事、监事、高级管理人员的资格和义务；对公司债券、财务、会计，外国公司的分支机构，以及法律责任等事项进行了明确。

二、有限责任公司

1. 设立

设立有限责任公司，应当具备下列条件：

（1）股东符合法定人数，有限责任公司由五十个以下股东出资设立。

（2）有符合公司章程规定的全体股东认缴的出资额。

（3）股东共同制定公司章程，并在公司章程上签名、盖章。

（4）有公司名称，建立符合有限责任公司要求的组织机构。

（5）有公司住所。

 **相关链接**

连锁企业、配送中心、各门店企业名称的特殊规定

《关于连锁店登记管理有关问题的通知》规定：配送中心以及由总部全资或控股、参股设立的门店，其名称中可以使用总部名称中的字号；与总部没有资产关系的门店，经总部同意，也可以使用总部名称中的字号；总部的名称中，可以使用"连锁"字样；使用总部字号的配送中心、门店的名称也可以使用"连锁"字样。

2. 组织机构

有限责任公司组织机构包括股东会、董事会和监事会。

（1）股东会。股东会由全体股东组成。股东会是公司的权力机构。《公司法》就股东会的职权、股东会的形式、股东会决议进行了明确规定。

 **小贴士**

股东会的职权

决定公司的经营方针和投资计划；选举和更换非由职工代表担任的董事、监事，决定有关董事、监事的报酬事项；审议批准董事会的报告；审议批准监事会或者监事的报告；审议批准公司的年度财务预算方案、决算方案；审议批准公司的利润分配方案和弥补亏损方案；对公司增加或者减少注册资本作出决议；对发行公司债券作出决议；对公司合并、分立、解散、清算或者变更公司形式作出决议；修改公司章程；公司章程规定的其他职权。

（2）董事会。有限责任公司设董事会，其成员为三人至十三人。《公司法》就有限责任公司董事会的职权、董事会的召开与表决进行了明确规定。

 小贴士

董事会的职权

董事会对股东会负责,行使下列职权:召集股东会会议,并向股东会报告工作;执行股东会的决议;决定公司的经营计划和投资方案;制订公司的年度财务预算方案、决算方案;制订公司的利润分配方案和弥补亏损方案;制订公司增加或者减少注册资本以及发行公司债券的方案;制订公司合并、分立、解散或者变更公司形式的方案;决定公司内部管理机构的设置;决定聘任或者解聘公司经理及其报酬事项,并根据经理的提名决定聘任或者解聘公司副经理、财务负责人及其报酬事项;制定公司的基本管理制度;公司章程规定的其他职权。

(3)监事会。有限责任公司设监事会,《公司法》就监事会的组成、监事会和不设监事会的公司的监事行使的职权、监事会的召开与表决进行了明确规定。

三、股份有限公司

1. 设立

股份有限公司的设立,可以采取发起设立或者募集设立的方式。《公司法》就发起设立或者募集设立的程序和应当具备的条件进行了明确规定。

2. 组织机构

股份有限公司的组织机构包括股东大会、董事会、监事会。

(1)股东大会。股东大会是公司的权力机构,股份有限公司股东大会由全体股东组成。《公司法》就股东大会的职权、股东大会的召开、股东大会决议进行了明确规定。

(2)董事会。股份有限公司设董事会,其成员为五人至十九人。《公司法》就股份有限公司董事会的组成、董事会的职权、董事会的召开、董事会决议进行了明确规定。

(3)监事会。股份有限公司设监事会,其成员不得少于三人。《公司法》就监事会的组成、监事会的职权、监事会的召开与表决进行了明确规定。

四、公司合并、分立、解散和清算

1. 公司合并

公司合并可以采取吸收合并或者新设合并两种形式。一个公司吸收其他公司为吸收合并,被吸收的公司解散。两个以上公司合并设立一个新的公司为新设合并,合并各方解散。

2. 公司分立

公司分立,其财产作相应的分割。

3. 公司解散和清算

(1)公司解散。《公司法》就依法予以解散的情形进行了明确规定。

(2)清算。有限责任公司的清算组由股东组成,股份有限公司的清算组由董事或者股东大会确定的人员组成。

培训项目 5

《中华人民共和国产品质量法》

一、《中华人民共和国产品质量法》概述

《中华人民共和国产品质量法》(以下简称《产品质量法》)自 1993 年 9 月 1 日起施行,2018 年 12 月 29 日第三次修正。

1.《产品质量法》的立法目的

为了加强对产品质量的监督管理,提高产品质量水平,明确产品质量责任,保护消费者的合法权益,维护社会经济秩序,制定《产品质量法》。

2.《产品质量法》的适用范围

在中华人民共和国境内从事产品生产、销售活动,必须遵守本法。本法所称产品是指经过加工、制作,用于销售的产品。

二、产品质量的监督

1. 产品质量标准

产品质量应当检验合格,不得以不合格产品冒充合格产品。可能危及人体健康和人身、财产安全的工业产品,必须符合保障人体健康和人身、财产安全的国家标准、行业标准;未制定国家标准、行业标准的,必须符合保障人体健康和人身、财产安全的要求。

禁止生产、销售不符合保障人体健康和人身、财产安全的标准和要求的工业产品。具体管理办法由国务院规定。

2. 质量标准认证

国家根据国际通用的质量管理标准,推行企业质量体系认证制度。经认证合格的,由认证机构颁发企业质量体系认证证书。国家参照国际先进的产品标准和技术要求,推行产品质量认证制度。经认证合格的,由认证机构颁发产品质量认

证证书，准许企业在产品或者其包装上使用产品质量认证标志。

3. 抽检制度

国家对产品质量实行以抽查为主要方式的监督检查制度，对可能危及人体健康和人身、财产安全的产品，影响国计民生的重要工业产品以及消费者、有关组织反映有质量问题的产品进行抽查。

三、生产者的产品质量责任和义务

1. 生产者不得生产国家明令淘汰的产品。

2. 生产者不得伪造产地，不得伪造或冒用他人的厂名、厂址。

3. 生产者不得伪造或冒用认证标志等质量标志。

4. 生产者生产产品，不得掺杂、掺假，不得以假充真、以次充好，不得以不合格产品冒充合格产品。

四、销售者的产品质量责任和义务

1. 销售者应当建立并执行进货检查验收制度，验明产品合格证明和其他标识。

2. 销售者应当采取措施，保持销售产品的质量。

3. 销售者不得销售国家明令淘汰并停止销售的产品和失效、变质的产品。

4. 销售者销售的产品的标识应当符合《产品质量法》第二十七条的规定。

5. 销售者不得伪造产地，不得伪造或者冒用他人的厂名、厂址。

6. 销售者不得伪造或者冒用认证标志等质量标志。

7. 销售者销售产品，不得掺杂、掺假，不得以假充真、以次充好，不得以不合格产品冒充合格产品。

五、损害赔偿

产品缺陷，是指产品存在危及人身、他人财产安全的不合理的危险；产品有保障人体健康和人身、财产安全的国家标准、行业标准的，是指不符合该标准。

销售者的损害赔偿责任包括：

1. 售出的产品有下列情形之一的，销售者应当负责修理、更换、退货；给购买产品的消费者造成损失的，销售者应当赔偿损失：

（1）不具备产品应当具备的使用性能而事先未作说明的。

（2）不符合在产品或者其包装上注明采用的产品标准的。

（3）不符合以产品说明、实物样品等方式表明的质量状况的。

2. 由于销售者的过错使产品存在缺陷，造成人身、他人财产损害的，销售者应当承担赔偿责任。销售者不能指明缺陷产品的生产者也不能指明缺陷产品的供货者的，销售者应当承担赔偿责任。

3. 因产品存在缺陷造成人身、他人财产损害的，受害人可以向产品的生产者要求赔偿，也可以向产品的销售者要求赔偿。属于产品的生产者的责任，产品的销售者赔偿的，产品的销售者有权向产品的生产者追偿。属于产品的销售者的责任，产品的生产者赔偿的，产品的生产者有权向产品的销售者追偿。

培训项目 6 《中华人民共和国价格法》

一、《中华人民共和国价格法》概述

《中华人民共和国价格法》（以下简称《价格法》）自1998年5月1日起施行。

1.《价格法》的立法目的

为了规范价格行为，发挥价格合理配置资源的作用，稳定市场价格总水平，保护消费者和经营者的合法权益，促进社会主义市场经济健康发展，制定《价格法》。

2.《价格法》的适用范围

在中华人民共和国境内发生的价格行为，适用《价格法》。

3. 价格的定义

《价格法》所称价格包括商品价格和服务价格。商品价格是指各类有形产品和无形资产的价格。服务价格是指各类有偿服务的收费。

4. 价格的种类

国家实行并逐步完善宏观经济调控下主要由市场形成价格的机制。价格的制定应当符合价值规律，大多数商品和服务价格实行市场调节价，极少数商品和服务价格实行政府指导价或者政府定价。

二、经营者的价格行为

1. 经营者定价原则

经营者定价，应当遵循公平、合法和诚实信用的原则。

2. 经营者定价依据

经营者定价的基本依据是生产经营成本和市场供求状况。

3. 经营者进行价格活动享有的权利

（1）自主制定属于市场调节的价格。

（2）在政府指导价规定的幅度内制定价格。

（3）制定属于政府指导价、政府定价产品范围内的新产品的试销价格，特定产品除外。

（4）检举、控告侵犯其依法自主定价权利的行为。

4. 经营者进行价格活动承担的义务

（1）商品价格和服务价格，实行市场调节价，由经营者依照《价格法》自主制定。

（2）经营者应当努力改进生产经营管理，降低生产经营成本，为消费者提供价格合理的商品和服务，并在市场竞争中获取合法利润。

（3）经营者应当根据其经营条件建立、健全内部价格管理制度，准确记录与核定商品和服务的生产经营成本，不得弄虚作假。

（4）经营者销售进口商品、收购出口商品，应当遵守有关法律规定，维护国内市场秩序。

5. 不正当价格行为

（1）相互串通，操纵市场价格，损害其他经营者或者消费者的合法权益。

（2）在依法降价处理鲜活商品、季节性商品、积压商品等商品外，为了排挤竞争对手或者独占市场，以低于成本的价格倾销，扰乱正常的生产经营秩序，损害国家利益或者其他经营者的合法权益。

（3）捏造、散布涨价信息，哄抬价格，推动商品价格过高上涨。

（4）利用虚假的或者使人误解的价格手段，诱骗消费者或者其他经营者与其进行交易。

（5）提供相同商品或者服务，对具有同等交易条件的其他经营者实行价格歧视。

（6）采取抬高等级或者压低等级等手段收购、销售商品或者提供服务，变相提高或者压低价格。

（7）违反法律、法规的规定牟取暴利。

（8）法律、行政法规禁止的其他不正当价格行为。

培训项目 7 《中华人民共和国反不正当竞争法》

一、《中华人民共和国反不正当竞争法》概述

《中华人民共和国反不正当竞争法》(以下简称《反不正当竞争法》)自1993年12月1日起施行,并于2019年进行修正。

1.《反不正当竞争法》的立法目的

为了促进社会主义市场经济健康发展,鼓励和保护公平竞争,制止不正当竞争行为,保护经营者和消费者的合法权益,制定《反不正当竞争法》。

2. 不正当竞争行为的定义

《反不正当竞争法》所称的不正当竞争行为,是指经营者在生产经营活动中,违反《反不正当竞争法》规定,扰乱市场竞争秩序,损害其他经营者或者消费者的合法权益的行为。

3. 生产经营活动原则

经营者在生产经营活动中,应当遵循自愿、平等、公平、诚信的原则,遵守法律和商业道德。

二、不正当竞争行为

1. 混淆行为

经营者不得实施下列混淆行为,引人误认为是他人商品或者与他人存在特定联系:

(1)擅自使用与他人有一定影响的商品名称、包装、装潢等相同或者近似的标识。

(2)擅自使用他人有一定影响的企业名称(包括简称、字号等)、社会组织名称(包括简称等)、姓名(包括笔名、艺名、译名等)。

（3）擅自使用他人有一定影响的域名主体部分、网站名称、网页等。

（4）其他足以引人误认为是他人商品或者与他人存在特定联系的混淆行为。

2. 贿赂行为

经营者不得采用财物或者其他手段贿赂下列单位或者个人，以谋取交易机会或者竞争优势：

（1）交易相对方的工作人员。

（2）受交易相对方委托办理相关事务的单位或者个人。

（3）利用职权或者影响力影响交易的单位或者个人。

3. 欺骗误导行为

（1）经营者不得对其商品的性能、功能、质量、销售状况、用户评价、曾获荣誉等作虚假或者引人误解的商业宣传，欺骗、误导消费者。

（2）经营者不得通过组织虚假交易等方式，帮助其他经营者进行虚假或者引人误解的商业宣传。

4. 侵犯商业秘密行为

《反不正当竞争法》所称的商业秘密，是指不为公众所知悉、具有商业价值并经权利人采取相应保密措施的技术信息、经营信息等商业信息。经营者不得实施下列侵犯商业秘密的行为：

（1）以盗窃、贿赂、欺诈、胁迫、电子侵入或者其他不正当手段获取权利人的商业秘密。

（2）披露、使用或者允许他人使用以前项手段获取的权利人的商业秘密。

（3）违反保密义务或者违反权利人有关保守商业秘密的要求，披露、使用或者允许他人使用其所掌握的商业秘密。

（4）教唆、引诱、帮助他人违反保密义务或者违反权利人有关保守商业秘密的要求，获取、披露、使用或者允许他人使用权利人的商业秘密。

5. 有奖销售的规定

经营者进行有奖销售不得存在下列情形：

（1）所设奖的种类、兑奖条件、奖金金额或者奖品等有奖销售信息不明确，影响兑奖。

（2）采用谎称有奖或者故意让内定人员中奖的欺骗方式进行有奖销售。

（3）抽奖式的有奖销售，最高奖的金额超过五万元。

6. 传播信息的规定

经营者不得编造、传播虚假信息或者误导性信息，损害竞争对手的商业信誉、商品声誉。

7. 经营者利用网络从事生产经营活动的规定

经营者不得利用技术手段，通过影响用户选择或者其他方式，实施下列妨碍、破坏其他经营者合法提供的网络产品或者服务正常运行的行为：

（1）未经其他经营者同意，在其合法提供的网络产品或者服务中，插入链接、强制进行目标跳转。

（2）误导、欺骗、强迫用户修改、关闭、卸载其他经营者合法提供的网络产品或者服务。

（3）恶意对其他经营者合法提供的网络产品或者服务实施不兼容。

（4）其他妨碍、破坏其他经营者合法提供的网络产品或者服务正常运行的行为。

培训项目 8

《中华人民共和国广告法》

一、《中华人民共和国广告法》概述

《中华人民共和国广告法》（以下简称《广告法》）自1995年2月1日施行，并于2021年进行修订。

1.《广告法》的立法目的

为了规范广告活动，保护消费者的合法权益，促进广告业的健康发展，维护社会经济秩序，制定《广告法》。

2.《广告法》的适用范围

在中华人民共和国境内，商品经营者或者服务提供者通过一定媒介和形式直接或者间接地介绍自己所推销的商品或者服务的商业广告活动，适用《广告法》。

3. 相关定义

广告主，是指为推销商品或者服务，自行或者委托他人设计、制作、发布广告的自然人、法人或者其他组织。

广告经营者，是指接受委托提供广告设计、制作、代理服务的自然人、法人或者其他组织。

广告发布者，是指为广告主或者广告主委托的广告经营者发布广告的自然人、法人或者其他组织。

广告代言人，是指广告主以外的，在广告中以自己的名义或者形象对商品、服务作推荐、证明的自然人、法人或者其他组织。

4. 广告的一般准则

（1）广告应当真实、合法，以健康的表现形式表达广告内容，符合社会主义精神文明建设和弘扬中华民族优秀传统文化的要求。

（2）广告不得含有虚假或者引人误解的内容，不得欺骗、误导消费者。广告主应当对广告内容的真实性负责。

（3）广告主、广告经营者、广告发布者从事广告活动，应当遵守法律、法规，诚实信用，公平竞争。

二、广告的内容准则

1. 虚假广告

广告有下列情形之一的，为虚假广告：

（1）商品或者服务不存在的。

（2）商品的性能、功能、产地、用途、质量、规格、成分、价格、生产者、有效期限、销售状况、曾获荣誉等信息，或者服务的内容、提供者、形式、质量、价格、销售状况、曾获荣誉等信息，以及与商品或者服务有关的允诺等信息与实际情况不符，对购买行为有实质性影响的。

（3）使用虚构、伪造或者无法验证的科研成果、统计资料、调查结果、文摘、引用语等信息作证明材料的。

（4）虚构使用商品或者接受服务的效果的。

（5）以虚假或者引人误解的内容欺骗、误导消费者的其他情形。

2. 保健食品广告

（1）保健食品广告不得含有下列内容：

1）表示功效、安全性的断言或者保证。

2）涉及疾病预防、治疗功能。

3）声称或者暗示广告商品为保障健康所必需。

4）与药品、其他保健食品进行比较。

5）利用广告代言人作推荐、证明。

6）法律、行政法规规定禁止的其他内容。

（2）保健食品广告应当显著标明"本品不能代替药物"。

3. 酒类广告

酒类广告不得含有下列内容：

（1）诱导、怂恿饮酒或者宣传无节制饮酒。

（2）出现饮酒的动作。

（3）表现驾驶车、船、飞机等活动。

（4）明示或者暗示饮酒有消除紧张和焦虑、增加体力等功效。

三、广告行为规范

1. 广告主、广告经营者、广告发布者之间在广告活动中应当依法订立书面合同。

2. 广告主、广告经营者、广告发布者不得在广告活动中进行任何形式的不正当竞争。

3. 广告主委托设计、制作、发布广告,应当委托具有合法经营资格的广告经营者、广告发布者。

4. 广告主或者广告经营者在广告中使用他人名义或者形象的,应当事先取得其书面同意;使用无民事行为能力人、限制民事行为能力人的名义或者形象的,应当事先取得其监护人的书面同意。

5. 法律、行政法规规定禁止生产、销售的产品或者提供的服务,以及禁止发布广告的商品或者服务,任何单位或者个人不得设计、制作、代理、发布广告。

6. 广告经营者、广告发布者应当按照国家有关规定,建立、健全广告业务的承接登记、审核、档案管理制度。

7. 广告经营者、广告发布者应当公布其收费标准和收费办法。

8. 广告发布者向广告主、广告经营者提供的覆盖率、收视率、点击率、发行量等资料应当真实。

培训项目 9 《中华人民共和国消费者权益保护法》

一、《中华人民共和国消费者权益保护法》概述

《中华人民共和国消费者权益保护法》（以下简称《消费者权益保护法》）自1994年1月1日起施行。修正后的《消费者权益保护法》于2014年3月15日开始施行。

1.《消费者权益保护法》的立法目的

为保护消费者的合法权益，维护社会经济秩序，促进社会主义市场经济健康发展，制定《消费者权益保护法》。

2.《消费者权益保护法》的适用范围

（1）消费者为生活消费需要购买、使用商品或者接受服务，其权益受《消费者权益保护法》保护。

（2）经营者为消费者提供其生产、销售的商品或者提供服务，应当遵守《消费者权益保护法》。

3.《消费者权益保护法》的基本原则

（1）经营者与消费者进行交易，应当遵循自愿、平等、公平、诚实信用的原则。

（2）国家保护消费者的合法权益不受侵害。

（3）保护消费者的合法权益是全社会的共同责任。

二、消费者的权利

1. 消费者在购买、使用商品和接受服务时享有人身、财产安全不受损害的权利。

2. 消费者享有知悉其购买、使用的商品或者接受的服务的真实情况的权利。

3. 消费者享有自主选择商品或者服务的权利。

4. 消费者享有公平交易的权利。

5. 消费者因购买、使用商品或者接受服务受到人身、财产损害的，享有依法获得赔偿的权利。

6. 消费者享有依法成立维护自身合法权益的社会组织的权利。

7. 消费者享有获得有关消费和消费者权益保护方面的知识的权利。

8. 消费者在购买、使用商品和接受服务时，享有人格尊严、民族风俗习惯得到尊重的权利，享有个人信息依法得到保护的权利。

9. 消费者享有对商品和服务以及保护消费者权益工作进行监督的权利。

三、经营者的义务

1. 依照法律或约定履行的义务。

2. 接受消费者监督的义务。

3. 保证商品和服务安全的义务。

4. 提供商品和服务真实信息的义务。

5. 标明真实名称和标记的义务。

6. 出具发票等购货凭证或者服务单据的义务。

7. 保证商品或服务质量的义务。

8. 退货、更换、修理等的义务。

9. 公平合理运用格式条款的义务。

10. 经营者不得对消费者进行侮辱、诽谤，不得搜查消费者的身体及其携带的物品，不得侵犯消费者的人身自由。

11. 合法、正当地收集、使用消费者个人信息。

培训项目 10 《中华人民共和国商标法》

一、《中华人民共和国商标法》概述

《中华人民共和国商标法》(以下简称《商标法》)自1983年3月1日起施行,2019年4月23日通过修改,自2019年11月1日起施行。

1.《商标法》的立法目的

为了加强商标管理,保护商标专用权,促使生产、经营者保证商品和服务质量,维护商标信誉,以保障消费者和生产、经营者的利益,促进社会主义市场经济的发展,制定《商标法》。

2.《商标法》的适用范围

经商标局核准注册的商标为注册商标,包括商品商标、服务商标和集体商标、证明商标。

二、商标注册的要求

1. 商品要求

自然人、法人或者其他组织在生产经营活动中,对其商品或者服务需要取得商标专用权的,应当向商标局申请商标注册。法律、行政法规规定必须使用注册商标的商品,必须申请商标注册,未经核准注册的,不得在市场销售。

2. 主体要求

申请人应该是自然人、法人或者其他组织。两个以上的自然人、法人或者其他组织可以共同向商标局申请注册同一商标,共同享有和行使该商标专用权。

3. 商标构成要素的要求

任何能够将自然人、法人或者其他组织的商品与他人的商品区别开的标志,包括文字、图形、字母、数字、三维标志、颜色组合和声音等,以及上述要素的组合，均可以作为商标申请注册。

申请注册的商标，应当有显著特征，便于识别，并不得与他人在先取得的合法权利相冲突。商标注册人有权标明"注册商标"或者注册标记。

《商标法》就不得作为商标使用、不得作为商标注册、其他不予注册的情况进行了明确规定。

 **相关链接**

不得作为商标使用的标志

1. 同中华人民共和国的国家名称、国旗、国徽、国歌、军旗、军徽、军歌、勋章等相同或者近似的，以及同中央国家机关的名称、标志、所在地特定地点的名称或者标志性建筑物的名称、图形相同的。

2. 同外国的国家名称、国旗、国徽、军旗等相同或者近似的，但经该国政府同意的除外。

3. 同政府间国际组织的名称、旗帜、徽记等相同或者近似的，但经该组织同意或者不易误导公众的除外。

4. 与表明实施控制、予以保证的官方标志、检验印记相同或者近似的，但经授权的除外。

5. 同"红十字""红新月"的名称、标志相同或者近似的。

6. 带有民族歧视性的。

7. 带有欺骗性，容易使公众对商品的质量等特点或者产地产生误认的。

8. 有害于社会主义道德风尚或者有其他不良影响的。

县级以上行政区划的地名或者公众知晓的外国地名，不得作为商标。但是，地名具有其他含义或者作为集体商标、证明商标组成部分的除外；已经注册的使用地名的商标继续有效。

三、商标的使用

商标的使用，是指将商标用于商品、商品包装或者容器以及商品交易文书上，或者将商标用于广告宣传、展览以及其他商业活动中，用于识别商品来源的行为。

四、注册商标专用权的保护

商标注册人享有商标专用权，受法律保护。注册商标的专用权，以核准注册的商标和核定使用的商品为限。

《商标法》就侵犯注册商标专用权的行为与责任、注册商标专用权人无权禁止他人正当使用的情况和保全申请，进行了明确规定。

培训项目 11 《中华人民共和国食品安全法》

一、《中华人民共和国食品安全法》概述

《中华人民共和国食品安全法》（以下简称《食品安全法》）自2009年6月1日起施行，并于2021年4月29日进行修正。

1.《食品安全法》的立法目的

为了保证食品安全，保障公众身体健康和生命安全，制定《食品安全法》。

2.《食品安全法》的适用范围

在中华人民共和国境内从事下列活动，应当遵守本法：

（1）食品生产和加工（以下称食品生产），食品销售和餐饮服务（以下称食品经营）。

（2）食品添加剂的生产经营。

（3）用于食品的包装材料、容器、洗涤剂、消毒剂和用于食品生产经营的工具、设备（以下称食品相关产品）的生产经营。

（4）食品生产经营者使用食品添加剂、食品相关产品。

（5）食品的贮存和运输。

（6）对食品、食品添加剂、食品相关产品的安全管理。

二、食品安全监管体制

国家食品安全监管体制包括食品安全风险监测制度和风险评估制度、食品安全标准、食品生产经营许可制度、食品安全全程追溯制度、食品安全信息平台。

三、食品生产经营

1. 食品生产经营的要求

食品生产经营应当符合食品安全标准，并符合下列要求：

（1）具有与生产经营的食品品种、数量相适应的食品原料处理和食品加工、包装、贮存等场所，保持该场所环境整洁，并与有毒、有害场所以及其他污染源保持规定的距离。

（2）具有与生产经营的食品品种、数量相适应的生产经营设备或者设施，有相应的消毒、更衣、盥洗、采光、照明、通风、防腐、防尘、防蝇、防鼠、防虫、洗涤以及处理废水、存放垃圾和废弃物的设备或者设施。

（3）有专职或者兼职的食品安全专业技术人员、食品安全管理人员和保证食品安全的规章制度。

（4）具有合理的设备布局和工艺流程，防止待加工食品与直接入口食品、原料与成品交叉污染，避免食品接触有毒物、不洁物。

（5）餐具、饮具和盛放直接入口食品的容器，使用前应当洗净、消毒，炊具、用具用后应当洗净，保持清洁。

（6）贮存、运输和装卸食品的容器、工具和设备应当安全、无害，保持清洁，防止食品污染，并符合保证食品安全所需的温度、湿度等特殊要求，不得将食品与有毒、有害物品一同贮存、运输。

（7）直接入口的食品应当使用无毒、清洁的包装材料、餐具、饮具和容器。

（8）食品生产经营人员应当保持个人卫生，生产经营食品时，应当将手洗净，穿戴清洁的工作衣、帽等；销售无包装的直接入口食品时，应当使用无毒、清洁的容器、售货工具和设备。

（9）用水应当符合国家规定的生活饮用水卫生标准。

（10）使用的洗涤剂、消毒剂应当对人体安全、无害。

（11）法律、法规规定的其他要求。

2. 禁止生产经营的食品及相关产品

（1）用非食品原料生产的食品或者添加食品添加剂以外的化学物质和其他可能危害人体健康物质的食品，或者用回收食品作为原料生产的食品。

（2）致病性微生物，农药残留、兽药残留、生物毒素、重金属等污染物质以及其他危害人体健康的物质含量超过食品安全标准限量的食品、食品添加剂、食品相关产品。

（3）用超过保质期的食品原料、食品添加剂生产的食品、食品添加剂。

（4）超范围、超限量使用食品添加剂的食品。

（5）营养成分不符合食品安全标准的专供婴幼儿和其他特定人群的主辅食品。

（6）腐败变质、油脂酸败、霉变生虫、污秽不洁、混有异物、掺假掺杂或者感官性状异常的食品、食品添加剂。

（7）病死、毒死或者死因不明的禽、畜、兽、水产动物肉类及其制品。

（8）未按规定进行检疫或者检疫不合格的肉类，或者未经检验或者检验不合格的肉类制品。

（9）被包装材料、容器、运输工具等污染的食品、食品添加剂。

（10）标注虚假生产日期、保质期或者超过保质期的食品、食品添加剂。

（11）无标签的预包装食品、食品添加剂。

（12）国家为防病等特殊需要明令禁止生产经营的食品。

（13）其他不符合法律、法规或者食品安全标准的食品、食品添加剂、食品相关产品。

3. 食品生产经营企业的义务

（1）食品生产经营企业应当建立健全食品安全管理制度，对职工进行食品安全知识培训，加强食品检验工作，依法从事生产经营活动。

（2）食品生产经营者应当建立并执行从业人员健康管理制度。

（3）食品生产企业应制定并实施控制要求，保证所生产的食品符合食品安全标准。

（4）食品生产经营者应当建立食品安全自查制度，定期对食品安全状况进行检查评价。

（5）食品生产者采购食品原料、食品添加剂、食品相关产品，应当查验供货者的许可证和产品合格证明；对无法提供合格证明的食品原料，应当按照食品安全标准进行检验；不得采购或者使用不符合食品安全标准的食品原料、食品添加剂、食品相关产品。

（6）食品生产企业应当建立食品出厂检验记录制度，查验出厂食品的检验合格证和安全状况，如实记录食品的名称、规格、数量、生产日期或者生产批号、保质期、检验合格证号、销售日期以及购货者名称、地址、联系方式等内容，并保存相关凭证。

（7）食品、食品添加剂、食品相关产品的生产者，应当按照食品安全标准对所生产的食品、食品添加剂、食品相关产品进行检验，检验合格后方可出厂或者销售。

（8）食品经营者采购食品，应当查验供货者的许可证和食品出厂检验合格证或者其他合格证明（以下称合格证明文件）。

食品经营企业应当建立食品进货查验记录制度。实行统一配送经营方式的食品经营企业，可以由企业总部统一查验供货者的许可证和食品合格证明文件，进行食品进货查验记录。

（9）食品经营者应当按照保证食品安全的要求贮存食品，定期检查库存食品，及时清理变质或者超过保质期的食品。

4. 餐饮服务提供者的义务

（1）餐饮服务提供者应当制定并实施原料控制要求，不得采购不符合食品安全标准的食品原料。

餐饮服务提供者在加工过程中应当检查待加工的食品及原料，发现腐败变质、油脂酸败、霉变生虫、污秽不洁、混有异物、掺假掺杂或者感官性状异常的食品、食品添加剂，不得加工或者使用。

（2）餐饮服务提供者应当定期维护食品加工、贮存、陈列等设施、设备；定期清洗、校验保温设施及冷藏、冷冻设施。

餐饮服务提供者应当按照要求对餐具、饮具进行清洗消毒，不得使用未经清洗消毒的餐具、饮具；餐饮服务提供者委托清洗消毒餐具、饮具的，应当委托符合《食品安全法》规定条件的餐具、饮具集中消毒服务单位。

5. 标签、说明书和广告

（1）预包装食品的包装上应当有标签。标签应当标明下列事项：名称、规格、净含量、生产日期；成分或者配料表；生产者的名称、地址、联系方式；保质期；产品标准代号；贮存条件；所使用的食品添加剂在国家标准中的通用名称；生产许可证编号；法律、法规或者食品安全标准规定应当标明的其他事项。

专供婴幼儿和其他特定人群的主辅食品，其标签还应当标明主要营养成分及其含量。

（2）食品经营者销售散装食品，应当在散装食品的容器、外包装上标明食品的名称、生产日期或者生产批号、保质期以及生产经营者名称、地址、联系方式等内容。

（3）生产经营转基因食品应当按照规定显著标示。

（4）食品和食品添加剂的标签、说明书，不得含有虚假内容，不得涉及疾病预防、治疗功能。生产经营者对其提供的标签、说明书的内容负责。食品和食品添加剂的标签、说明书应当清楚、明显，生产日期、保质期等事项应当显著标注，容易辨识。食品和食品添加剂与其标签、说明书的内容不符的，不得上市销售。

（5）食品经营者应当按照食品标签标示的警示标志、警示说明或者注意事项的要求销售食品。

（6）食品广告的内容应当真实合法，不得含有虚假内容，不得涉及疾病预防、治疗功能。食品生产经营者对食品广告内容的真实性、合法性负责。

6. 特殊食品

（1）国家对保健食品、特殊医学用途配方食品和婴幼儿配方食品等特殊食品实行严格监督管理。保健食品声称保健功能，应当具有科学依据，不得对人体产生急性、亚急性或者慢性危害。

使用保健食品原料目录以外原料的保健食品和首次进口的保健食品应当经国务院食品安全监督管理部门注册。但是，首次进口的保健食品中属于补充维生素、矿物质等营养物质的，应当报国务院食品安全监督管理部门备案。进口的保健食品应当是出口国（地区）主管部门准许上市销售的产品。

（2）保健食品的标签、说明书不得涉及疾病预防、治疗功能，内容应当真实，与注册或者备案的内容相一致，载明适宜人群、不适宜人群、功效成分或者标志性成分及其含量等，并声明"本品不能代替药物"。保健食品的功能和成分应当与标签、说明书相一致。

（3）特殊医学用途配方食品应当经国务院食品安全监督管理部门注册。

（4）婴幼儿配方食品生产企业应当实施从原料进厂到成品出厂的全过程质量控制，对出厂的婴幼儿配方食品实施逐批检验，保证食品安全。不得以分装方式生产婴幼儿配方乳粉，同一企业不得用同一配方生产不同品牌的婴幼儿配方乳粉。

（5）婴幼儿配方食品生产企业应当将食品原料、食品添加剂、产品配方及标签等事项向省、自治区、直辖市人民政府食品安全监督管理部门备案。婴幼儿配方乳粉的产品配方应当经国务院食品安全监督管理部门注册。

7. 食品进出口

（1）进口的食品、食品添加剂、食品相关产品应当符合我国食品安全国家标准。进口的食品、食品添加剂应当经出入境检验检疫机构依照进出口商品检验相关法律、行政法规的规定检验合格。国家出入境检验检疫部门对进出口食品安全实施监督管理。

（2）进口尚无食品安全国家标准的食品，由境外出口商、境外生产企业或者其委托的进口商向国务院卫生行政部门提交所执行的相关国家（地区）标准或者国际标准。

（3）进口商应当建立境外出口商、境外生产企业审核制度，审核不合格的，不得进口。发现进口食品不符合我国食品安全国家标准或者有证据证明可能危害人体健康的，进口商应当立即停止进口，并依照《食品安全法》规定召回。

（4）进口的预包装食品、食品添加剂应当有中文标签；依法应当有说明书的，还应当有中文说明书。标签、说明书应当符合《食品安全法》以及我国其他有关法律、行政法规的规定和食品安全国家标准的要求，并载明食品的原产地以及境内代理商的名称、地址、联系方式。预包装食品没有中文标签、中文说明书或者标签、说明书不符合本条规定的，不得进口。

（5）进口商应当建立食品、食品添加剂进口和销售记录制度，如实记录食品、食品添加剂的名称、规格、数量、生产日期、生产或者进口批号、保质期、境外出口商和购货者名称、地址及联系方式、交货日期等内容，并保存相关凭证。

培训项目 12

《商业特许经营管理条例》

一、《商业特许经营管理条例》概述

《商业特许经营管理条例》自 2007 年 5 月 1 日起施行。

1. 制定目的

为规范商业特许经营活动，促进商业特许经营健康、有序发展，维护市场秩序，制定《商业特许经营管理条例》。

2. 适用范围

在中华人民共和国境内从事商业特许经营活动，应当遵守《商业特许经营管理条例》。

二、特许经营活动

《商业特许经营管理条例》所称商业特许经营（以下简称特许经营），是指拥有注册商标、企业标志、专利、专有技术等经营资源的企业（以下称特许人），以合同形式将其拥有的经营资源许可其他经营者（以下称被特许人）使用，被特许人按照合同约定在统一的经营模式下开展经营，并向特许人支付特许经营费用的经营活动。

1. 特许人应具备的条件

（1）特许人从事特许经营活动应当拥有成熟的经营模式，并具备为被特许人持续提供经营指导、技术支持和业务培训等服务的能力。

（2）特许人从事特许经营活动应当拥有至少 2 个直营店，并且经营时间超过 1 年。

企业以外的其他单位和个人不得作为特许人从事特许经营活动。

2. 特许合同

从事特许经营活动，特许人和被特许人应当采用书面形式订立特许经营合同。除被特许人同意的，特许经营合同约定的特许经营期限应当不少于3年。

3. 备案

特许人应当自首次订立特许经营合同之日起15日内，依照《商业特许经营管理条例》的规定向商务主管部门备案。

特许人应当在每年第一季度将其上一年度订立特许经营合同的情况向商务主管部门报告。

三、特许人的权利与义务

1. 特许人的权利

（1）特许人在授予特许权过程中，有权向对方收取必要的费用，包括特许加盟费、广告促销费、特许权使用费、店址评估费、教育培训费、设备及固定设施的租用费等。

（2）特许人在授予特许权后，为维护企业形象和声誉，有权对被特许人提出必要的营业标准和要求。其中包括：为确保特许体系的统一性和产品、服务质量的一致性，特许人有权对被特许人的经营活动进行监督；有权要求被特许人在任何时候查阅、评估会计记录；有权要求被特许人使用统一的全国性广告，并接受特许人对地方性广告的控制；有权要求被特许人从统一的供货商取得资源供应；有权要求被特许人接受特许人的员工培训方案。

（3）特许人为实现总体经营战略目标，有权要求被特许人按要求选择经营场所，有权规定统一的营业时间，有权对被特许人进行不定期的业务检查并提出整改措施。

（4）特许人有权对于特定区域提出限额条件，有权制定统一的价格政策，确定建议价格或限定最高价格，被特许人在执行统一的价格政策基础上能够根据当地市场条件调整他们的价格，使价格更符合市场的供给与需求。当被特许人出卖特许店时，特许人有权购回分店和存货。

（5）对违反特许经营合同规定，侵犯或损害特许人合法权益，破坏特许体系的行为，特许人有权根据特许合约终止被特许人的特许经营资格。

2. 特许人的义务

（1）将合同中所规定的商标、服务标志、经营理念、生产加工技术、经营诀窍、管理技术等特许权授予被特许人使用，并对上述内容的提供作出明确规定。

（2）向被特许人提供开业前期及后续业务的技术指导。

（3）对被特许人进行信息披露，确保被特许人与特许人达成特许经营合同前对特许经营体系有一定的了解。

（4）维护品牌形象效益，特许人与被特许人是合作者，特许人手中握有更多资源，应利用手中的资源进行一系列的运作去维护品牌的形象和价值。

（5）向被特许人提供商品或原材料进货渠道信息或直接为被特许人提供商品或原材料，确保被特许人的业务顺利开展和商品采购质量。

（6）为被特许人提供广告策划和促销服务，一方面使被特许人享有特许人的广告宣传，另一方面也使特许经营体系在统一的企业形象中运作。

（7）编写制定企业营运手册，并向被特许人提供，以确保企业规范运作和有序发展。

（8）对商号、商标进行保护，若出现被特许人盗用特许人商标进行经营活动的情况，特许人有义务制止。

四、被特许人的权利与义务

1. 被特许人的权利

（1）使用特许人授权的商标、商号及特许人提供的经营技术和商业秘密的权利。

（2）获得特许人所提供的培训和指导的权利。

（3）独立处理合同约定以外事项的权利。

（4）获得特许人承诺提供统一广告的权利。

（5）在合同约定的范围内行使特许人所赋予的权利。

2. 被特许人的义务

（1）遵守国家的相关法规和规定。

（2）保护及推广商标的使用。未经特许人同意，被特许人不得向他人转让特许经营权。

（3）被特许人不得向他人泄露或者允许他人使用其所掌握的特许人的商业秘密。确保营运手册及其他商业资料不会流失、不被盗用。

（4）遵守特许经营系统的营运规定。

（5）维护特许经营业务的良好声誉。

（6）妥善保存适当的经营业务记录，以备特许者核查。

（7）按合同约定按时支付特许权使用费及其他各种费用。

（8）接受特许人的指导和监督。

特许人与被特许人的权利和义务

一、情景描述

2013年6月，A服饰公司与商人Z签订特许经营合同，Z成为该公司的加盟商。合同规定经营期限为3年，Z在指定区域内经营A服饰公司某品牌系列服饰。合同签订后，Z未按照合同约定从A公司进货，擅自关闭专卖店，并将服饰公司的所有服饰及道具转移他处打折销售。A服饰公司认为Z违约，严重损害了该公司品牌的形象，于是一纸诉状将其告上了法庭，要求解除合同并承担规定的违约金。

二、案例分析

案例中Z未按合同约定从指定渠道进货，将产品移至他处打折销售，侵犯了特许人A的权利，特许人A可依据特许经营合同终止被特许人Z的特许经营资格。